Qian Yan 前言

监理工程师执业资格考试由住房和城乡建设部、交通运输部、水利部、人力资源和社会保障部共同组织实施。根据规定，应试者必须通过考试才可以取得监理工程师合格证书。监理工程师执业资格考试自1997年起每年举行一次，考试共设4个科目：《建设工程监理基本理论与相关法规》《建设工程合同管理》《建设工程质量、投资、进度控制》和《建设工程监理案例分析》。其中，前3科为客观题，《建设工程监理案例分析》为主观题。

为方便广大考生更加高效地复习备考，全国监理工程师执业资格考试命题研究中心的专家们在总结和分析历年真题的基础上，按照新的监理工程师执业资格考试大纲的要求，精心组织编写了本套《建设工程质量、投资、进度控制历年真题·押题模拟卷》。

本套试卷特点如下：

真题详解，指点技巧，专家引导。对近年来的真题进行详细讲解，向考生展示考试的重点和难点，总结历年考试的命题规律，使考生能深刻领会命题人的出题意图，帮助考生获得专家般的点拨。

临考押题，把握趋势，突破无忧。在真题详解的基础上，试卷编委会又精心编写了具有预测性质的押题模拟卷，力图通过对考点的精准把握帮助考生进行考前"练兵"，巩固强化知识点，增强实战经验。

本套考试辅导用书集权威性与时效性、针对性与实用性于一体，不仅充分展现了监理工程师执业资格考试独有的特色，而且对考生应试能力的快速提高也有很大的帮助与促进作用。

虽然编者一再精益求精，但由于水平和时间有限，书中难免存在疏漏与不足之处，敬请广大考生和读者斧正。最后，衷心地祝愿广大考生能够取得优异的成绩，顺利过关！

全国监理工程师执业资格考试命题研究中心

目　录

历年真题·押题模拟卷

参考答案及解析

8. 下列质量数据特征值中，用来描述数据集中趋势的是（　　）。

A. 极差　　B. 标准偏差

C. 均值　　D. 变异系数

9. 工程质量统计分析方法中，根据不同的目的和要求将调查收集的原始数据，按某一性质进行分组、整理，分析产品存在的质量问题和影响因素的方法是（　　）。

A. 调查表法　　B. 分层法

C. 排列图法　　D. 控制图法

10. 采用直方图法分析工程质量时，出现孤岛型直方图的原因是（　　）。

A. 组数或组距确定不当　　B. 不同设备生产的数据混合

C. 原材料发生变化　　D. 人为去掉上限下限数据

11. 采用相关图法分析工程质量时，散布点形成由左向右向下的一条直线带，说明两变量之间的关系为（　　）。

A. 负相关　　B. 不相关

C. 正相关　　D. 弱正相关

12. 工程开工前，施工图纸会审会议应由（　　）主持召开。

A. 项目监理机构　　B. 施工单位

C. 建设单位　　D. 设计单位

13. 经项目监理机构审查合格的工程项目施工组织设计，应由（　　）签认。

A. 监理单位技术负责人　　B. 总监理工程师

C. 建设单位项目负责人　　D. 总监理工程师代表

14. 总监理工程师应在工程开工日期（　　）天前向施工单位发出工程开工令。

A. 5　　B. 7　　C. 10　　D. 14

15. 分包单位资格报审表中的审核意见应由（　　）签署。

A. 建设单位项目负责人　　B. 施工单位项目负责人

C. 专业监理工程师　　D. 总监理工程师

16. 工程中采用新工艺、新材料的，应有（　　）及有关质量数据、指标。

A. 施工单位组织的专家论证意见

B. 权威性技术部门的技术鉴定书

C. 设计单位组织的专家论证意见

D. 建设单位组织的专家论证意见

17. 工程监理实施过程中，总监理工程师应签发工程暂停令的情形是（　　）。

A. 施工单位未经批准擅自施工

B. 施工存在质量事故隐患

C. 施工单位采用不适当施工工艺

D. 施工单位未按施工方案施工

18. 根据《建设工程监理规范》，项目监理机构应根据工程特点和（　　）确定需要旁站的关键部位、关键工序。

A. 监理实施细则　　B. 施工组织设计

C. 监理规划　　D. 设计图纸

19. 根据《建设工程监理规范》，监理规划应由（　　）负责审批。

A. 监理单位法定代表人　　B. 监理单位技术负责人

C. 总监理工程师代表　　D. 总监理工程师

28. 项目监理机构发现工程施工存在质量缺陷后，应发出（　　），要求施工单位进行处理。

A. 工程暂停令　　B. 监理通知单

C. 工作联系单　　D. 监理报告

29. 工程施工过程中，造成直接经济损失 900 万元的工程质量事故属于（　　）事故。

A. 特别重大　　B. 重大　　C. 较大　　D. 一般

30. 工程质量事故调查组处理质量事故时，项目监理机构的正确做法是（　　）。

A. 积极配合，客观提供相应证据

B. 积极配合，参与质量事故调查

C. 积极配合，会同施工单位提供有利证据

D. 回避质量事故调查

31. 施工原因发生工程质量事故后，质量事故技术处理方案一般应经（　　）签认，并报建设单位批准。

A. 事故调查组建议的单位　　B. 施工单位

C. 法定检测单位　　D. 原设计单位

32. 评审工程初步设计成果时，重点评审的是（　　）。

A. 总平面布置是否充分考虑方向、风向、采光等要素

B. 设计参数、设计标准、功能和使用价值

C. 新材料、新技术在相关部门的备案情况

D. 使用功能是否满足质量目标和标准

33. 某项目，建安工程费 3 000 万元，设备及工器具购置费 4 000 万元，工程建设其他费用 600 万元，建设期利息 200 万元，铺底流动资金 160 万元，建设期间国家新批准税种的税额 45 万元，则该项目的静态投资为（　　）万元。

A. 7 000　　B. 7 600

C. 7 700　　D. 7 805

34. 下列费用中，不应列入建筑安装工程材料费的是（　　）。

A. 施工中耗费的辅助材料费用

B. 施工企业自设试验室进行试验所耗用的材料费用

C. 在运输装卸过程中发生的材料损耗费用

D. 在施工现场发生的材料保管费用

35. 下列费用中，属于规费的是（　　）。

A. 环境保护费　　B. 文明施工费

C. 工程排污费　　D. 安全施工费

36. 某进口设备，按人民币计算的离岸价为 2 000 万元，国外运费 160 万元，国外运输保险费 9 万元，银行财务费 8 万元。则该设备进口关税的计算基数是（　　）万元。

A. 2 000　　B. 2 160

C. 2 169　　D. 2 177

得分	评卷人

二、多项选择题（共40题，每题2分。每题的备选项中，有2个或2个以上符合题意，至少有1个错项。错选，本题不得分；少选，所选的每个选项得0.5分）

注：81～84、92～98、106、112～115、117～118题暂缺。

85. 采用直方图法进行工程质量统计分析时，可以实现的目的有（　　）。

A. 掌握质量特性的分布规律　　B. 寻找影响质量的主次因素

C. 调查收集质量特性原始数据　　D. 估算施工过程总体不合格品率

E. 评价实际生产过程能力

86. 项目监理机构对工程施工质量实施控制的主要依据有（　　）。

A. 工程合同文件　　B. 工程变更设计文件

C. 施工现场质量管理制度　　D. 工程材料试验的技术标准

E. 工程施工质量验收标准

87. 项目监理机构对施工组织设计进行审查的内容有（　　）。

A. 编审程序是否符合相关规定

B. 工程材料质量证明文件是否齐全有效

C. 资源供应计划是否满足工程施工需要

D. 工程质量保证措施是否符合施工合同要求

E. 安全技术措施是否符合工程建设强制性标准

88. 下列文件中，属于工程材料质量证明文件的有（　　）。

A. 材料供货合同　　B. 出厂合格证

C. 质量检验报告　　D. 质量验收标准

E. 性能检测报告

89. 施工单位实施工程质量控制活动的质量记录资料有（　　）。

A. 施工现场质量管理检查记录　　B. 施工图设计文件审查记录

C. 施工过程作业活动质量记录　　D. 工程材料质量记录

E. 工程有关合同文件评审记录

90. 监理单位对总包单位提交的设备采购方案进行审查的内容有（　　）。

A. 采购内容和范围　　B. 设备质量标准

C. 设备供货厂商资质　　D. 设备检查及验收程序

E. 保证设备质量的措施

91. 根据《建筑工程施工质量验收统一标准》，分部工程可按（　　）划分。

A. 施工工艺　　B. 工程部位

C. 工程量　　D. 专业性质

E. 施工段

99. 进口设备采用装运港船上交货时，买方的责任有（　　）。

A. 承担货物装船前的一切费用　　B. 承担货物装船后的一切费用

C. 负责租船或订舱，支付费用　　D. 负责办理保险及支付保险费

E. 提供出口国有关方面签发的证件

100. 进口设备抵岸价的构成部分有（　　）。

A. 设备离岸价　　B. 外贸手续费

C. 设备运杂费　　D. 进口设备增值税

E. 进口设备检验鉴定费

101. 关于价值工程的说法，正确的有（　　）。

A. 价值工程的核心是对产品进行功能分析

B. 价值工程涉及价值、功能和寿命周期成本三要素

C. 价值工程应以提高产品的功能为出发点

D. 价值工程是以提高产品的价值为目标

E. 价值工程强调选择最低寿命周期成本的产品

102. 下列方法中，可用来编制设备安装工程概算的方法有（　　）。

A. 估算指标法　　B. 概算指标法

C. 扩大单价法　　D. 预算单价法

E. 百分比分析法

103. 根据现行计价规范，工程量清单适用的计价活动有（　　）。

A. 设计概算的编制　　B. 招标控制价的编制

C. 投资限额的确定　　D. 合同价款的约定

E. 竣工结算的办理

104. 在招投标阶段，投标人不能自主确定其综合单价或费用的有（　　）。

A. 安全文明施工费　　B. 暂列金额

C. 给定暂估价的材料　　D. 计日工

E. 总承包服务费

105. 关于工程合同价款调整程序的说法，正确的有（　　）。

A. 出现合同价款调减事项后的 14 天内，承包人应向发包人提交相应报告

B. 出现合同价款调增事项后的 14 天内，承包人应向发包人提交相应报告

C. 发包人收到承包人合同价款调整报告 7 天内，应对其核实并提出书面意见

D. 发包人收到承包人合同价款调整报告 7 天内未确认，视为报告被认可

E. 发承包双方对合同价款调整的意见不能达成一致，且对履约不产生实质影响的，双方应继续履行合同义务

107. 下列工程索赔事项中，属于发包人向承包人索赔的有（　　）。

A. 地质条件变化引起的索赔

B. 施工中人为障碍引起的索赔

C. 加速施工费用的索赔

D. 工期延误的索赔

E. 对超额利润的索赔

108. 赢得值法的评价指标有（　　）。

A. 已完工作预算投资　　B. 计划工作预算投资

C. 投资绩效指数　　D. 进度绩效指数

E. 进度偏差

7. 《卓越绩效评价准则》与 ISO 9000 质量管理体系的不同点是（　　）。

A. 基本原理和原则不同

B. 基本理念和思维方式不同

C. 关注点和目标不同

D. 使用方法（工具）不同

8. 下列质量数据特征值中，用来描述数据离散趋势的是（　　）。

A. 极差　　B. 中位数

C. 算术平均数　　D. 极值

9. 采用排列图法划分质量影响因素时，累计频率达到 75%对应的影响因素是（　　）。

A. 主要因素　　B. 次要因素

C. 一般因素　　D. 基本因素

10. 工程质量统计分析方法中，用来显示两种质量数据之间关系的是（　　）。

A. 因果分析图法　　B. 相关图法

C. 直方图法　　D. 控制图法

11. 根据有关标准，对有抗震设防要求的主体结构，纵向受力钢筋在最大力下的总伸长率不应小于（　　）。

A. 3%　　B. 5%

C. 7%　　D. 9%

12. 根据《建设工程监理规范》，工程施工采用新技术、新工艺时，应由（　　）组织必要的专题论证。

A. 施工单位　　B. 监理单位

C. 建设单位　　D. 施工单位

13. 图纸会审的会议纪要应由（　　）负责整理，与会各方会签。

A. 监理单位　　B. 建设单位

C. 施工单位　　D. 设计单位

14. 施工单位编制的施工组织设计应经施工单位（　　）审核签认后，方可报送项目监理机构审查。

A. 法定代表人　　B. 技术负责人

C. 项目负责人　　D. 项目技术负责人

15. 项目监理机构收到施工单位报送的施工控制测量成果报验表后，应由（　　）签署审查意见。

A. 总监理工程师

B. 监理单位技术负责人

C. 专业监理工程师

D. 监理员

16. 项目监理机构审查施工单位报送的工程材料、构配件、设备报审表时，应重点审查（　　）。

A. 采购合同　　B. 技术标准

C. 质量证明文件　　D. 设计文件要求

17. 用于工程的进口材料、构配件和设备，按合同约定需要进行联合检查验收的，应由（　　）提出联合检查验收申请。

A. 施工单位　　B. 项目监理机构

C. 供货单位　　D. 建设单位

18. 建设单位负责采购的主要设备进场后，应由（　　）三方共同进行开箱检查。

A. 建设单位、供货单位、施工单位

B. 供货单位、施工单位、项目监理机构

C. 建设单位、施工单位、项目监理机构

D. 供货单位、设计单位、施工单位

19. 下列报审、报验表中，需要建设单位签署审批意见的是（　　）。

A. 分包单位资格报审表

B. 施工进度计划报审表

C. 分项工程报验表

D. 工程复工报审表

20. 建设单位负责采购设备时，控制质量的首要环节是（　　）。

A. 编制设备监造方案　　B. 选择合格的供货厂商

C. 确定主要技术参数　　D. 选择适宜的运输方式

21. 对制造周期长的设备，项目监理机构可采取（　　）的方式实施设备质量控制。

A. 目标监控　　B. 巡回监控

C. 定点监控　　D. 设置质量控制点监控

22. 工程施工前，检验批的划分方案应由（　　）审核。

A. 施工单位　　B. 建设单位

C. 项目监理机构　　D. 设计单位

23. 工程施工过程中，同一项目重复利用同一抽样对象已有检验成果的实施方案时，应事先报（　　）认可。

A. 建设单位　　B. 设计单位

C. 施工单位　　D. 项目监理机构

24. 工程施工过程中，采用计数抽样检验时，检验批容量为 20 时的最小抽样数量是（　　）。

A. 2　　B. 3

C. 5　　D. 8

25. 验收建筑节能分部工程质量，应由（　　）组织。

A. 施工单位技术负责人　　B. 总监理工程师

C. 建设单位项目负责人　　D. 施工单位项目负责人

26. 经返修或加固处理的分部工程，在（　　）的条件下可按技术处理方案和协商文件予以验收。

A. 不改变结构外形尺寸

B. 不造成永久性影响

C. 不影响结构安全和主要使用功能

D. 不影响基本使用

48. 某挖沟槽土方项目招标，工程量清单中的土方开挖工程量为 200m^3，投标人按施工方案计算得到的预算工程量为 300m^3，按企业定额该子项基价为 100 元/m^3，则该土方开挖的单位报价应为（　　）元/m^3。

A. 300　　B. 200

C. 150　　D. 100

49. 合同总价只有在设计和工程范围发生变更时才能随之作相应调整，除此之外一般不得变更的合同称为（　　）。

A. 固定总价合同　　B. 可调总价合同

C. 固定单价合同　　D. 可调单价合同

50. 承包人应在采购材料前将采购数量和新的材料单价报（　　）核对，确认用于本合同工程时，应确认采购材料的数量和单价。

A. 发包人　　B. 承包人

C. 监理单位　　D. 设计单位

51. 下列投标控制工作中，属于监理工程师的工作是（　　）。

A. 确定投资目标

B. 确定资金使用计划

C. 结算已完工程费用

D. 提出投资目标调整建议

52. 将项目总投资按单项工程及单位工程等分解编制而成的资金使用计划称为按（　　）分解的资金使用计划。

A. 投资构成　　B. 子项目

C. 时间进度　　D. 专业工程

53. 根据《建设工程工程量清单计价规范》，当实际工程量比招标工程量清单中的工程量增加15%以上时，对综合单价进行调整的方法是（　　）。

A. 增加后整体部分的工程量的综合单价调低

B. 增加后整体部分的工程量的综合单价调高

C. 超出约定部分的工程量的综合单价调低

D. 超出约定部分的工程量的综合单价调高

54. 某工程采用的预拌混凝土由承包人提供，双方约定承包人承担的价格风险系数≤5%。承包人投标时对预拌混凝土的投标报价为 308 元/m^3，招标人的基准价格为 310 元/m^3，实际采购价为 327 元/m^3。发包人在结算时确认的单价应为（　　）元/m^3。

A. 308.00　　B. 309.49

C. 310.00　　D. 327.00

55. 下列事件中，需要进行现场签证的是（　　）。

A. 合同范围以内零星工程的确认

B. 修改施工方案引起工程量增减的确认

C. 承包人原因导致设备窝工损失的确认

D. 合同范围以外新增工程的确认

56. 关于赢得值法及其应用的说法，正确的是（　　）。

A. 赢得值法有四个基本参数和三个评价指标

B. 投资（进度）绩效指数反映的是绝对偏差

C. 投资（进度）偏差仅适合对同一项目作偏差分析

D. 进度偏差为正值，表示进度延误

57. 下列进度计划中，属于建设单位计划系统的是（　　）。

A. 设计准备工作进度计划

B. 设计总进度计划

C. 工程项目总进度计划

D. 施工准备工作计划

58. 大型建设项目总进度目标论证的核心工作是通过编制（　　），论证总进度目标实现的可能性。

A. 总进度纲要

B. 施工组织总设计

C. 总进度规划

D. 各子系统进度规划

59. 采用横道图表示建设工程进度计划的优点是（　　）。

A. 能够明确反映工作之间的逻辑关系

B. 易于编制和理解进度计划

C. 便于优化调整进度计划

D. 能够直接反映影响工期的关键工作

60. 建设工程采用平行施工组织方式的特点是（　　）。

A. 能够均衡使用施工资源

B. 单位时间内投入的资源量较少

C. 专业工作队能够连续施工

D. 能够充分利用工作面进行施工

61. 某分部工程有3个施工过程，分为4个施工段组织加快的成倍节拍流水施工，各施工过程的流水节拍分别为6天、4天和8天，则该分部工程的流水施工工期是（　　）天。

A. 18　　　　B. 24

C. 34　　　　D. 42

62. 建设工程组织非节奏流水施工时，计算流水步距的基本步骤是（　　）。

A. 取最大值错位相减累加数列

B. 错位相减累加数列取最大值

C. 累加数列错位相减取最大值

D. 累加数列取最大值错位相减

63. 某分部工程有两个施工过程，分为3个施工段组织非节奏流水施工，各施工过程的流水节拍分别为3天、5天、5天和4天、4天、5天，则两个施工过程之间的流水步距是（　　）天。

A. 2　　　　B. 3

C. 4　　　　D. 5

79. 调整施工进度计划时，通过增加劳动力和施工机械的数量缩短某些工作持续时间的措施属于（　　）。

A. 经济措施　　B. 技术措施

C. 组织措施　　D. 合同措施

80. 物资需求计划编制中，确定建设工程各计划期需求量的主要依据是（　　）。

A. 年度施工进度计划　　B. 分部分项工程作业计划

C. 物资储备计划　　D. 施工总进度计划

得分	评卷人

二、多项选择题（共40题，每题2分。每题的备选项中，有2个或2个以上符合题意，至少有1个错项。错选，本题不得分；少选，所选的每个选项得0.5分）

81. 在影响工程质量的诸多因素中，环境因素对工程质量特性起到重要作用。下列因素属于工程作业环境条件的有（　　）。

A. 防护设施　　B. 水文、气象

C. 施工作业面　　D. 组织管理体系

E. 通风照明

82. 工程质量监督机构依法对工程质量进行强制性监督的主要任务有（　　）。

A. 检测现场所用的建筑材料质量

B. 检查施工现场工程建设各方主体的质量行为

C. 检查工程实体质量

D. 审查施工图涉及工程建设强制性标准的内容

E. 监督工程质量验收

83. 下列记录中，属于监理服务“产品”的有（　　）。

A. 旁站记录　　B. 材料设备验收记录

C. 培训记录　　D. 不合格品处理记录

E. 管理评审记录

84. 根据抽样检验分类方法，属于计量型抽样检验的质量特性的有（　　）。

A. 几何尺寸　　B. 焊点不合格数

C. 标高　　D. 条数

E. 强度

85. 用于工程的钢筋进场后，应按规定抽取试件进行拉伸试验，试验内容包括（　　）。

A. 抗拉强度　　B. 屈服强度

C. 冷弯　　D. 伸长率

E. 抗剪强度

86. 项目监理机构对施工单位报送的工程开工报审表及相关资料进行审查的内容有（　　）。

A. 施工单位资质等级是否符合相应施工工作

B. 施工组织设计是否已由总监理工程师签认

C. 施工单位的管理及施工人员是否已到位

D. 施工机械是否已具备使用条件

E. 施工单位现场质量安全生产管理体系是否已建立

87. 项目监理机构对施工单位提供的试验室进行检查的内容有（　）。

A. 试验室的资质等级　　B. 试验室的试验范围

C. 试验室的性质和规模　　D. 试验室的管理制度

E. 试验人员的资格证书

88. 下列报审、报验表中，只需由专业监理工程师签署审查意见的有（　）。

A. 分部工程报验表

B. 单位工程竣工验收报审表

C. 施工控制测量成果报验表

D. 工程材料、构配件、设备报审表

E. 分包单位资格报审表

89. 工程施工过程中，应由总监理工程师签发工程暂停令的情形有（　）。

A. 施工单位施工质量保证措施欠缺

B. 施工单位拒绝项目监理机构管理

C. 施工单位未按审查通过的工程设计文件施工

D. 施工单位采用不适当的施工工艺

E. 施工单位违反工程建设强制性标准

90. 工程监理单位控制设备制造过程质量的主要内容有（　）。

A. 控制设计变更　　B. 控制加工作业条件

C. 处置不合格零件　　D. 明确设备制造过程的要求

E. 检查工序产品

91. 根据《建筑工程施工质量验收统一标准》，分项工程可按（　）进行划分。

A. 主要工种　　B. 施工工艺

C. 施工特点　　D. 设备类别

E. 专业性质

92. 验收建筑工程地基与基础分部工程质量时，应由（　）参加。

A. 施工单位项目负责人

B. 设计单位项目负责人

C. 总监理工程师

D. 勘察单位项目负责人

E. 建设单位项目负责人

93. 分部工程质量验收合格的条件有（　）。

A. 所含主要分项工程的质量验收合格

B. 有关安全、节能抽样检验结果符合规定

C. 有关环境保护抽样检验结果符合规定

D. 观感质量符合要求

E. 质量控制资料完整

94. 下列可能导致工程质量缺陷的因素中，属于施工与管理不到位的有（　）。

A. 采用不正确的结构方案

B. 未经设计单位同意擅自修改设计

108. 下列引起投资偏差的原因中，属于建设单位原因的有（　　）。

A. 设计标准变化

B. 投资规划不当

C. 建设手续不全

D. 施工方案不当

E. 未及时提供施工场地

109. 下列影响建设工程进度的不利因素中，属于建设单位因素的有（　　）。

A. 不能及时向施工承包单位付款

B. 组织协调不利，导致停工待料

C. 由于使用要求改变而进行设计变更

D. 提供的场地不能满足工程正常需要

E. 邻近工程施工干扰

110. 下列建设工程进度控制措施中，属于技术措施的有（　　）。

A. 采用网络计划技术等计划方法

B. 审查承包商提交的进度计划

C. 加强合同风险管理

D. 建立工程进度报告制度

E. 编制进度控制工作细则

111. 建设工程组织流水施工时，影响施工过程流水强度的因素有（　　）。

A. 投入的施工机械台数和人工数

B. 专业工种工人或施工机械活动空间人数

C. 相邻两个施工过程相继开工的间隔时间

D. 施工过程中投入资源的产量定额

E. 施工段数目

112. 建设工程组织固定节拍流水施工的特点有（　　）。

A. 施工过程在各施工段上的流水节拍不尽相等

B. 各专业工作队在各施工段上能够连续作业

C. 相邻施工过程之间的流水步距相等

D. 专业工作队数大于施工过程数

E. 各施工段之间没有空闲时间

113. 某双代号网络图如下图所示，绘图错误的有（　　）。

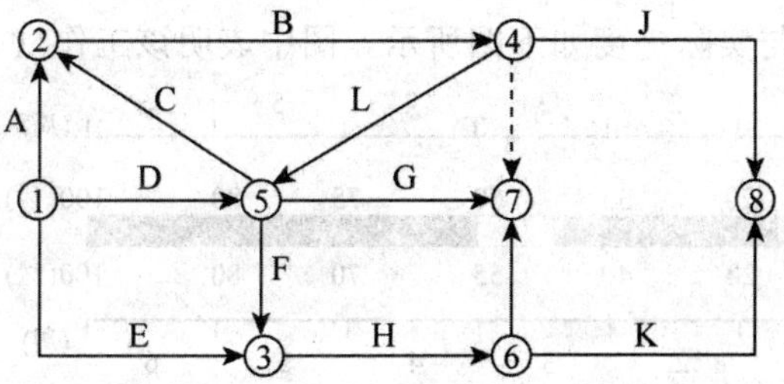

A. 多个起点节点

B. 存在循环回路

C. 节点编号有误

D. 多个终点节点

E. 工作箭头逆向

114. 某工程双代号网络计划如下图所示，其中关键线路有（　　）。

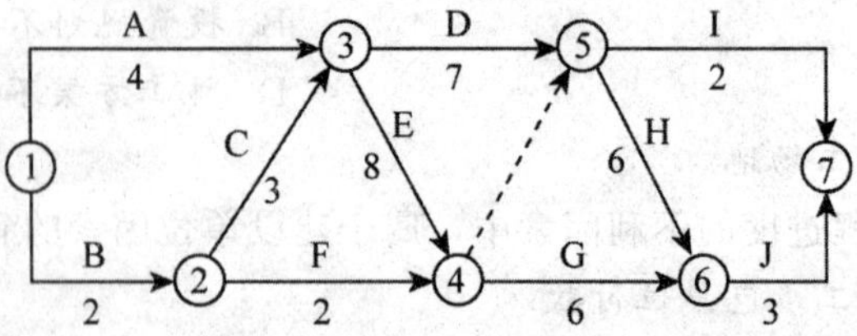

A. ①→②→④→⑤→⑦

B. ①→②→③→④→⑤→⑥→⑦

C. ①→③→④→⑤→⑥→⑦

D. ①→③→④→⑤→⑦

E. ①→②→③→④→⑥→⑦

115. 某工程双代号时标网络计划如下图所示（单位：天），关于时间参数的说法，正确的有（　　）。

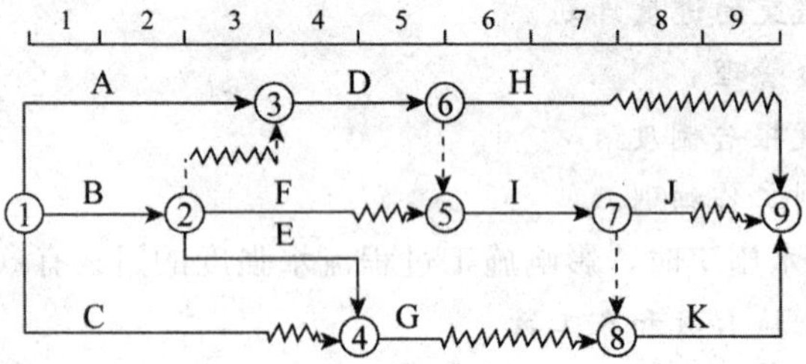

A. 工作 B 的总时差为 0

B. 工作 E 的最早开始时间为第 4 天

C. 工作 D 的总时差为 0

D. 工作 I 的自由时差为 1 天

E. 工作 G 的总时差为 2 天

116. 关于建设工程多级网络计划系统的说法，正确的有（　　）。

A. 计划系统由不同层级的网络计划组成

B. 处于同一层级的网络计划相互关联和搭接

C. 能够使用一个网络图来表达工程的所有工作内容

D. 进度计划通常采用自顶向下、分级编制的方法

E. 能够保证建设工程所需资源的连续性

117. 某工作计划进度与实际进度如下图所示，图中表明该工作（　　）。

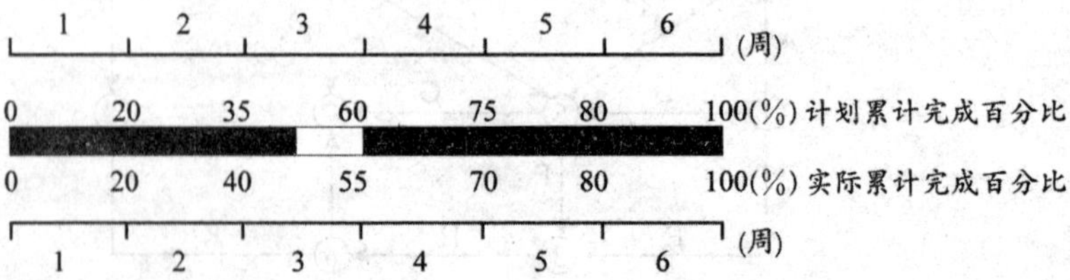

A. 在第 1 周内按计划正常进行

B. 在第 2 周末拖欠 5%的任务量

C. 在第 3 周后半周未按计划进行

D. 在第 5 周内实际进度拖后 5%

7. 下列工程监理单位的质量管理体系文件，属于监理单位内部质量管理的纲领性文件和行动准则的是（　　）。

A. 质量手册　　B. 程序文件
C. 质量记录　　D. 质量计划

8. 在抽样检验方案中，当总体很大，很难一次抽样完成预定的目标时，应采用（　　）检验方法。

A. 系统随机抽样　　B. 分层抽样
C. 简单随机抽样　　D. 多阶段抽样

9. 工程质量统计分析方法中，直方图法的主要用途有（　　）。

A. 描述质量缺陷的数据状况　　B. 确定质量问题的主要原因
C. 掌握质量特性的分布规律　　D. 分门别类地分析质量问题

10. 用样本数据来分析判断生产过程是否处于稳定状态的有效工具是（　　）。

A. 因果分析图　　B. 控制图
C. 直方图　　D. 相关图

11. 对于基桩的竖向抗压承载力和桩身完整性，应采用（　　）进行检测。

A. 静载荷试验的方法　　B. 低应变动测法
C. 高应变动测法　　D. 动载荷试验的方法

12. 在施工质量验收过程中，涉及结构安全的试块、试件以及有关材料，应按规定进行（　　）。

A. 见证取样检测　　B. 抽样检测
C. 破坏性试验　　D. 剥离试验

13. 工程开工前，（　　）应组织并主持召开工程设计技术交底会。

A. 施工单位　　B. 建设单位
C. 设计单位　　D. 监理单位

14. 施工方案应由（　　）审批签字后提交项目监理机构。

A. 建设单位项目负责人　　B. 项目技术负责人
C. 建设单位技术负责人　　D. 施工单位技术负责人

15. 分包工程开工前，应由（　　）对施工单位报送的分包单位资格报审表进行审批并签署意见。

A. 专业监理工程师　　B. 总监理工程师
C. 总监理工程师代表　　D. 建设工程质量监督机构

16. 质量合格的材料、构配件进场后，到其使用或安装时通常要经过一定的时间间隔。在此时间里，专业监理工程师应对施工单位在材料、半成品、构配件的（　　）实行监控。

A. 产品标志、包装　　B. 型号、规格、数量
C. 尺寸、规格　　D. 存放、保管及使用期限

17. 项目监理机构监理人员实施旁站监理时，发现施工单位有违反工程建设强制性标准行为时，应当（　　）。

A. 向施工企业项目经理报告　　B. 责令施工企业整改
C. 向建设行政主管部门报告　　D. 向建设单位驻工地代表报告

18. 项目监理机构对施工单位进行的涉及结构安全的试块、试件及工程材料见证取样的试验室应是（　　）。
A. 施工单位的试验室
B. 建设单位指定的试验室
C. 监理单位指定的试验室
D. 和施工单位没有行政隶属关系的第三方

19. 在工程质量控制方面，项目监理机构发现施工单位采用不适当的施工工艺，或施工不当，造成工程质量不合格的，应及时签发（　　）。
A. 监理通知单　　B. 不合格项通知单
C. 工程暂停令　　D. 隐蔽工程检查记录单

20. 设备采购方案要根据建设项目的总体计划和相关设计文件的要求编制，最终获得（　　）的批准。
A. 设计单位　　B. 生产单位　　C. 建设单位　　D. 监理单位

21. 在设备制造过程中，监造人员定期及不定期地到制造现场，检查了解设备制造过程的质量状况，做好相应记录，发现问题及时处理。这种质量监控方式属于（　　）。
A. 驻厂监造　　B. 巡回监控
C. 定点监控　　D. 跟踪监控

22. 室外工程可根据专业类别和工程规模划分，其中室外设施工程属于（　　）。
A. 子分部工程　　B. 分部工程
C. 子单位工程　　D. 单位工程

23. 对于项目监理机构提出检查要求的重要工序，未经专业监理工程师检查认可，不得（　　）。
A. 进行下道工序施工　　B. 更换施工作业人员
C. 拨付工程款　　D. 进行竣工验收

24. 根据《建筑工程施工质量验收统一标准》，分项工程应由（　　）组织验收。
A. 施工单位技术负责人　　B. 总监理工程师
C. 施工单位项目负责人　　D. 专业监理工程师

25. 项目监理机构应编写工程质量评估报告，并应经（　　）审核签字后报建设单位。
A. 总监理工程师和施工单位技术负责人
B. 总监理工程师和工程监理单位技术负责人
C. 专业监理工程师和建设单位技术负责人
D. 专业监理工程师和施工单位技术负责人

26. 根据《建筑工程施工质量验收统一标准》，经返工或返修的检验批，应（　　）。
A. 重新进行验收
B. 按技术处理方案和协商文件进行验收
C. 经检测单位检测鉴定后予以验收
D. 由监督机构决定是否予以验收

27. 下列导致工程质量缺陷的原因中，属于设计差错的是（　　）。
A. 边勘察、边设计、边施工
B. 荷载取值过小，内力分析有误

47. 具有全面、细致，审查质量高、效果好，但工作量大、时间较长的施工图预算审查方法是（　　）。

A. 分组计算审查法　　B. 逐项审查法

C. 对比审查法　　D. 标准预算审查法

48. 根据《建设工程工程量清单计价规范》，某分部分项工程的清单编码为020302004014，该分部分项工程项目名称顺序码为（　　）。

A. 02　　B. 014　　C. 03　　D. 004

49. 在招投标过程中，当出现招标工程量清单特征描述与设计图纸不符时，投标人应以（　　）为准，确定投标报价的综合单价。

A. 实际施工的项目特征　　B. 招标工程量清单的项目特征描述

C. 预算定额　　D. 设计图纸说明

50. 工期长、技术复杂、实施过程中可能会发生各种不可预见因素较多的建设工程一般采用（　　）。

A. 纯单价合同　　B. 固定总价合同

C. 估算工程量单价合同　　D. 可调总价合同

51. 在编制投资支出计划时，关于考虑预备费的说法，正确的是（　　）。

A. 只针对整个项目考虑总的预备费

B. 只针对部分分项工程考虑预备费

C. 不考虑项目预备费

D. 在项目总的方面考虑总的预备费，也要在主要的工程分项中安排适当的不可预见费

52. 某土方工程，招标工程量为5 000m^3，承包人标书中土方工程单价为60元/m^3。合同约定：当实际工程量超过估计工程量15%时，超过部分工程量单价调整为55元/m^3。工程结束时实际完成并经监理确认的土方工程量为6 000m^3，则该土方工程款为（　　）元。

A. 275 000　　B. 360 000

C. 330 000　　D. 358 750

53. 根据《建设工程工程量清单计价规范》，采用单价计算的措施项目费，按照（　　）确定单价。

A. 实际发生的措施项目，考虑承包人报价浮动因素

B. 实际发生变化的措施项目及已标价工程量清单项目的规定

C. 实际发生变化的措施项目并考虑承包人报价浮动

D. 类似的项目单价及已标价工程量清单的规定

54. 根据《标准施工招标文件》中的通用条款，承包人通常只能获得工期补偿，但不能得到费用和利润补偿的事件是（　　）。

A. 异常恶劣的气候条件　　B. 承包人遇到不利物质条件

C. 法律变化引起的价格调整　　D. 发包人要求承包人提前竣工

55. 某工程承包合同总额为1 200万元，工程主要材料及构件所占比重为60%，工程预付款为合同总额的20%，则工程预付款起扣点为（　　）万元。

A. 400　　B. 600

C. 800　　D. 1 000

56. 某地下工程，5 月计划工程量为 2 500m³，预算单价为 25 元/m³；到 5 月底时已完成工程量为 3 000m³，实际单价为 28 元/m³。若运用赢得值法分析，正确的是（　　）。

A. 已完工作实际投资为 75 000 元

B. 已完工作预算投资为 62 500 元

C. 进度偏差为−9 000 元，表明项目运行超出预算投资

D. 投资绩效指标<1，表明实际投资高于预算投资

57. 在建设工程监理工作中，建立进度计划审核制度和进度计划实施中的检查分析制度属于监理工程师控制进度的（　　）。

A. 组织措施　　B. 技术措施

C. 经济措施　　D. 合同措施

58. 工程项目建设总进度计划是编报工程建设年度计划的依据，其内容包括（　　）。

A. 年度计划项目表　　B. 年度建设资金平衡表

C. 工程项目进度平衡表　　D. 单位工程施工进度计划

59. 在下图所示双代号时标网络计划中，工作 B、D、I 共用一台施工机械而必须顺序施工，则该施工机械在施工现场闲置（　　）天。

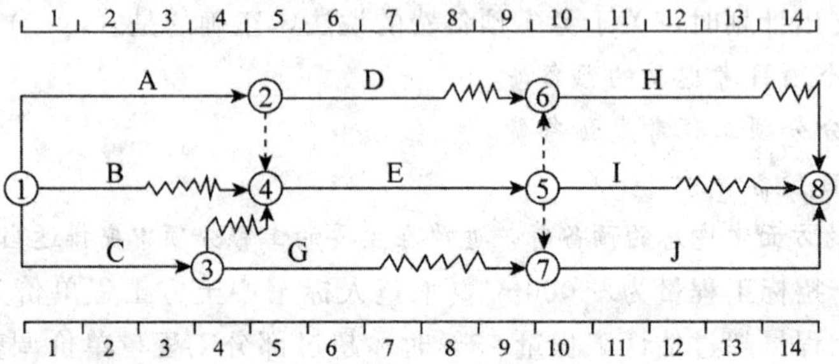

A. 0　　B. 1　　C. 2　　D. 3

60. 在组织流水施工时，运输类与制备类施工过程一般不占有施工对象的工作面，只有当其（　　）时，才列入施工进度计划之中。

A. 占有施工对象的工作面而影响工期

B. 造价超过一定范围

C. 对后续安全影响较大

D. 需要按照专业工种分解成施工工序

61. 在组织流水施工过程中，流水步距的大小取决于相邻两个施工过程在各个施工段上的（　　）。

A. 技术间歇　　B. 流水节拍　　C. 搭接时间　　D. 劳动强度

62. 某分项工程有 4 个施工过程，分为 3 个施工段组织加快的成倍节拍流水施工，各施工过程的流水节拍分别为 4 天、8 天、2 天和 4 天，则应组织（　　）个专业工作队。

A. 4　　B. 6　　C. 9　　D. 12

63. 某分部工程有 4 个施工过程，分为 3 个施工段组织加快的成倍节拍流水施工，流水节拍分别为 4 天、3 天、2 天；3 天、2 天、2 天；2 天、3 天、3 天；3 天、3 天、4 天。则流水施工工期为（　　）天。

A. 19　　B. 20　　C. 22　　D. 23

76. 监理单位受业主委托控制物资供应进度的工作内容是（　　）。

A. 编制物资供应招标文件

B. 确定物资供应分包方式及分包合同清单

C. 审核物资供应计划

D. 办理物资运输及进出口许可证

77. 项目监理机构对施工进度计划审查的内容是（　　）。

A. 施工总工期目标是否留有余地

B. 主要工程项目能否保持连续施工

C. 施工资源供应计划是否满足施工进度需要

D. 施工顺序是否与建设单位提供的资金、施工图纸等条件相吻合

78. 采用缩短某些工作持续时间的方法来调整施工进度计划的技术措施是（　　）。

A. 实行强有力的调度　　　　　　B. 改善外部配合条件

C. 增加每天的工作班次　　　　　D. 采用更先进的施工机械

79. 当承包单位的施工进度拖后而又不采取补救措施时，项目监理机构可采用的处理方法是（　　）。

A. 拒绝签署工程进度款支付凭证　　B. 中止施工承包合同

C. 延长施工进度计划工期　　　　　D. 提起误期损失赔偿诉讼

80. 编制建设工程物资需求计划的关键是（　　）。

A. 确定需求量　　　　　　　　B. 制定物资生产和运输计划

C. 制定物资招标进度计划　　　D. 制定物资采购成本计划

得分	评卷人

二、多项选择题（共 40 题，每题 2 分。每题的备选项中，有 2 个或 2 个以上符合题意，至少有 1 个错项。错选，本题不得分；少选，所选的每个选项得 0.5 分）

81. 根据《建设工程质量管理条例》，建设单位应承担的质量责任包括（　　）。

A. 不得将应由一个承包单位完成的建设工程项目肢解发包

B. 不得因赶工而任意压缩合理工期

C. 不得对专用设备指定供应商

D. 不得暗示参建方违反工程建设强制性标准

E. 不得采购未经鉴定的建筑材料

82. 关于《卓越绩效评价准则》与 ISO 9000 的比较，下列说法正确的有（　　）。

A. ISO 9000 是标准化导向，“卓越绩效”模式是战略导向

B. ISO 9000 来自市场准入的驱动，“卓越绩效”模式来自市场竞争的驱动

C. ISO 9000 与“卓越绩效”的评价方式相同

D. ISO 9000 主要关注结果，“卓越绩效”模式更加关注过程

E. ISO 9000 是有限的目标，“卓越绩效”模式是多元化的目标

83. 在检验批量为 N 的一批产品中，随机抽取 n_1 件产品进行检验。发现 n_1 中的不合格数为 d_1，则（　　）。

A. $d_1 \leqslant C_1$，判定该批产品合格

B. $d_1 \leqslant C_1$，判定该批产品不合格

C. $d_1 > C_2$，判定该批产品不合格

D. $d_1 > C_2$，判定该批产品合格

E. $C_1 < d_1 \leqslant C_2$，应在同批产品中继续随机抽取 n_2 件产品进行检验

84. 当质量控制图同时满足（　　）时，可认为生产过程处于稳定状态。

A. 点子多次同侧
B. 点子分布出现链
C. 控制界限内的点子排列没有缺陷
D. 点子几乎全部落在控制界限之内
E. 点子有趋势或倾向

85. 实际生产中，质量数据波动的偶然性原因的特点有（　　）。

A. 不可避免、难以测量和控制
B. 大量存在但对质量的影响很小
C. 质量数据离散过大
D. 原材料质量规格有显著差异
E. 经济上不值得消除

86. 专业监理工程师应检查、复核施工单位报送的施工控制测量成果及保护措施，检查、复核的内容包括（　　）。

A. 测量管理制度
B. 测量设备检定证书
C. 施工高程控制网
D. 施工平面控制网
E. 施工临时水准点

87. 关于工程质量主要试验与检测方法的说法，正确的有（　　）。

A. 使用进口钢材和改制钢材时，焊接前未进行化学成分检验和焊接试验，应判为不合格品
B. 水泥初凝时间、安定性不符合相应产品标准规定时，应判为废品
C. 混凝土拌合物最大直径和最小直径的差小于 50mm 时，试验结果无效
D. 对于钢筋冷拔低碳钢丝电阻点焊骨架和网片焊点需要进行常温拉伸试验
E. 工程中应用钢筋机械接头时，应由该技术提供单位提交有效的型式检验报告

88. 向生产厂家订购设备前，对供货厂商进行初选的内容包括（　　）。

A. 供货厂商的营业执照、经营范围
B. 企业设备供货能力
C. 企业性质及规模
D. 正在生产的设备情况
E. 需要另行分包采购的原材料、配套零部件及元器件的情况

89. 专业监理工程师应会同相关单位及人员对合同约定的进场设备进行开箱检查，检查其是否符合（　　）的要求。

A. 建设单位
B. 设计文件
C. 订货合同
D. 安装单位
E. 相关规范

90. 项目管理机构进行设备改造时，设备制造过程质量记录资料包括的内容有（　　）。

A. 设备制造单位质量管理检查资料
B. 设备订货合同
C. 设备制造依据及工艺资料
D. 设备制造原材料、构配件的质量记录
E. 制造过程的检查、验收记录

C. 实行工程量清单计价的工程，应采用单价合同

D. 实行招标的工程合同价款应由发承包双方根据招标文件和中标人的投标文件在书面合同中约定

E. 不实行招标的工程合同价款，应在发承包双方认可的工程量价款基础上在合同中约定

106. 施工合同履行期间，关于因不可抗力事件导致合同价款和工期调整的说法，正确的有（　　）。

A. 工程修复费用由承包人承担

B. 承包人的施工机械设备损坏由发包人承担

C. 工程本身的损坏由发包人承担

D. 发包人要求赶工的，赶工费用由发包人承担

E. 工程所需清理费用由发包人承担

107. 关于工程计量的说法，正确的有（　　）。

A. 工程计量可选择按月或按工程形象进度分段计量

B. 因承包人原因造成的超出合同工程范围施工的工程量，发包人不予计量

C. 工程计量的依据包括质量合格证书和设计图纸

D. 单价合同应予计量的工程量是承包人实际施工的工程量

E. 发包人在没有通知承包人的情况下到现场计量，计量结果有效

108. 下列费用中，承包人可索赔施工机具使用费的有（　　）。

A. 由于完成额外工作增加的机械、仪器仪表使用费

B. 由于施工机械故障导致的机械停工费

C. 由于项目监理机构原因导致的机械窝工费

D. 由于发包人要求承包人提前竣工，使工效降低增加的施工机械使用费

E. 施工机具保养费用

109. 建设项目总进度纲要的内容有（　　）。

A. 项目实施总体部署

B. 调查研究和收集资料

C. 绘制项目结构分析图

D. 确定里程碑事件的计划进度目标

E. 研究总进度目标实现的条件和措施

110. 工程项目年度计划的内容包括（　　）。

A. 投资计划年度分配表

B. 年度计划项目表

C. 年度设备平衡表

D. 年度设计出图计划表

E. 年度竣工投产交付使用计划表

111. 流水节拍是流水施工的主要参数之一，同一施工过程中流水节拍的决定因素有（　　）。

A. 所采用的施工方法

B. 所采用的施工机械类型

C. 投入施工的工人数和工作班次

D. 施工过程的复杂程度

E. 工作的熟练程度

112. 根据工程项目的施工特点、工艺流程及平面或空间布置等要求，可采用不同的施工组织方式，其中依次施工方式的特点包括（ ）。

A. 没有充分利用工作面，工期长

B. 如果按专业成立工作队，则各专业工作队不能连续作业

C. 施工现场的组织管理比较复杂

D. 单位时间内投入的劳动力、施工机具等资源较为均衡

E. 有利于施工段的划分

113. 分部工程双代号网络图如下图所示，图中错误的有（ ）。

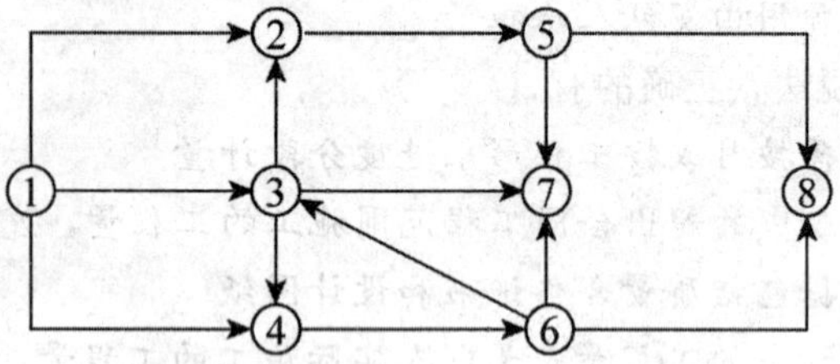

A. 多个终点节点

B. 多个起点节点

C. 工作代号重复

D. 节点编号有误

E. 存在循环回路

114. 某工程双代号网络计划中各节点的最早时间与最迟时间如下图所示，图中表明（ ）。

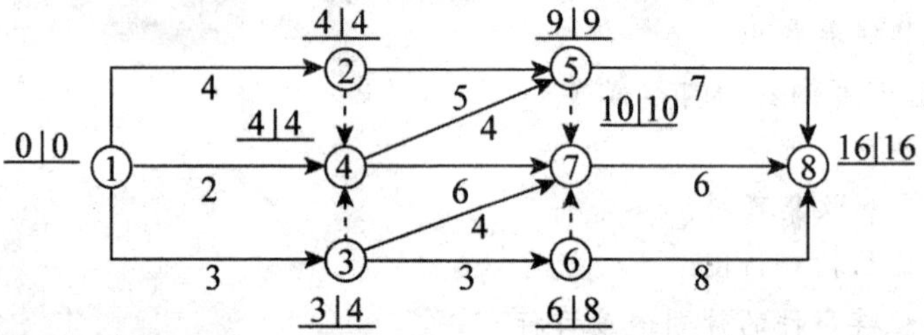

A. 工作①—④为关键工作

B. 工作④—⑦为关键工作

C. 工作①—③的自由时差为 0

D. 工作③—⑦的总时差为 3

E. 关键线路有 3 条

115. 在双代号网络计划中，当计划工期等于计算工期时，关键工作的特点有（ ）。

A. 关键工作两端的节点必为关键节点

B. 关键工作的总时差和自由时差均等于零

C. 关键工作的紧前工作必然也是关键工作

D. 关键工作只有一个紧后工作时，该紧后工作也是关键工作

E. 关键工作只能在关键线路上

7. 下列监理文件资料中，不属于监理单位质量管理体系文件的是（　　）。

A. 总监理工程师任命书　　B. 监理实施细则

C. 监理日志　　D. 材料设备验收记录

8. 下列特征值中，描述质量特性数据离散程度的是（　　）。

A. 总体算术平均数　　B. 样本算术平均数

C. 样本中位数　　D. 总体标准偏差

9. 计数型一次抽样检验方案为（N，n，C），其中 N 为送检批的大小，n 为抽样的样本数大小，C 为合格判定数。若发现 n 中有 d 件不合格品，当（　　）时，该送检批合格。

A. $d=C+1$　　B. $d<C+1$

C. $d>C$　　D. $d\leqslant C$

10. 工程质量控制的统计分析方法中，可以用来系统整理分析某个质量问题与其产生原因之间关系的方法是（　　）。

A. 因果分析图法　　B. 相关图法

C. 排列图法　　D. 直方图法

11. 当混凝土的坍落度大于 220mm 时，如果用钢尺测量混凝土扩展后最终的最大直径和最小直径的差大于（　　）mm，则坍落扩展度试验结果无效。

A. 20　　B. 30　　C. 40　　D. 50

12. 施工图设计文件审查合格后，（　　）应及时主持召开图纸会审会议，与会各方会签会议纪要。

A. 建设单位　　B. 施工单位

C. 项目监理机构　　D. 设计单位

13. 总监理工程师组织专业监理工程师审查施工单位报送的工程开工报审表及相关资料时，不属于审查内容的是（　　）。

A. 设计交底和图纸会审是否已完成

B. 施工许可证是否已办理

C. 施工组织设计是否已由总监理工程师签认

D. 进场道路及水、电、通信等是否已满足开工要求

14. 收到施工单位报送的单位工程竣工验收报审表及相关资料后，（　　）应组织监理人员进行工程质量竣工预验收。

A. 建设单位法人代表　　B. 建设单位现场代表

C. 总监理工程师　　D. 专业监理工程师

15. 施工组织设计是指导施工单位进行施工的实施性文件，应经（　　）审核签认后方可实施。

A. 施工项目经理　　B. 总监理工程师

C. 专业监理工程师　　D. 建设单位代表

16. 项目监理机构收到施工单位报送的工程资料、构配件、设备报审表后，应重点审查工程材料、构配件、设备的（　　）。

A. 质量证明文件　　B. 采购合同

C. 设计要求文件　　D. 考察报告

17. 对已进场经检验不合格的工程材料，项目监理机构应要求施工单位将该批材料（ ）。

A. 就地封存　　B. 重新试验检测，合格后方可使用

C. 限期撤出施工现场　　D. 降低标准使用

18. 项目监理机构收到施工单位报送的试验室报审表及有关资料后，应由（ ）进行审查，并提出具体审查意见。

A. 总监理工程师　　B. 专业监理工程师

C. 监理员　　D. 总监理工程师代表

19. 用于工程的由（ ）采购的主要设备应经建设单位、施工单位、项目监理机构进行开箱检查，并经三方在开箱检查记录上签字。

A. 建设单位　　B. 施工单位

C. 安装单位　　D. 代理商

20. 项目监理机构对于工程的关键部位或关键工序的施工质量进行的监督活动称为（ ）。

A. 巡视　　B. 旁站

C. 见证　　D. 检验

21. 项目监理机构发现施工单位未按审查通过的工程设计文件施工的，总监理工程师应（ ）。

A. 签发监理通知单　　B. 签发工作联系单

C. 签发工程暂停令　　D. 提交监理报告

22. 对于特别重要的设备制造过程，项目监理机构可采取（ ）的方式实施质量控制。

A. 巡回监控　　B. 定点监控

C. 设置质量控制点监控　　D. 驻厂监造

23. 监造的设备从制造厂运往安装现场前，项目监理机构应检查（ ），并审查设备运输方案。

A. 运输安全措施　　B. 设备包装质量

C. 海关及保险手续　　D. 起重工和加固方案

24. 根据《建筑工程施工质量验收统一标准》，具备独立施工条件并能形成独立使用功能的建筑物或构筑物可划分为一个（ ）。

A. 单项工程　　B. 分部工程

C. 单位工程　　D. 子分部工程

25. 分部工程质量验收应由（ ）组织相关人员进行。

A. 总监理工程师　　B. 专业监理工程师

C. 建设单位代表　　D. 施工项目经理

26. 单位工程质量竣工验收记录中，验收结论由（ ）填写。

A. 施工单位　　B. 项目监理机构

C. 建设单位　　D. 总监理工程师

27. 检验批质量验收时，对于一般的质量缺陷可通过返修或更换予以解决，施工单位采取相应措施整改完后，该检验批应（ ）进行验收。

A. 重新　　B. 协商后

C. 经检测鉴定后　　D. 在设计单位到场后

47. 下列费用中，应列入其他项目清单的是（　）。

A. 专业工程暂估价　　B. 安全文明施工费

C. 二次搬运费　　D. 夜间施工增加费

48. 采用可调总价合同时，发包方承担了（　）风险。

A. 实物工程量　　B. 成本

C. 工期　　D. 通货膨胀

49. 根据《建设工程施工合同（示范文本）》，监理人应在收到承包人提交的工程量报告后（　）天内，完成对工程量报表的审核并报送发包人。

A. 7　　B. 14

C. 21　　D. 28

50. 某工程原定 2013 年 9 月 20 日竣工，因承包人原因，致使工程延至 2013 年 10 月 20 日竣工，但在 2013 年 10 月因法规的变化导致工程造价增加 120 万元，工程合同价款应（　）。

A. 调增 60 万元　　B. 调增 90 万元

C. 调增 120 万元　　D. 不予调整

51. 某分项工程指标工程量清单数量为 1 000m^3，施工中由于设计变更调整为 1 200m^3，该分项工程指标控制价单价为 300 元/m^3，投标报价单价为 360 元/m^3，根据《建设工程工程量清单计价规范》，该分项工程的结算款为（　）元。

A. 420 000　　B. 429 000

C. 431 250　　D. 432 000

52. 某分项工程合同价为 6 万元，采用价格指数进行价格调整，可调值部分占合同总价的 70%，可调值部分由 A、B、C 三项成本要素构成，分别占可调值部分的 20%、40%、40%，基准日期价格指数均为 100，结算依据的价格指数分别为 110、95、103，则结算的价款为（　）万元。

A. 4.83　　B. 6.05

C. 6.63　　D. 6.90

53. 根据《建设工程工程量清单计价规范》，当承包人投标报价中材料单价低于基准单价时，施工期间材料单价涨幅以（　）为基础，超过合同约定的风险幅度值的，其超过部分按实调整。

A. 投标报价　　B. 招标控制价

C. 基准单价　　D. 实际单价

54. 某工程在施工过程中，因不可抗力造成在建工程损失 16 万元，承包方受伤人员医药费 4 万元，施工机具损失 6 万元，施工人员窝工费 2 万元，工程清理修复费 4 万元。承包人及时向项目监理机构索赔申请，并附有相关证明材料。则项目监理机构应批准的补偿金额为（　）万元。

A. 20　　B. 22

C. 24　　D. 32

55. 最常用的计算索赔费用的方法是（　）。

A. 总费用法　　B. 修正的总费用法

C. 关键线路法　　D. 实际费用法

56. 某工程施工至2013年12月底，经分析，已完工作预算投资为100万元，已完工作实际投资为115万元，计划工作预算投资为110万元，则该工程的进度偏差为（　　）。

A. 超前15万元　　　　B. 延误15万元

C. 超前10万元　　　　D. 延误10万元

57. 在建设工程实施过程中，影响工程进度的组织管理因素是（　　）。

A. 临时停水、停电

B. 合同签订时遗漏条款或表达失当

C. 未考虑设计在施工中实现的可能性

D. 施工设备不配套、选型失当

58. 在进行建设项目总进度目标控制前，建设单位对项目总进度管理的首要任务是（　　）。

A. 收集和整理比较详细的设计资料

B. 比较和分析各项技术方案的合理性

C. 分析和论证进度目标实现的可能性

D. 提出和改进设计、施工的进度控制措施

59. 在建设工程进度控制计划体系中，属于设计单位计划系统的是（　　）。

A. 分部分项工程进度计划

B. 阶段性设计进度计划

C. 工程项目年度计划

D. 年度建设资金计划

60. 利用横道图表示工程进度计划的主要特点是（　　）。

A. 能够反映工作所具有的机动时间

B. 能够明确表达各项工作之间的逻辑关系

C. 形象直观，易于编制和理解

D. 能方便地利用计算机进行计算和优化

61. 建设工程进度计划的编制程序中，属于计划准备阶段应完成的工作是（　　）。

A. 分析工作之间的逻辑关系

B. 计算工作持续时间

C. 进行项目分解

D. 确定进度计划目标

62. 在有足够工作面的前提下，组织（　　）时，施工工期最短。

A. 依次施工　　　　B. 平行施工

C. 流水施工　　　　D. 分包施工

63. 流水强度是指某专业工作队在（　　）。

A. 一个施工段上所完成的工程量

B. 单位时间内所完成的工程量

C. 一个施工段上所需某种资源的数量

D. 单位时间内所需某种资源的数量

64. 某分部工程由4个施工过程（Ⅰ、Ⅱ、Ⅲ、Ⅳ）组成，分为6个施工段，流水节拍均为3天，无组织间歇时间和工艺间歇时间，但施工过程Ⅳ需提前1天插入施工，该分部工程

77. 通过缩短某些工作的持续时间调整施工进度计划时，其主要特点是（　　）。

A. 在非关键线路上缩短工作持续时间

B. 采用平行作业方式加快施工进度

C. 不改变工作之间的先后顺序关系

D. 保持网络计划中关键工作不变

78. 项目监理机构批准工程延期的基本原则是（　　）。

A. 项目监理机构对施工现场进行了详细考察和分析

B. 延期事件发生在非关键线路上，且延长时间未超过总时差

C. 工作延长的时间超过其相应总时差，且由承包单位自身原因引起

D. 延期事件是由承包单位自身以外的原因造成的

79. 建设工程物资储备计划的编制依据是（　　）。

A. 物资供应方式

B. 物资市场价格

C. 工程承发包模式

D. 生产组织方式

80. 项目监理机构受建设单位委托控制物资供应进度时，其工作内容是（　　）。

A. 组织对投标文件的技术评价

B. 签订物资供应合同

C. 确定建设单位推荐的物资供应单位

D. 组织编制物资供应招标文件

得分	评卷人

二、多项选择题（共 40 题，每题 2 分。每题的备选项中，有 2 个或 2 个以上符合题意，至少有 1 个错项。错选，本题不得分；少选，所选的每个选项得 0.5 分）

81. 施工图设计文件经审查后，在施工中因设计原因发生质量事故，下列关于责任承担的说法，正确的有（　　）。

A. 建设行政主管部门应承担监督不力的责任

B. 建设单位应承担设计交底组织不力的责任

C. 设计单位应承担设计的质量责任

D. 审查机构应承担审查失职的责任

E. 监理单位应承担图纸会审组织不力的责任

82. 下列质量事故中，属于建设单位责任的有（　　）。

A. 商品混凝土未经检验造成的质量事故

B. 地下管线资料不准确造成的质量事故

C. 总包和分包单位职责不明造成的质量事故

D. 施工中使用了禁止使用的材料造成的质量事故

E. 工程未经竣工验收堆放生产用物品导致建筑结构开裂的质量事故

83. 工程监理单位 ISO 质量管理体系的文件包括（　　）。

A. 程序文件　　　　B. 质量方针

C. 作业指导书　　　　D. 质量记录

E. 管理制度

84. 卓越绩效管理模式的实质可以归结为（　　）。

A. 强调“大质量”观

B. 提供了先进的管理方法

C. 是一个符合性标准

D. 聚焦于经营结果

E. 关注竞争力提升

85. 工程质量控制中，采用控制图法的目的有（　　）。

A. 找出薄弱环节

B. 进行过程控制

C. 评价过程能力

D. 进行过程分析

E. 掌握质量分布规律

86. 对于有抗震设防要求的钢筋混凝土结构，其纵向受力钢筋的延性应符合（　　）的规定。

A. 钢筋的抗拉强度实测值与屈服强度实测值的比值不应小于1.25

B. 钢筋的抗拉强度实测值与屈服强度实测值的比值不应大于1.30

C. 钢筋的屈服强度实测值与强度标准值的比值不应大于1.30

D. 钢筋的最大力下总伸长率不应小于9%

E. 钢筋断后伸长率不应大于5%

87. 钢筋焊接接头的基本力学性能试验方法有（　　）。

A. 抗压试验　　　　B. 拉伸试验

C. 抗剪试验　　　　D. 弯曲试验

E. 型式检验

88. 项目监理机构审查施工组织设计的基本内容有（　　）。

A. 编审程序应符合相关规定

B. 施工进度计划和工程质量保证措施应符合施工合同要求

C. 专业分包合同的签订应符合有关要求

D. 资金、劳动力、材料、设备等供应计划应满足工程需要

E. 安全技术措施应符合工程建设强制性标准

89. 项目监理机构审核施工单位报送的分包单位资格报审表及有关资料的内容包括（　　）。

A. 营业执照、企业资质等级证书

B. 安全生产许可文件

C. 类似工程业绩

D. 专职管理人员和特种作业人员的资格

E. 分包合同协议条款和分包工程内容

90. 项目监理机构审查施工单位报送的施工控制测量成果报验表及相关资料时，应重点审查（　　）是否符合标准及规范的要求。

A. 测量依据　　　　B. 测量管理制度

C. 测量人员资格　　　　D. 测量手段

C. 非承包人责任的工程延期导致的材料价格上涨费

D. 设计变更增加的材料费

E. 冬雨期施工增加的材料费

107. 工程计量时，监理人应予计量的工程量有（　　）。

A. 承包人超出设计图纸和设计文件要求所增加的工程量

B. 工程量清单中的工程量

C. 有缺陷工程的工程量

D. 工程变更导致增加的工程量

E. 承包人原因导致返工的工程量

108. 发包人向承包人的索赔包括（　　）。

A. 工期延误的索赔

B. 工程变更引起的索赔

C. 对超额利润的索赔

D. 加速施工的索赔

E. 发包人合理终止合同的索赔

109. 建设项目总进度纲要的主要内容有（　　）。

A. 项目总进度规划

B. 投资计划年度分配表

C. 建设方案论证和可行性分析

D. 项目总进度目标实现的条件和措施

E. 项目里程碑事件的计划进度目标

110. 建设工程进度控制的技术措施有（　　）。

A. 建立进度协调会议制度

B. 及时办理工程预付款及进度款支付手续

C. 审查承包商提交的进度计划

D. 编制进度控制工作细则

E. 严格控制合同变更

111. 表达流水施工在时间安排上所处状态的参数有（　　）。

A. 流水段

B. 流水强度

C. 流水节拍

D. 流水步距

E. 流水施工工期

112. 非节奏流水施工的特点有（　　）。

A. 专业工作队数不等于施工过程数

B. 相邻施工过程的流水步距不尽相等

C. 各施工过程在各施工段的流水节拍不全相等

D. 施工段之间无空闲时间

E. 各专业工作队能够在施工段上连续作业

113. 下列网络图的绘制错误有（　　）。

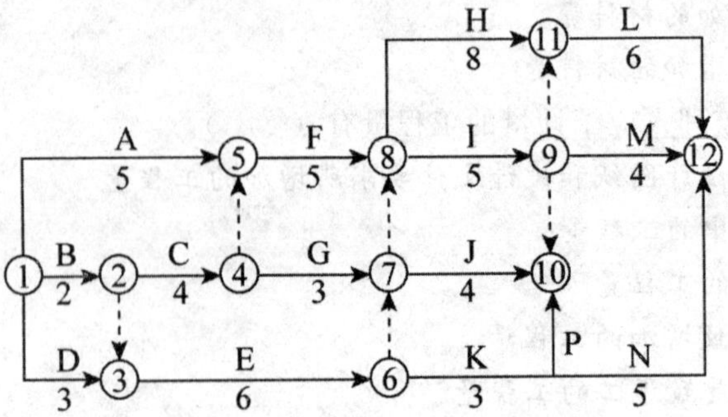

A. 多个起点节点

B. 多个终点节点

C. 有循环回路

D. 节点编号有误

E. 从箭线上引出工作

114. 某工程双代号时标网络计划如下图所示，该计划表明（　　）。

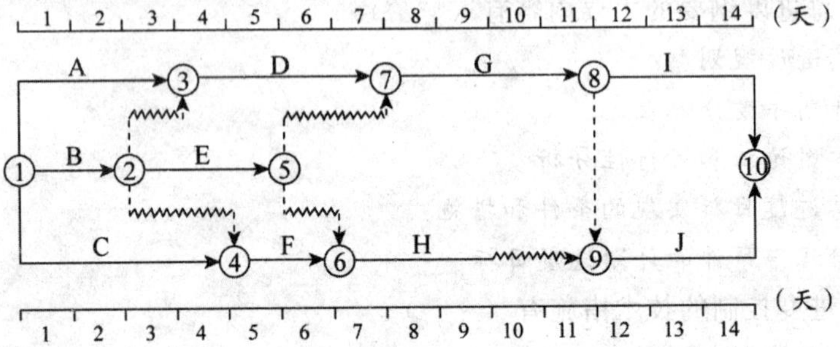

A. G 工作为关键工作

B. E 工作的总时差为 3 天

C. B 工作的总时差为 1 天

D. F 工作为关键工作

E. C 工作的总时差为 2 天

115. 某分项工程的计划进度与 4 月底检查的实际进度如下图所示，从图中获得的正确信息有（　　）。

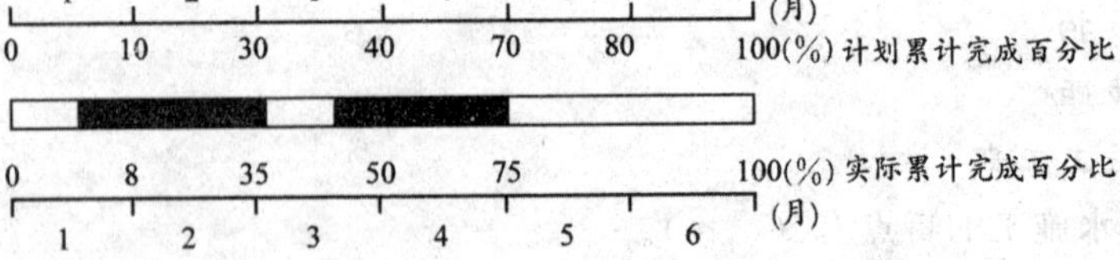

A. 第 1 月实际进度拖后 2%

B. 第 2 月实际进度超前，当月超前 5%

C. 第 3 月实际进度超前，当月超前 5%

D. 第 4 月实际进度拖后，当月拖后 5%

E. 到 4 月底实际进度累计超前 5%

7. 积极主动地进行工程质量控制，事先对影响质量的各种因素加以控制，不能消极被动地等出现质量问题再进行处理，体现了工程质量控制（　　）的原则。

A. 坚持质量标准　　B. 坚持以人为核心

C. 坚持质量第一　　D. 坚持预防为主

8. 施工图审查合格的，审查机构应当在（　　）内将审查情况报工程所在地县级以上地方人民政府建设主管部门备案。

A. 5 个工作日　　B. 7 个工作日

C. 10 个工作日　　D. 15 个工作日

9. 在正常使用条件下，工程的地基基础、主体结构的最低保修期限为（　　）。

A. 不需要进行大修即可继续使用的年限

B. 设计文件规定的该工程的合理使用年限

C. 安全使用不低于 50 年

D. 工程竣工验收合格之日起 5 年

10. 监理单位质量目标的制定要突出监理工作服务性、公平性和（　　）的要求，并且注意保证目标是可以定性或定量进行测量的。

A. 完整性　　B. 科学性

C. 公正性　　D. 及时性

11. 在常用的工程质量控制的统计方法中，可以用来系统地整理分析某个质量问题及其产生原因之间关系的方法是（　　）。

A. 相关图法　　B. 树枝图法

C. 排列图法　　D. 直方图法

12. 在直方图中，横坐标表示（　　）。

A. 影响产品质量的各个因素　　B. 产品质量特性值

C. 不合格产品的频数　　D. 质量特性值出现的频数

13. （　　）的直方图，是由于数据收集不正常，可能有意识地去掉下限以下的数据，或是在检测过程中存在某种人为因素所造成的。

A. 折齿型　　B. 孤岛型

C. 双峰型　　D. 绝壁型

14. 水泥进场时应对其各项性能指标进行复验，水泥的取样频率以每一编号为一取样单位，取样应有代表性，可从 20 个以上不同部位取等量样品经混合均匀后组成，总量应为（　　）kg。

A. 9　　B. 12

C. 15　　D. 25

15. 钢筋焊接接头的基本力学性能试验方法不包括（　　）。

A. 拉伸试验　　B. 抗压试验

C. 抗剪试验　　D. 弯曲试验

16. 对于一般建筑构件、桥梁及各种混凝土构件（板、梁、柱、桥架）强度的检测应采用（　　）。

A. 灌砂法　　B. 取芯法

C. 超声回弹综合法　　D. 回弹仪法

17. 工程开工报审表审查合格，报建设单位批准后，由（　　）签发开工令。

A. 建设单位项目负责人　　B. 总监理工程师

C. 施工单位技术负责人　　D. 专业监理工程师

18. 工程项目施工前，对于施工单位提出的见证取样送检的试验室，专业监理工程师要（　　）。

A. 规定试验设备　　B. 提出担保要求

C. 进行实地考察　　D. 提供试验计划

19. 对于承包单位提供的技术修改要求，经各方同意签字后，由（　　）组织实施。

A. 设计代表　　B. 承包单位技术负责人

C. 专业监理工程师　　D. 总监理工程师

20. 工程施工过程中，发生工程质量缺陷后，项目监理机构应（　　）。

A. 制定质量缺陷处理方案

B. 分析质量缺陷产生的原因

C. 提出经设计处理方案

D. 签发监理通知单

21. 选择一个合格的供货厂商，是（　　）设备质量控制工作的首要环节。

A. 市场采购　　B. 向厂家订购

C. 招标采购　　D. 订货采购

22. 单位工程中的分部工程是按（　　）划分的。

A. 设计系统或组别　　B. 工种、材料

C. 施工工艺、设备类别　　D. 专业性质、工程部位

23. 对重要的检验项目，当有简易快速的检验方法时，选用（　　）。

A. 多次抽样方案　　B. 全数检验方案

C. 计量抽样方案　　D. 调整型抽样方案

24. 根据生产连续性和生产控制稳定性等情况，检验批抽样方案可采用（　　）。

A. 多次抽样　　B. 计数抽样

C. 分层抽样　　D. 调整型抽样

25. 在施工过程中，当分部工程达到验收条件时，应由（　　）组织验收。

A. 专业监理工程师　　B. 总监理工程师

C. 施工单位项目负责人　　D. 建设单位现场代表

26. 某检验批质量验收时，抽样送检资料显示其质量不合格，经有资质的法定检测单位实体检测后，仍不满足设计要求，但经原设计单位核算后认为能满足结构安全与使用功能要求，则该检验批的质量（　　）。

A. 应返工重做后重新验收

B. 需与建设单位协商一致方可验收

C. 可予以验收

D. 由监督机构决定是否予以验收

27. 悬挑结构未进行抗倾覆验算，属于常见质量缺陷中的（　　）。

A. 违背基本建设程序　　B. 地勘数据失真

C. 违反法律法规　　D. 设计差错

47. 根据《建设工程工程量清单计价规范》，招标工程量清单的准确性和完整性应由（　　）负责。

A. 投标人

B. 招标人指定的招标代理机构

C. 招标人

D. 招标人的上级部门

48. 根据《建设工程工程量清单计价规范》，关于分部分项工程量清单中项目名称的说法，正确的是（　　）。

A. 计量规范中的项目名称是分项工程名称，以工程主要材料命名

B. 编制清单时，项目名称应根据计量规范的项目名称结合拟建工程的实际确定

C. 计量规范中的项目名称是分部工程名称，以工程实体命名

D. 编制清单时，计量规范中的项目名称不能变化，但应补充项目规格、材质

49. 根据《建设工程工程量清单计价规范》，分部分项工程量清单的十二位编码中最后三位表示（　　）。

A. 专业工程顺序码

B. 分部工程顺序码

C. 分项工程项目名称顺序码

D. 工程量清单项目名称顺序码

50. 在工程量清单计价模式下，关于确定分部分项工程项目综合单价的说法，正确的是（　　）。

A. 若分部分项工程量清单项目特征的描述与设计图纸不符，投标人应按设计图纸确定综合单价

B. 综合单价中不需考虑招标文件中要求投标人承担的风险费用

C. 综合单价中应考虑招标人和投标人承担的所有风险费用

D. 招标文件中提供了暂估单价的材料，应按暂估单价计入综合单价

51. 工程范围清楚明确，工程图纸完整、详细、清楚，报价的工程量准确，应采用（　　）合同形式。

A. 固定总价　　B. 成本加固定费用

C. 固定单价　　D. 成本加费用

52. 下列不属于单价合同的是（　　）。

A. 估算工程量单价合同　　B. 复合单价合同

C. 纯单价合同　　D. 可调单价合同

53. 实行招标的工程合同价款应在中标通知书发出之日起（　　）天内，由发承包双方依据招标文件和中标人的投标文件在书面合同中约定。

A. 7　　B. 15

C. 30　　D. 45

54. 根据《建设工程工程量清单计价规范》，已签约合同价中的暂列金额由（　　）掌握使用。

A. 承包人　　B. 发包人

C. 设计单位　　D. 监理单位

55. 由于监理工程师原因引起承包商向业主索赔施工机械闲置费时，承包商自有设备闲置费一般按设备的（　　）计算。

A. 台班费　　B. 台班折旧费

C. 台班费与进出场费用　　D. 市场租赁价格

56. 根据《建设工程施工合同（示范文本）》，发承包双方都应在知道或应当知道索赔事件发生后（　　）天内，向监理人递交索赔意向通知书。

A. 28　　B. 30　　C. 42　　D. 56

57. 发包人在收到竣工结算款支付申请 7 天后的（　　）天内仍不支付工程竣工结算价款的，承包人可以与发包人协议将该工程折价变卖。

A. 56　　B. 28　　C. 14　　D. 7

58. 某土方工程，10 月份计划工程量为 1.5 万 m^3，计划单价为 12 元/m^3，实际完成工程量为 1.2 万 m^3，实际单价为 13 元/m^3。则 10 月份该土方工程的进度偏差为（　　）万元。

A. −3　　B. 3　　C. −3.6　　D. 3.6

59. 为确保建设工程进度控制目标的实现，监理工程师必须认真制定进度控制的技术措施主要有（　　）。

A. 对工期提前给予奖励

B. 建立图纸审查、工程变更和设计变更管理制度

C. 审查承包商提交的进度计划，使承包商能在合理的状态下施工

D. 加强索赔管理

60. 考虑建设工程的施工特点、工艺流程、资源利用、平面或空间布置等要求，施工时可采用不同的施工组织方式，其中有利于资源供应的施工组织方式是（　　）。

A. 平行施工和流水施工　　B. 依次施工和流水施工

C. 搭接施工和平行施工　　D. 依次施工和平行施工

61. 某工程由 5 个施工过程组成，分为 3 个施工段组织固定节拍流水施工，在不考虑提前插入时间的情况下，要求流水施工工期不超过 44 天，则流水节拍的最大值为（　　）天。

A. 4　　B. 5　　C. 6　　D. 7

62. 在工程网络图中，工作 J 的最迟完成时间为第 20 天，其持续时间为 6 天，该工作有 3 项紧前工作，它们的最早完成时间分别为第 8 天、第 10 天、第 12 天，则工作 J 的总时差为（　　）天。

A. 8　　B. 6　　C. 4　　D. 2

63. 某工程双代号时标网络计划如下图所示，其中工作 E 的总时差为（　　）周。

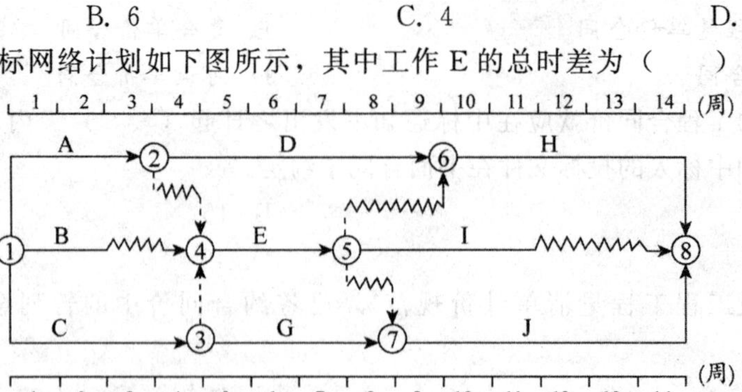

A. 0　　B. 1　　C. 2　　D. 3

78. 关于物资需求计划的说法，正确的是（　　）。

A. 编制依据为概算文件、项目总进度计划

B. 组成内容是一次性需求计划和各计划期需求计划

C. 主要作用是确定材料的合理储备

D. 编制单位为各施工承包单位

79. 在建设工程实施阶段，监理工程师控制物资供应进度的工作内容有（　　）。

A. 编制、审核和控制物资供应计划

B. 物资供应计划的检查

C. 物资需求计划的编制

D. 物资供应计划的调整

80. 在建设工程施工阶段，监理工程师控制施工进度的工作内容包括（　　）。

A. 协助承包单位实施进度计划

B. 编制施工准备工作计划

C. 及时支付工程进度款

D. 协助承包单位确定工程延期时间

得分	评卷人

二、多项选择题（共 40 题，每题 2 分。每题的备选项中，有 2 个或 2 个以上符合题意，至少有 1 个错项。错选，本题不得分；少选，所选的每个选项得 0.5 分）

81. 建筑工程质量的特性除安全性、可靠性外，还表现为（　　）。

A. 适用性　　B. 耐久性

C. 经济性　　D. 节能性

E. 有效性

82. 影响工程质量的环境因素包括（　　）。

A. 工程技术环境

B. 工程劳动环境

C. 工程社会环境

D. 工程管理环境

E. 工程作业环境

83. 政府监督管理工程质量的职能主要体现在（　　）。

A. 建立和完善工程质量管理法规

B. 建立和落实工程质量责任制

C. 建设活动主体资格及承发包管理

D. 建筑企业质量体系认证管理

E. 控制工程建设程序

84. 建设单位在工程开工前应负责向建设行政管理部门办理（　　）等手续。

A. 建设资金贷款

B. 施工图设计文件审查

C. 工程施工许可证

D. 工程质量监督

E. 大型施工机械进场许可

85. 关于质量管理体系八项原则的说法，正确的有（　　）。

A. 以产品为关注焦点

B. 全员参与

C. 将互相关联的过程作为系统加以识别、理解和管理

D. 将相关资源和活动作为过程进行管理

E. 领导者确立本组织统一的质量宗旨和方向

86. 工程监理单位的质量管理体系文件由（　　）构成。

A. 质量报告　　B. 程序文件

C. 质量标准　　D. 作业文件

E. 质量手册

87. 通过直方图的观察与分析，可（　　）。

A. 掌握质量特性的分布规律

B. 确定质量问题的主要原因

C. 了解产品质量的波动情况

D. 便于对质量状况进行分析判断

E. 分门别类地分析质量问题

88. 监理工程师在现场施工准备的质量控制中需要进行（　　）等工作。

A. 施工现场质量管理检查

B. 施工图设计的审查

C. 分包单位资质的审核确认

D. 查验施工控制测量成果

E. 施工试验室的检查

89. 工程设备检查验收前，设备安装单位应提交设备检查验收方案，包括（　　）。

A. 验收方法

B. 机械的使用、保养记录

C. 质量标准

D. 检查验收的依据

E. 劳动安全部门鉴定

90. 施工过程的工程质量验收中，分项工程质量验收合格的条件有（　　）。

A. 所含检验批的质量均已验收合格

B. 观感质量验收符合要求

C. 所含检验批的质量验收记录完整

D. 有关安全和功能的检测资料完整

E. 主要功能性项目的抽查结果符合相关专业验收规范的规定

91. 根据工程施工质量验收基本规定，施工现场质量管理应具有（　　）。

A. 相应的施工技术标准

B. 健全的质量管理体系

C. 完善的检测手段

E. 定额指标法

105. 下列有关投标价格的编制原则，说法正确的有（　　）。

A. 投标价应由投标人或受其委托具有相应资质的工程造价咨询人编制

B. 投标人的投标报价可略高于招标控制价

C. 投标人应依据行业部门的相关规定自主确定投标报价

D. 执行工程量清单招标的，投标人必须按招标工程量清单填报价格

E. 投标人的投标报价不得低于工程成本

106. 按施工进度编制施工成本计划时，若所有工作均按照最迟开始时间安排，则对项目目标控制的影响有（　　）。

A. 工程质量会更好

B. 有利于降低投资

C. 工程按期竣工的保证率较低

D. 不能保证工程质量

E. 利于节约资金贷款利息

107. 根据《建设工程工程量清单计价规范》，因不可抗力事件导致的损害及其费用增加，应由承包人承担的有（　　）。

A. 工程本身的损害

B. 发包方现场的人员伤亡

C. 承包人的停工损失

D. 承包人的施工机械损坏

E. 工程所需的修复费用

108. 下列有关赢得值法各评价指标的表示意义，说法正确的有（　　）。

A. 当投资绩效指数大于1时，表示投资超支，即实际投资高于预算投资

B. 当进度绩效指数小于1时，表示进度提前，即实际进度比计划进度快

C. 当投资偏差为负值时，表示项目运行超出预算投资

D. 当进度偏差为负值时，表示进度延误，实际进度落后于计划进度

E. 当进度绩效指数大于1时，表示进度提前，即实际进度比计划进度快

109. 根据《标准施工招标文件》，下列情形中，承包人可以得到费用和利润补偿而不能得到工期补偿的事件有（　　）。

A. 法规变化引起的价格调整

B. 发包人的原因导致试运行失败

C. 发包人原因导致的工程缺陷和损失

D. 承包人遇到不利物质条件

E. 不可抗力

110. 对承包单位提交的竣工结算资料进行审查的内容包括（　　）。

A. 进度款是否按规定程序支付

B. 竣工工程内容是否符合合同条件

C. 落实设计变更签证

D. 预付款支付额度是否符合合同约定

E. 隐蔽验收记录是否手续完整

111. 为保证工程建设中各个环节相互衔接，工程项目进度平衡表中需明确的内容包括（　　）。

A. 各种设计文件交付日期

B. 主要设备交货日期

C. 施工单位进场日期

D. 工程材料进场日期

E. 水、电及道路接通日期

112. 与横道计划相比，网络计划的特点有（　　）。

A. 可以利用电子计算机进行计算

B. 能明确地反映工程费用与工期之间的关系

C. 能明确地表达各项工作之间的逻辑关系

D. 能够直观地表达各项工作的进度安排和工程进度的重点控制对象

E. 可以找出关键线路和关键工作

113. 建设工程组织平行施工时的特点包括（　　）。

A. 各专业工作队能够连续施工

B. 施工现场的组织管理比较简单

C. 能够充分利用工作面进行施工

D. 单位时间内投入的资源量成倍增加

E. 劳动力及施工机具等资源能均衡使用

114. 下列关于流水施工的说法中，正确的有（　　）。

A. 流水步距的大小取决于加入流水的施工过程数

B. 划分施工段的目的就是为了组织流水施工

C. 流水节拍的大小与单位时间的资源供应量有关

D. 施工段的界限应尽可能与建筑结构界限相吻合

E. 流水施工工期就是整个建设工程的总工期

115. 在工程项目网络计划中，关键线路是指（　　）。

A. 单代号网络计划中总时差为零的线路

B. 双代号网络计划中持续时间最长的线路

C. 单代号网络计划中总时差为零且工作时间间隔为零的线路

D. 双代号时标网络计划中无波形线的线路

E. 双代号网络计划中无虚箭线的线路

116. 某工作计划进度与实际进度如下图所示，从图中可获得的正确信息有（　　）。

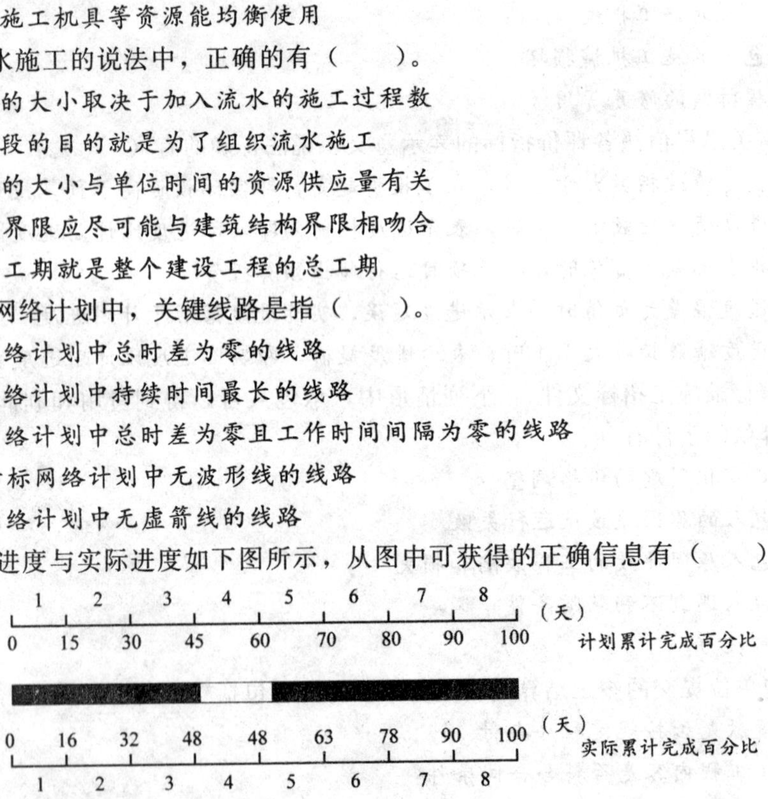

A. 前 3 天实际进度和计划进度均为匀速进展

B. 第 6 天计划完成工作量大于实际完成工作量

6. 某场馆工程的质量保修书的保修期限中，符合规定的是（　　）。

A. 主体结构工程为 10 年

B. 供热与供冷系统为 2 个采暖期、供冷期

C. 屋面防水工程为 3 年

D. 有防渗漏要求的房间和内外墙为 2 年

7. 在工程开工前，（　　）负责办理有关施工图设计文件审查、工程施工许可证和工程质量监督手续。

A. 设计单位　　B. 监理单位

C. 建设单位　　D. 施工单位

8. 实行总分包的工程，分包单位应按照分包合同约定对其分包工程的质量向（　　）负责。

A. 总承包单位　　B. 设计单位

C. 建设单位　　D. 监理单位

9. 持续改进是质量管理体系八项质量管理原则之一，其核心是提高（　　）。

A. 有效性和效率　　B. 科学性

C. 管理水平　　D. 创造价值能力

10. 在质量管理体系文件中，属于质量手册支持性文件的是（　　）。

A. 程序文件　　B. 质量计划

C. 质量记录　　D. 作业文件

11. 项目质量控制系统与监理项目相融合，是项目监理机构一次性的质量工作系统，并非监理单位永久性的质量管理体系，说明工程项目质量控制系统与质量管理体系的（　　）不同。

A. 作用的时效　　B. 建立的对象

C. 控制的目标　　D. 评价的方式

12. 施工单位执行的“三检制”是指（　　）。

A. 质量员检查、技术负责人检查、项目经理检查

B. 施工单位检查、监理单位检查、建设单位检查

C. 施工单位内部检查、监理单位检查、质量监督机构检查

D. 自检、互检、专检

13. 质量检验时，将总体分割成互不重叠的子总体，在每个子总体中独立地按给定的样本量进行抽样的方法称为（　　）。

A. 简单随机抽样　　B. 分层随机抽样

C. 等距抽样　　D. 多阶段抽样

14. 当采用计数抽样检验中的一次抽样检验方案实际抽检时，合格判定数为 C，检验出的不合格品数为 d，当（　　）时，判定为不合格批，拒绝该检验批。

A. $d<C$　　B. $d>C$

C. $d=C$　　D. $d\geqslant C$

15. 由于分组组数不当或者组距确定不当，将形成（　　）直方图。

A. 折齿型　　B. 缓坡型

C. 孤岛型　　D. 双峰型

16. 质量控制图的用途是（　　）。

A. 分析并控制生产过程质量状态

B. 分析判断产品质量分布状况

C. 系统整理分析质量问题产生的原因

D. 寻找影响质量的主次因素

17. 对于建设单位采购的主要设备，应由三方在开箱记录上签字，其中不包括（　）。

A. 建设单位　　B. 项目监理机构

C. 安装单位　　D. 施工单位

18. 工程变更时，（　　）组织建设单位、施工单位等共同协商确定工程变更费用及工期变化，会签工程变更单。

A. 建设单位负责人

B. 建设单位技术负责人

C. 专业监理工程师

D. 总监理工程师

19. 主要用于标准设备的采购方式是（　）。

A. 协议采购　　B. 市场采购

C. 招标采购　　D. 向生产厂家订购设备

20. 对厂家设备制造的质量监控，可采用驻厂监造、巡回监控和（　　）方式。

A. 委托厂家监控　　B. 设置质量控制点监控

C. 定期监控　　D. 日常监控

21. 具备独立施工条件并能形成独立使用功能的建筑物及构筑物为一个（　　）。

A. 分部工程　　B. 分项工程

C. 单位工程　　D. 质量单元

22. 工程施工前，应由施工单位制定分项工程和检验批的划分方案，并由（　　）审核。

A. 设计单位　　B. 建设行政主管部门

C. 项目监理机构　　D. 建设单位

23. 在室外工程划分中，下列属于电气子单位工程的分部工程的是（　）。

A. 室外排水系统　　B. 室外给水系统

C. 室外照明系统　　D. 室外供热系统

24. 检验批质量验收时，认定其为质量合格的条件之一是主控项目质量（　）。

A. 抽检合格率至少达到85%

B. 抽检合格率至少达到90%

C. 抽检合格率至少达到95%

D. 全部符合有关专业工程验收规范的规定

25. 单位工程质量验收记录表中，验收记录和验收结论分别由（　　）填写。

A. 监理（建设）单位、施工单位

B. 施工单位、监理（建设）单位

C. 设计单位、质监站

D. 施工单位、质监站

43. 某公司存入银行 30 万元，年利率为 2.79%，共存 4 年，按单利计息，则存款到期后的本利和为（　　）万元。

A. 15.467
B. 25.463
C. 33.348
D. 41.259

44. 某项目的建设工期为 3 年。其中，第 1 年贷款 400 万元，第 2 年贷款 500 万元，第 3 年贷款 300 万元，贷款均为年初发放，年利率为 12%。若采用复利法计算建设期间的贷款利息，则第 3 年年末贷款的本利和为（　　）万元。

A. 1 525.16
B. 1 361.76
C. 1 489.17
D. 1 625.17

45. 下列不属于成本加酬金合同的是（　　）。

A. 成本加固定百分比酬金
B. 成本加固定金额酬金
C. 最高限额成本加可变酬金
D. 成本加奖罚

46. 成本加酬金合同类型中，有利于控制工程投资，并能鼓励承包方最大限度地降低工程成本的合同类型是（　　）。

A. 成本加奖罚
B. 成本加固定金额酬金
C. 最高限额成本加固定最大酬金
D. 成本加固定百分比酬金

47. 为了避免投标人盲目地提高承包价格，或由于对施工难度估计不足而导致承包亏损，不宜采用（　　）合同计价方式。

A. 成本加固定金额酬金
B. 固定总价
C. 成本加奖罚
D. 成本加固定百分比酬金

48. 一般情况下，工程项目时间—投资累计曲线的形状为（　　）。

A. T 形曲线
B. S 形曲线
C. U 形曲线
D. L 形曲线

49. 对于工程量清单中的某些项目，如保养气象记录设备、保养测量设备等一般采用（　　）进行计量支付。

A. 均摊法
B. 凭证法
C. 估价法
D. 分析计量法

50. 为工程师提供测量设备、天气记录设备、通信设备等项目，一般按（　　）进行计量支付。

A. 均摊法
B. 分解计量法
C. 估价法
D. 凭据法

51. 建筑工程险保险费、第三方责任险保险费、履约保证金等项目，一般按（　　）进行计量支付。

A. 估价法
B. 均摊法
C. 凭据法
D. 分解计量法

52. 某土方工程，招标文件中估计工程量为1.8万m^3，合同中约定的土方工程单价为15元/m^3，当实际工程量超过估计工程量15%时，超过部分单价调整为12元/m^3，该工程实际完成土方工程量为2.4万m^3，则该土方工程实际结算的工程款为(　　)万元。

A. 29.70　　B. 32.04

C. 35.01　　D. 36.00

53. 采用清单计价的某分部分项工程，招标控制价的综合单价为320元，投标报价的综合单价为265元，该工程投标报价下浮率为5%，结算时，该分部分项工程工程量比清单量增加了18%，且合同未确定综合单价调整方法，则综合单价的处理方式是（　　）。

A. 上浮18%　　B. 下调5%

C. 调整为292.5元　　D. 可不调整

54. 因承包人原因导致工期延误的，则计划进度日期后续工程的价格应采用（　　）。

A. 计划进度日期价格

B. 实际进度日期价格

C. 计划进度日期与实际进度日期两者的较高者

D. 计划进度日期与实际进度日期两者的较低者

55. 某工程项目在施工过程中，遭遇50年一遇强度的大风天气，因无法施工停工5天。在这种情况下，(　　)。

A. 承包商可得到延长工期，也可得到费用补偿

B. 承包商可得到延长工期，得不到费用补偿

C. 承包商得不到延长工期，可得到费用补偿

D. 承包商得不到延长工期，也得不到费用补偿

56. 分部分项工程量清单费用中，人工费的索赔不包括（　　）。

A. 超过法定工作时间加班增加的费用

B. 法定人工费增长导致的人员窝工费和工资上涨费

C. 完成合同之外的额外工作所花费的人工费用

D. 由于承包商责任的工效降低所增加的人工费用

57. 发包人应当开始支付不低于当年施工进度计划的安全文明施工费总额60%的期限是工程开工后的（　　）天内。

A. 7　　B. 14

C. 21　　D. 28

58. 包工包料的工程原则上预付比例不高于签约合同价（扣除暂列金额）的（　　）。

A. 10%　　B. 20%

C. 30%　　D. 40%

59. 为确保建设工程进度控制目标的实现，监理工程师必须认真制定进度控制措施，下列属于进度控制技术措施的是（　　）。

A. 对应急赶工给予优厚的赶工费用

B. 建立图纸审查、工程变更和设计变更管理制度

C. 审查承包商提交的进度计划，使承包商能在合理的状态下施工

D. 推行CM承发包模式，并协调合同工期与进度计划之间的关系

B. 监理工程师发出工程变更指令导致的工程量增加

C. 业主造成的任何延误、干扰或障碍

D. 承包商管理不善导致仓库中的工程材料被盗

78. 关于工程延期审批的说法，错误的是（　　）。

A. 承包单位原因导致的工期拖延不予批准

B. 批准的工程延期必须符合实际情况

C. 延期事件的工程部位，只有处在施工进度计划的关键线路上，才能批准工程延期

D. 监理工程师应以承包单位提交的、经自己审核后的施工进度计划（不断调整后）为依据来决定是否批准工程延期

79. 下列选项中，属于监理工程师编制、审核和控制物资供应计划的工作内容的是（　　）。

A. 监督检查订货情况，协助办理有关事宜

B. 确定物资供应分包方式及分包合同清单

C. 拟定并签署物资供应合同

D. 确定物资供应要求，并编制物资供应投标文件

80. 对某进度计划在某时刻进行检查，发现工作 A 尚需作业天数为 6 天，该工作到计划最迟完成时间尚有 5 天，则该工作（　　）。

A. 可提前 1 天完成

B. 进度正常

C. 影响总工期 1 天

D. 影响总工期 3 天

得分	评卷人

二、多项选择题（共 40 题，每题 2 分。每题的备选项中，有 2 个或 2 个以上符合题意，至少有 1 个错项。错选，本题不得分；少选，所选的每个选项得 0.5 分）

81. 下列属于建设工程（产品）及其生产的特点的有（　　）。

A. 产品的固定性

B. 生产的流动性

C. 产品多样性

D. 生产的单件性

E. 生产无外部约束

82. 项目监理机构在工程质量控制中应遵循的原则包括（　　）。

A. 质量第一，坚持标准

B. 以人为核心，以预防为主

C. 旁站监督，平行检测

D. 科学、公正、守法的职业道德

E. 安全第一，预防为主

83. 建设单位的质量责任包括（　　）。

A. 指定建筑材料的供应商

B. 提供与建设工程有关的原始资料

C. 不得将承接的工程转包或违法分包

D. 根据工程特点，配备相应的质量管理人员

E. 工程项目竣工后，组织有关单位进行施工验收

84. 工程项目竣工后，应及时组织（　　）等有关单位进行施工验收，未经验收备案或验收备案不合格的，不得交付使用。

A. 招标中介机构
B. 设计单位
C. 施工单位
D. 工程监理单位
E. 设备供应单位

85. 根据ISO质量管理体系的质量管理原则，质量管理的系统方法可包含的环节有（　　）。

A. 系统分析
B. 设定目标
C. 评审改进
D. 系统策划
E. 系统模拟

86. 监理单位组织编制质量管理体系文件时应遵循的原则有（　　）。

A. 确定性
B. 符合性
C. 系统性
D. 依赖性
E. 可操作性

87. 总监理工程师下达开工令的前提条件有（　　）。

A. 设计交底和图纸会审已完成
B. 施工组织设计已由总监理工程师签认
C. 管理及施工人员已到位
D. 主要工程材料已落实
E. 工程款已下发

88. 卓越绩效管理模式的实质体现在（　　）等方面。

A. 关注竞争力提升
B. 聚焦于经营结果
C. 强调“高质量”观
D. 是一个先进性标准
E. 提供了先进的管理方法

89. 在质量管理中，应用排列图法可以分析（　　）。

A. 造成质量问题的薄弱环节
B. 各生产班组的技术水平差异
C. 产品质量的受控状态
D. 提高质量措施的有效性
E. 生产过程的质量能力

90. 项目监理机构对施工方案进行程序性审查时，应检查（　　）。

A. 签章是否齐全
B. 是否配备了相应的质量管理人员
C. 是否明确工程质量要求及目标
D. 施工单位的内部审批程序是否完善
E. 审批人是否为施工单位技术负责人

91. 工程开工前，项目监理机构应审查施工单位现场的（　　）。

A. 分包单位资格

104. 与项目建设有关的其他费用包括（　　）。
A. 生产准备费
B. 工程保险费
C. 办公和生活家具购置费
D. 环境影响评价费
E. 建设工程监理费
105. 下列方案经济评价指标中，属于静态评价指标的有（　　）。
A. 资产负债率
B. 总投资收益率
C. 利息备付率
D. 资本金净利润率
E. 内部收益率
106. 建设工程总概算的组成包括（　　）。
A. 单项工程综合概算
B. 分部工程概算
C. 工程建设其他费用概算
D. 预备费、建设期利息、经营性项目铺底流动资金
E. 各项规费
107. 下列承包商增加的人工费中，可以向业主索赔的有（　　）。
A. 特殊恶劣气候导致的人员窝工费
B. 法定人工费增长而增加的人工费
C. 由于非承包商责任的工效降低而增加的人工费
D. 监理工程师原因导致工程暂停的人员窝工费
E. 完成合同之外的工作增加的人工费
108. 施工机具使用费的索赔包括（　　）。
A. 由于完成额外工作增加的机械、仪器仪表使用费
B. 非承包人责任工效降低增加的机械、仪器仪表使用费
C. 由于发包人原因导致机械停工的窝工费
D. 施工机具检修的费用
E. 异常气候导致的机械窝工费
109. 材料费的索赔包括（　　）。
A. 由于客观原因材料价格大幅度上涨
B. 由于承包人管理不善，造成材料损坏失效
C. 由于非承包人责任工程延误导致的超期储存费用
D. 由于非承包人责任工程延误导致的材料价格上涨
E. 由于索赔事项材料实际用量超过计划用量而增加的材料费
110. 索赔费用的计算方法包括（　　）。
A. 实际费用法
B. 估算费用法

C. 修正的实际费用法

D. 总费用法

E. 修正的总费用法

111. 根据现行《建设工程价款结算暂行办法》，发包人未在合同约定的时间内向承包人支付工程竣工结算价款时，承包人可以采取的措施有（　　）。

A. 将该工程留置不予交付使用

B. 与发包人协商将该工程折价抵款

C. 向人民法院申请将该工程依法拍卖

D. 向发包人催促按约定支付工程结算价款

E. 向发包人要求按银行同期贷款利率支付拖欠工程价款的利息

112. 某工程施工至某月底，经偏差分析得到投资偏差（CV）<0，进度偏差（SV）<0，则表明（　　）。

A. 已完工作实际投资节约

B. 计划工作预算投资＞已完工作实际投资

C. 已完工作实际进度超前

D. 计划工作预算投资＞已完工作预算投资

E. 已完工作实际投资＞已完工作预算投资

113. 监理单位受业主委托对建设工程设计和施工实施全过程监理时，监理工程师在设计准备阶段进度控制的任务不包括（　　）。

A. 编制工程项目总进度计划

B. 办理工程立项审批或备案手续

C. 办理建筑材料及设备订货手续

D. 调查和分析环境及施工现场条件

E. 编制施工图出图计划

114. 下列施工过程中，由于占用施工对象的空间而直接影响工期，必须列入流水施工进度计划的有（　　）。

A. 砂浆制备过程

B. 墙体砌筑过程

C. 商品混凝土制备过程

D. 设备安装过程

E. 外墙面装饰过程

115. 时间参数是表达流水施工在时间安排上所处状态的参数，主要包括（　　）。

A. 流水步距

B. 流水强度

C. 施工过程

D. 流水节拍

E. 流水施工工期

116. 建设工程组织非节奏流水施工时的特点包括（　　）。

A. 各专业工作队不能在施工段上连续作业

B. 各施工过程在各施工段的流水节拍不全相等

C. 相邻施工过程的流水步距不尽相等

7. 下列质量事故中，属于建设单位责任的是（　　）。

A. 建筑构配件未经检验造成的质量事故

B. 总包和分包职责不明造成的质量事故

C. 施工中使用了禁止使用的材料造成的质量事故

D. 地下管线资料不准造成的质量事故

8. 下列质量事故中，属于施工单位责任的是（　　）。

A. 商品混凝土未经检验造成的质量事故

B. 建设单位提供的建筑构配件不合格造成的质量事故

C. 施工图纸设计单位资质不符合规定造成的质量事故

D. 地下管线资料不准确造成的质量事故

9.《建设工程质量管理条例》规定，施工单位必须按照设计图纸、技术规范和标准组织施工，同时应负责（　　）。

A. 提供施工场地　　B. 组织设计图纸交底

C. 检验建筑材料、构配件　　D. 审核设计变更方案

10. 根据 GB/T 19000 族标准的术语定义，“由组织的最高管理者正式发布的该组织总的质量宗旨和方向”称为（　　）。

A. 质量目标　　B. 质量方针

C. 质量战略　　D. 质量经营

11. 下列关于质量管理体系的认证中，说法正确的是（　　）。

A. 认证是由授权的机构进行

B. 认可是由第三方进行

C. 认可是书面保证

D. 认可是证明认可对象具备从事特定任务的能力

12. 项目质量控制系统是项目监理机构一次性的质量工作系统，并非监理单位永久性的质量管理体系，体现了项目质量控制系统与质量管理体系的（　　）。

A. 建立的对象不同　　B. 服务的范围不同

C. 控制的目标不同　　D. 作用的时效不同

13. 工程存在质量问题的，项目监理机构应（　　）。

A. 向建设行政主管部门报告

B. 要求施工单位及时整改

C. 向建设单位驻工地代表报告

D. 向施工企业项目经理报告

14. 下列造成质量波动的原因中，属于偶然性原因的是（　　）。

A. 现场温湿度的微小变化　　B. 机械设备过度磨损

C. 材料质量规格显著差异　　D. 工人未遵守操作规程

15. 广泛用于原材料、构配件的进货检验和分项工程、分部工程、单位工程完工后的检验方法是（　　）。

A. 简单随机抽样检验　　B. 系统随机抽样检验

C. 分层随机抽样检验　　D. 多阶段抽样检验

16. 质量控制统计分析方法中最基本的一种方法是（　　）。

A. 分层法　　B. 控制图法

C. 排列图法　　D. 直方图法

17. 某家庭装修时买了 1 000 块地砖，每 20 块一组，现在要抽 50 块检查其质量。若随机抽取 5 组，在每组中抽取 10 块检查，则属于（　　）的方法。

A. 系统随机抽样　　B. 分层抽样

C. 简单随机抽样　　D. 多阶段抽样

18. 下列质量控制的统计分析方法中，需要听取各方意见，集思广益，相互启发的是（　　）。

A. 直方图法　　B. 因果分析图法

C. 排列图法　　D. 控制图法

19. 在质量控制统计分析方法中，控制图的用途是（　　）。

A. 判断生产过程是否处于稳定状态

B. 分析判断产品质量分布状况

C. 系统整理分析质量问题产生的原因

D. 寻找影响质量的主次因素

20. 下列直方图中，表明生产过程处于正常、稳定状态的是（　　）。

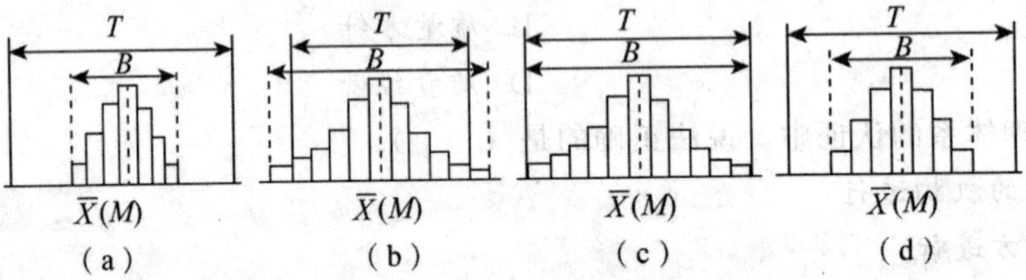

A.（a）　　B.（b）

C.（c）　　D.（d）

21. 在使用中对水泥质量有怀疑或水泥出厂超过（　　）个月时，应进行复验，并按复验结果使用。

A. 3　　B. 4

C. 5　　D. 6

22. 钢筋焊接接头的基本力学性能试验方法不包括（　　）。

A. 抗剪试验　　B. 弯曲试验

C. 冲击试验　　D. 拉伸试验

23. 水泥安定性检验方法属于项目监理机构在质量控制中所依据标准中的（　　）。

A. 有关材料及其制品质量的技术标准

B. 有关材料验收、包装、标志方面的技术标准和规定

C. 有关材料搜集方面的规定

D. 有关材料或半成品等的取样、试验等方面的技术标准或规程

24. 由总承包单位或设备安装单位采购的设备，（　　）要对总承包单位或安装单位编制的采购方案进行审查。

A. 安全总监　　B. 监理工程师

C. 总工程师　　D. 设备安装工程师

45. 某建设项目在建设期初的建安工程费和设备及工器具购置费为2 000万元，项目建设期为2年，投资分年使用比例为：第1年50%；第2年50%。在基本预备费率为5%、年平均价格总水平上涨率为10%的情况下，该项目建设期的涨价预备费是（　）万元。

A. 212.6　　B. 310.0

C. 315.0　　D. 325.5

46. 某企业第1年年初向银行借款500万元，年利率为7%，银行规定每季度计息一次。若企业向银行所借本金与利息均在第4年年末一次支付，则支付额为（　）万元。

A. 659.97　　B. 659.45

C. 655.40　　D. 535.93

47. 某公司计划2年以后购买1台150万元的机械设备，拟从银行存款中提取，银行存款年利率为4%，则现应存入银行的资金为（　）万元。

A. 125.47　　B. 138.68

C. 177.80　　D. 217.49

48. 投资收益率是指方案达到设计生产能力后一个正常生产年份的（　）的比率。

A. 年销售收入与方案固定资产投资

B. 年销售收入与方案总投资

C. 年净收益总额与方案投资总额

D. 年净收益额与方案固定资产投资

49. 某工业项目固定资产投资为3 000万元，流动资产为1 500万元，其中资本金占项目总投资的50%。投产后，销售税金及附加为150万元，平均年净利润为600万元，则该项目的平均资本金净利润率为（　）。

A. 13.73%　　B. 26.67%

C. 38.66%　　D. 27.54%

50. 设计概算是在初步设计或扩大初步设计阶段，按照设计要求概略地计算拟建工程从立项开始到（　）为止全过程所发生的建设费用的文件。

A. 竣工验收　　B. 交付使用

C. 施工保修期满　　D. 办理完竣工决算

51. （　）是确定单位工程中各扩大分部分项工程或完整的结构构件所需全部材料费、人工费、施工机具使用费之和的文件。

A. 预算单价表

B. 类似工程预算表

C. 概算指标表

D. 扩大单位估价表

52. 采用定额单价法编制施工图预算时，若分项工程施工工艺条件与预算单价不一致而造成人工、机械的数量增减时，处理方法一般是（　）。

A. 编制补充单价表

B. 直接套用预算单价

C. 调量不换价

D. 按实际价格换算预算单价

53. 某工程采用固定总价合同，合同执行过程中，在发生（　　）时，发包方才对合同总价作相应调整。

A. 承包商漏算工程

B. 材料价格变动

C. 不可预见的因素

D. 设计变更

54. 下列不属于导致工程量清单缺项的原因的是（　　）。

A. 法律法规变化

B. 设计变更

C. 施工条件改变

D. 工程量清单编制错误

55. 根据《建设工程工程量清单计价规范》，法律法规变化引起的合同价格调整问题，招标工程以（　　）为基准时间。

A. 投标截止日前 14 天

B. 投标截止日前 28 天

C. 开标截止日前 14 天

D. 开标截止日前 28 天

56. 某混凝土结构工程，工程量清单中估计工程量为 3 000m^3，合同规定混凝土结构工程综合单价为 550 元/m^3，实际工程量超过估计工程量 15%以上时，单价调整为 540 元/m^3。工程结束时承包商实际完成混凝土结构工程量为 4 000m^3，则该项工程结算款为（　　）万元。

A. 216.0

B. 219.0

C. 219.45

D. 220.0

57. 施工现场主导机械一台，台班单价为 1 500 元/台班，折旧费为 800 元/台班，人工日工资单价为 150 元/工日，窝工补贴为 80 元/工日，由于电网停电，导致停工 2 天，人工窝工 10 工日，则施工企业可索赔（　　）元。

A. 0

B. 1 500

C. 2 100

D. 2 400

58. 某建设工程施工合同约定："工程预付款从未施工工程尚需的主要材料及构件的价值相当于工程预付款数额时起扣……" 已知合同总价为 200 万元，工程预付款为 24 万元，主材费的比重为 60%，则该工程预付款起扣点为（　　）万元。

A. 24

B. 120

C. 160

D. 176

59. 根据《建设工程工程量清单计价规范》，进度款的支付比例按照合同约定，按期中结算价款总额计，不低于（　　）。

A. 40%

B. 50%

C. 60%

D. 90%

60. 对总额 1 000 万元的工程项目进行期中检查，截至检查时已完工作预算投资为 410 万元，计划工作预算投资为 400 万元，已完工作实际投资为 430 万元，则其投资绩效指数为（　　）。

A. 0.430

B. 0.930

C. 0.953

D. 1.075

61. 在建设工程监理工作中，建立工程进度报告制度及进度信息沟通网络属于监理工程师控制进度的（　　）。

A. 经济措施

B. 合同措施

C. 组织措施

D. 技术措施

77. 在施工总进度计划的编制过程中，确定各单位工程的开竣工时间和相互搭接关系时，应虑的因素是（　　）。

A. 各承包单位的资质条件和技术力量

B. 各单位工程尽可能同时开工和完工

C. 施工顺序与主要生产系统投产次序不相关

D. 急需和关键的工程先施工，以保证工程项目如期交工

78. 某分项工程实物工程量为 25 000m^3，该分项工程人工产量定额为 50m^3/工日，计划每天安排 2 班次、每班次 10 人完成该分项工程，则其持续时间为（　　）天。

A. 10　　B. 25　　C. 40　　D. 50

79. 当承包单位未能按合同规定的工期完成合同范围内的工作时，对其的处罚一般采用（　　）手段。

A. 拒绝签署付款凭证　　B. 取消承包资格

C. 误期损失赔偿　　D. 拒绝对工程验收

80. 物资供应计划的主要作用是（　　）。

A. 组织订货

B. 组织指导物资供应工作

C. 组织和指导采购与加工工作

D. 为保证施工所需材料的连续供应而确定的材料合理储备

得分	评卷人

二、多项选择题（共 40 题，每题 2 分。每题的备选项中，有 2 个或 2 个以上符合题意，至少有 1 个错项。错选，本题不得分；少选，所选的每个选项得 0.5 分）

81. 下列属于工程质量的特点的有（　　）。

A. 质量波动大　　B. 质量隐蔽性

C. 终检局限性　　D. 复杂性

E. 影响因素多

82. 下列有关质量文件的构成，分类正确的有（　　）。

A. 第一层次：质量手册　　B. 第二层次：程序文件

C. 第三层次：作业文件　　D. 第四层次：工作规程

E. 第五层次：质量记录

83. 质量管理体系认证中，有关认证和认可的理解正确的有（　　）。

A. 认证是由第三方进行

B. 认可是由授权的机构进行

C. 认证是书面保证

D. 认可是正式承认

E. 认可是证明认证对象与认证所依据的标准符合性

84. 钢材进场时，应按国家相关标准的规定抽取试件进行力学性能和重量偏差检验，并应检查（　　）。

A. 产品合格证　　B. 出厂检验报告

C. 检查复检报告　　D. 进场复验报告

E. 生产许可证

85. 总监理工程师组织监理人员熟悉工程设计文件，其主要目的有（　　）。

A. 充分理解设计意图

B. 明确工程关键部位的质量要求

C. 了解工程设计特点

D. 消除施工图的差错，解决施工的可行性问题

E. 发现图纸差错，将图纸中的质量隐患消灭在萌芽之中

86. 施工方案的内容性审查重点有（　　）。

A. 是否配备了相应的质量管理人员

B. 施工方案是否具有针对性

C. 施工质量保证措施是否符合现行的规范

D. 施工方案的编制人是否符合有关权限规定的要求

E. 现场施工管理机构是否建立了完善的质量保证体系

87. 实施见证取样应满足的要求有（　　）。

A. 见证取样和送检的资料必须真实、完整、符合相应规定

B. 试验室出具的报告一式两份，分别由建设单位和项目监理机构保存

C. 见证取样的频率，国家或地方主管部门有规定的，执行相关规定

D. 施工单位从事取样的人员一般应为试验室人员或专职质检人员

E. 负责见证取样的专业监理工程师应经培训考核合格，且要取得见证人员培训合格证书

88. 关于设备采购的质量控制，下列说法正确的有（　　）。

A. 成套设备及生产线设备采购，宜采用招标采购的方式

B. 总包单位采购，采购方案由监理工程师编写报建设单位批准

C. 市场采购设备，一般用于小型通用设备的采购

D. 建设单位采购，监理工程师要协助编制设备采购方案

E. 向厂家订购设备，质量控制工作的首要环节是选择一个合格的供货厂商

89. 采取巡回监控方式实施设备监造时，质量控制的主要任务有（　　）。

A. 审批设备制造工艺方案

B. 复核专职质检人员质量检验的准确性、可靠性

C. 监督检查主要材料进厂使用的质量控制

D. 审查设备制造生产计划和工艺方案

E. 监督管理制造厂商不断完善质量管理体系

90. 根据《建筑工程施工质量验收统一标准》，单位工程质量验收合格的规定有（　　）。

A. 质量控制资料应完整

B. 所含分部工程的质量均应验收合格

C. 主要使用功能的抽查结果应符合相关专业质量验收规范的规定

D. 所含分部工程中有关安全、节能、环境保护和主要使用功能的检验资料应完整

E. 单位工程的工程监理质量评估记录应符合各项要求

91. 施工单位应向项目监理机构和建设单位提交质量事故调查报告，其内容包括（　　）。

A. 事故原因的初步判断　　B. 质量事故发生的时间

C. 事故主要责任者的处罚情况　　D. 质量事故发生的简要经过

107. 按照酬金的计算方式不同，成本加酬金合同可分为（　　）等几种形式。

A. 成本加奖罚

B. 成本加固定金额酬金

C. 成本加固定最小酬金

D. 成本加固定百分比酬金

E. 最高限额成本加固定最大酬金

108. 赢得值法的评价指标有（　　）。

A. 投资偏差

B. 进度偏差

C. 投资绩效指数

D. 进度绩效指数

E. 投资偏差率

109. 在建设单位的进度计划系统中，工程项目年度计划的编制依据有（　　）。

A. 工程项目建设总进度计划

B. 综合进度控制计划

C. 批准的设计文件

D. 设计总进度计划

E. 施工图设计工作进度计划

110. 工艺参数主要是用以表达流水施工在施工工艺方面进展状态的参数，主要包括（　　）。

A. 流水强度

B. 施工段

C. 工作面

D. 施工过程

E. 流水节拍

111. 组织建设工程流水施工时，划分施工段的原则有（　　）。

A. 同一专业工作队在各个施工段上的劳动量应大致相等

B. 施工段的数量应尽可能多

C. 每个施工段内要有足够的工作面

D. 施工段的界限应尽可能与结构界限相吻合

E. 多层建筑物应既分施工段，又分施工层

112. 某工程双代号网络计划如下图所示，图中已标出每个节点的最早开始时间和最迟开始时间，该计划表明（　　）。

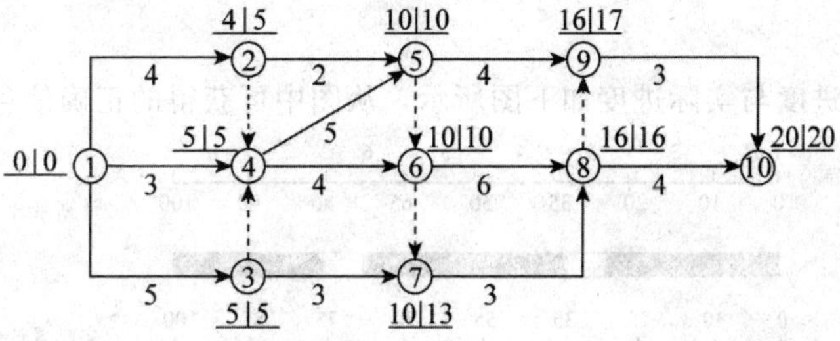

A. 工作④—⑥为关键工作

B. 工作②—⑤的总时差为 4

C. 工作⑦—⑧的自由时差为 3

D. 工作③—⑦的自由时差为 2

E. 工作⑤—⑨的总时差为 1

113. 某工程单代号搭接网络计划如下图所示，节点中下方数字为该工作的持续时间，其中的关键工作有（　　）。

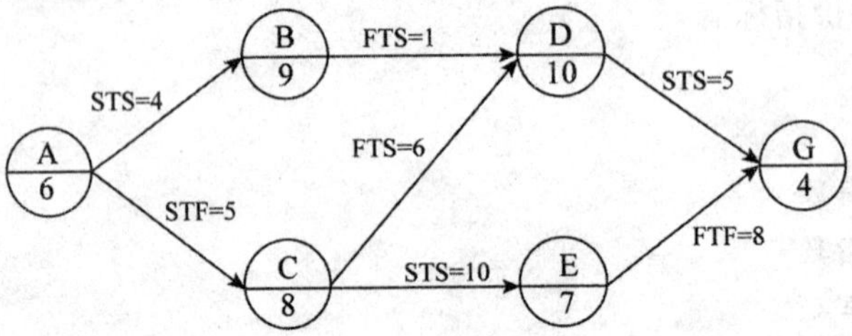

A. 工作 A

B. 工作 B

C. 工作 C

D. 工作 D

E. 工作 E

114. 关于双代号时标网络计划，正确的有（　　）。

A. 以水平时间坐标为尺度表示工作的起止时间

B. 用实箭线表示工作

C. 用虚箭线表示虚工作

D. 虚工作必须以水平方向的虚箭线表示

E. 波形线的水平投影长度表示工作的总时差

115. 按（　　）因素选择应优先缩短持续时间的关键工作。

A. 缩短持续时间对质量和安全影响不大的工作

B. 缩短持续时间所需增加的费用最少的工作

C. 有充足备用资源的工作

D. 缩短持续时间所需增加的工程量最少的工作

E. 有充足劳动力的工作

116. 根据优化目标的不同，网络计划的优化可分为（　　）。

A. 工期优化

B. 工效优化

C. 费用优化

D. 资源优化

E. 质量优化

117. 某工作计划进度与实际进度如下图所示，从图中可获得的正确信息有（　　）。

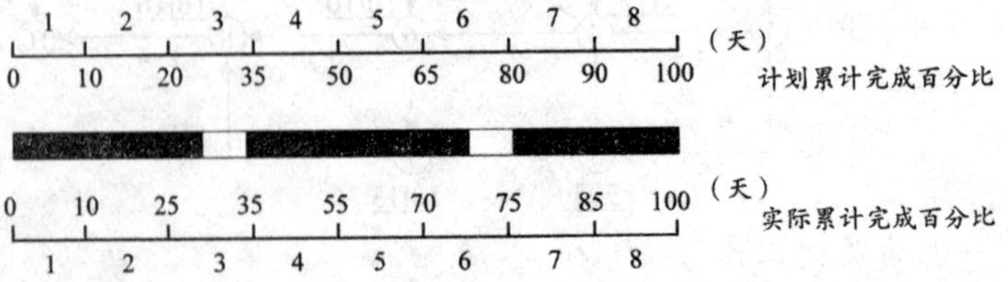

7. 折齿型直方图是由于（　　）形成的。

A. 原材料变化　　B. 分组组距确定不当

C. 数据收集不正常　　D. 某种人为因素

8. 由于原材料发生变化，或者临时他人顶班作业将形成（　　）直方图。

A. 折齿型　　B. 绝壁型　　C. 孤岛型　　D. 双峰型

9. 下列质量管理应用的统计方法中，具有动态分析功能的是（　　）。

A. 排列图法　　B. 因果分析图法

C. 直方图法　　D. 控制图法

10. 根据《建筑地基基础设计规范》，地基土载荷试验应符合的要求是（　　）。

A. 试验基坑宽度不应小于承压板宽度或直径的 2 倍

B. 宜在拟试压表面用粗砂或中砂层找平，其厚度不超过 10mm

C. 加荷分级不应少于 8 级

D. 沉降量与承压板宽度或直径之比大于 0.08 时终止加载

11. 当混凝土拌合物的坍落度大于 220mm 时，用钢尺测量混凝土扩展后最终的最大直径和最小直径，当二者的差大于（　　）mm 时试验结果无效。

A. 20　　B. 30　　C. 40　　D. 50

12. 施工组织设计在实施过程中，施工单位如需做较大的变更，应经（　　）审查同意。

A. 总监理工程师　　B. 监理单位技术负责人

C. 专业部门负责人　　D. 施工单位技术负责人

13. 承包单位向项目监理机构报送的分包单位资格报审查表中应附有分包单位的（　　）。

A. 资质和业绩材料　　B. 营业执照和经营范围

C. 资质和分包合同　　D. 项目经理职责和施工计划

14. 质量合格的材料、构配件进场后，到其使用或安装时通常要经过一定的时间间隔。在此时间里，（　　）应对施工单位在材料、半成品、构配件的存放、保管及使用期限实行监控。

A. 施工单位质量负责人　　B. 施工单位保管人员

C. 监理员　　D. 专业监理工程师

15. 下述工作中，属于施工过程质量控制的是（　　）。

A. 设计交底与图纸会审　　B. 见证取样与平行检验

C. 施工方案审查　　D. 施工组织设计审查

16. 工程作业开始前，承包单位应向监理机构报送试验室（或外委试验室）的（　　）。

A. 正式委托书　　B. 基本情况

C. 资质证明文件　　D. 设备数量情况

17. 特种作业人员不包括（　　）。

A. 建筑电工　　B. 建筑架子工

C. 建筑起重机械司机　　D. 抹灰工

18. 施工单位提出的工程变更，经各方同意签字后，由（　　）组织实施。

A. 项目经理　　B. 业主代表

C. 专业监理工程师　　D. 总监理工程师

19. 工程复工时，(　　) 应及时签署审查意见，并报建设单位批准后签发工程复工令，施工单位接到工程复工令后应及时组织复工。

A. 总监理工程师　　B. 建设行政主管部门

C. 专业监理工程师　　D. 甲方代表

20. 设备采购方案要明确设备采购的原则、范围和内容，并应最终获得(　　) 的批准。

A. 监理单位　　B. 设计单位　　C. 施工单位　　D. 建设单位

21. 涉及主体结构及安全的工程变更，要按有关规定报送(　　) 审批，否则变更不能实施。

A. 当地建设行政主管部门　　B. 质量监督机构

C. 施工图原审查机构　　D. 建设单位主管部门

22. 由总承包单位或安装单位采购的设备，其采购方案须事前提交给(　　)，经其审查同意后方可实施。

A. 项目监理机构　　B. 建设单位

C. 设计单位　　D. 建设行政主管部门

23. 下列属于设备制造前的质量控制的是(　　)。

A. 加工作业条件的控制　　B. 工序产品的检查与控制

C. 不合格零件的处置　　D. 审查设备制造的工艺方案

24. 在建筑工程施工质量验收时，对涉及结构安全的试块、试件，按规定应进行(　　)检测。

A. 抽样　　B. 全数　　C. 无损　　D. 见证取样

25. 隐蔽工程为检验批时，其质量验收应由(　　) 组织施工单位项目专业质量检查员、专业工长等进行。

A. 监理员　　B. 专业监理工程师

C. 总监理工程师　　D. 建设单位

26. 对于由质量事故调查组处理的质量事故，(　　) 应积极配合，客观地提供相应证据。

A. 建设单位　　B. 项目监理机构

C. 质量监督机构　　D. 质量检测机构

27. 质量事故发生后，(　　) 就所发生的质量事故进行周密的调查、研究，掌握情况，并在此基础上写出调查报告，提交项目监理机构和业主。

A. 施工单位有责任　　B. 监理单位应要求施工单位

C. 监理员　　D. 事故调查小组

28. 设计招标的目的是选择最适合项目需要的设计单位，下列不属于设计单位主要考察内容的是(　　)。

A. 社会信誉　　B. 选派的设计人员的能力

C. 选派的设计人员的业绩　　D. 设计单位的融资条件

29. 按照现行规定，工程建设过程中建设单位扣留每期工程进度款的(　　) 作为工程质量保证金。

A. 5%　　B. 10%　　C. 15%　　D. 20%

30. 项目监理机构接到工程质量事故调查组提出的处理意见后，可要求相关单位完成(　　)。

A. 技术论证方案　　B. 技术处理方案

C. 事故调查报告　　D. 事故处理报告

53. 在编制的工程量清单中，必须对项目的（　　）进行准确和全面的描述。

A. 名称　　B. 编码　　C. 特征　　D. 计量单位

54. 招标控制价是招标人根据国家或省级、行业建设主管部门颁发的有关计价依据和办法，以及拟定的招标文件和招标工程量清单，结合工程具体情况编制的招标工程的（　　）。

A. 最低投标限价　　B. 最高投标限价

C. 参考价　　D. 目标价

55. 将一个项目根据其工序或部位分解为若干子项，对完成的各子项进行计量支付的方法称为（　　）。

A. 估价法　　B. 均摊法　　C. 分解计量法　　D. 凭据法

56. 下列不属于业主向承包商索赔的是（　　）。

A. 对超额利润的索赔

B. 承包人不履行的保险费用索赔

C. 业主合理终止合同或承包商不正当地放弃工程的索赔

D. 工期延期的费用索赔

57. 某工程合同总额为 240 万元，工程预付款为 30 万元，主要材料、构件所占比重为 60%，起扣点为（　　）万元。

A. 150　　B. 190　　C. 220　　D. 350

58. 铺底流动资金一般按流动资金的（　　）计算。

A. 10%　　B. 20%　　C. 30%　　D. 40%

59. 某桩基工程承包合同约定：工程桩为 180 根，预算单价为 1.4 万元/根；经确认承包商实际完成的工程桩为 160 根，实际单价为 1.6 万元/根。该打桩工程的已完工作实际投资（*ACWP*）、计划工作预算投资（*BCWS*）和已完工作预算投资（*BCWP*）的关系可表示为（　　）。

A. $BCWP>ACWP>BCWS$　　B. $BCWS>BCWP>ACWP$

C. $ACWP>BCWS>BCWP$　　D. $BCWS>ACWP>BCWP$

60. 某建设工程为了实现进度控制目标，监理工程师根据建设工程的具体情况，制定了下列进度控制措施，其中属于组织措施的是（　　）。

A. 推行 CM 承发包模式

B. 建立工程进度报告制度及进度信息沟通网络

C. 审查承包商提交的进度计划

D. 及时办理工程预付款及工程进度款支付手续

61. 进度控制经济措施的主要内容不包括（　　）。

A. 及时办理工程预付款及工程进度款支付手续

B. 对应急赶工给予优厚的赶工费用

C. 协调合同工期与进度计划之间的关系

D. 对工程延误收取误期损失赔偿金

62. 在下列施工组织方式中，施工现场的组织、管理比较简单的组织方式是（　　）。

A. 平行施工　　B. 依次施工

C. 搭接施工　　D. 流水施工

63. 采用横道图表示流水施工的优点不包括（　　）。

A. 绘图简单

B. 直观地表示出施工过程的进展速度

C. 时间和空间状况形象、直观

D. 施工过程及其先后顺序表达比较清楚

64. 空间参数是指在组织流水施工时，用以表达流水施工在空间布置上开展状态的参数。下列属于空间参数的是（　　）。

A. 施工段　　B. 流水节拍　　C. 施工过程　　D. 流水步距

65. 加快的成倍节拍流水施工的特点是（　　）。

A. 施工段之间有空闲时间

B. 相邻施工过程的流水步距不等

C. 专业工作队数大于施工过程数

D. 同一施工过程在其各施工段上的流水节拍成倍数关系

66. 某分部工程有 3 个施工过程，分为 4 个流水节拍相等的施工段组织加快的成倍节拍流水施工，已知各施工过程的流水节拍分别为 6 天、4 天、2 天，则流水步距和专业工作队数分别为（　　）。

A. 6 天和 3 个　　B. 4 天和 4 个　　C. 4 天和 3 个　　D. 2 天和 6 个

67. 某分部工程有 3 个施工过程，各分为 4 个流水节拍相等的施工段，各施工过程的流水节拍分别为 6 天、4 天、8 天。如果组织加快的成倍节拍流水施工，则专业工作队数和流水施工工期分别为（　　）。

A. 6 个和 20 天　　B. 9 个和 24 天　　C. 8 个和 24 天　　D. 9 个和 22 天

68. 某分部工程有 2 个施工过程，分为 4 个施工段组织流水施工，流水节拍分别为 2 天、4 天、3 天、5 天和 3 天、5 天、4 天、4 天，则流水步距和流水施工工期分别为（　　）天。

A. 2、17　　B. 3、17　　C. 3、19　　D. 4、19

69. 在工程网络计划中，如果某项工作的最早开始时间和最早完成时间分别为 3 天和 8 天，则说明该工作实际上最早应从开工后（　　）。

A. 第 3 天上班时刻开始，第 8 天下班时刻完成

B. 第 3 天上班时刻开始，第 9 天下班时刻完成

C. 第 4 天上班时刻开始，第 8 天下班时刻完成

D. 第 4 天上班时刻开始，第 9 天下班时刻完成

70. 当计划工期等于计算工期时，按最早时间绘制的双代号时标网络计划中的波形线是（　　）。

A. 自由时差　　B. 时距　　C. 总时差　　D. 虚工作

71. 某工程双代号网络计划如下图所示，其关键线路有（　　）条。

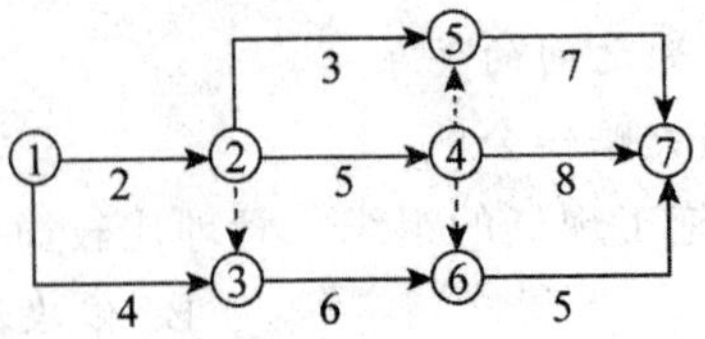

A. 1　　B. 2　　C. 3　　D. 4

88. 在运用分层法对工程项目质量进行统计分析时，通常可以按照（　　）等分层方法获取质量原始数据。

A. 操作班组

B. 施工时间

C. 操作方法

D. 投资主体

E. 检查手段

89. 排列图是一种常见的质量控制统计分析方法，主要用于（　　）。

A. 分析造成质量问题的薄弱环节

B. 评价生产过程的能力

C. 掌握质量数据的分布规律

D. 分析质量控制措施的有效性

E. 找出生产不合格品最多的关键过程

90. 下列属于质量记录资料的有（　　）。

A. 施工现场质量管理检查记录资料

B. 工程材料质量记录

C. 施工过程作业活动质量记录资料

D. 工程总分包任务分配协议

E. 有关工程争议的解决条款

91. 设置施工质量控制点是施工过程质量控制的有效方式，可以作为质量控制点的有（　　）。

A. 主要零件

B. 工艺方案

C. 关键部位

D. 薄弱环节

E. 易产生缺陷的工艺过程

92. 建筑工程施工质量验收中，检验批质量验收的内容包括（　　）。

A. 质量验收记录

B. 主控项目

C. 允许偏差项目

D. 一般项目

E. 观感质量

93. 在单位工程质量竣工验收时，要核查建筑与结构工程安全和功能检验资料，核查的重点包括主要功能抽查记录中的（　　）。

A. 屋面淋水试验记录

B. 隐蔽工程验收记录

C. 地下室防水效果检查记录

D. 新材料、新工艺施工记录

E. 建筑物沉降观测测量记录

94. 根据《关于做好房屋建筑和市政基础设施施工质量事故报告和调查处理工作的通知》（建质〔2010〕111号），按事故造成的损失程度，工程质量事故分为（　　）。

A. 特别重大事故

B. 重大事故

C. 较大事故

D. 一般事故

E. 微小事故

95. 工程监理单位勘察质量管理的主要工作包括（　　）。

A. 检查所使用设备、仪器计量的检定情况

B. 检查勘察现场及室内试验主要岗位操作人员的资格

C. 审查勘察单位提交的勘察成果报告

D. 审查勘察单位提交的勘察方案

E. 编制工程勘察任务书和选择工程勘察单位

96. 勘察成果报告应包括（　　）。

A. 勘察工作概况
B. 勘察报告编制深度
C. 与勘察标准的符合情况
D. 勘察任务书的完成情况
E. 设计阶段的完成情况

97. 项目监理机构在工程施工阶段进行投资控制的组织措施有（　　）。

A. 进行职能分工
B. 编制详细的工作流程图
C. 审核承包人编制的施工组织设计
D. 编制投资控制工作计划
E. 对工程项目造价目标进行风险分析，制定防范性对策

98. 下列属于企业管理费的有（　　）。

A. 工地保管费
B. 检验试验费
C. 工会经费
D. 劳动保险和职工福利费
E. 固定资产使用费

99. 国际工程的间接费项目较多，但并无统一的规定，经常遇到的费用项目包括（　　）。

A. 临时设施工程费
B. 公司总部管理费
C. 材料设备费
D. 保函手续费
E. 贷款利息

100. 非标准设备原价的计算方法包括（　　）。

A. 经验估计法
B. 成本计算估价法
C. 分部组合估价法
D. 系列设备插入估价法
E. 定额估价法

101. 下列费用中，属于建设单位管理费的有（　　）。

A. 固定资产使用费
B. 建设单位采购及保管材料费
C. 建设单位开办费
D. 工程质量监督检测费
E. 竣工验收费

102. 对设计方案进行综合评价时，可以在定性评价定量化的基础上进行综合评价，常用的定量方法有（　　）。

A. 德尔菲法
B. 加权评分法
C. 环比评分法
D. 优缺点列举法
E. 强制评分法

103. 价值工程对象选择的方法包括（　　）。

A. ABC 分析法
B. 强制确定法
C. 价值指数法
D. 专家意见法
E. 因素分析法

104. 根据《建设工程工程量清单计价规范》，下列选项属于综合单价内容的有（　　）。

A. 人工费
B. 材料费
C. 税金
D. 企业管理费与利润
E. 机械使用费

C. 前锋线比较法既适用于工作实际进度与计划进度的局部比较，又可用来分析和预测工程项目整体进度状况

D. S曲线比较法主要用于工程项目中某些工作实际进度与计划进度的局部比较

E. 横道图比较法既适用于工作实际进度与计划进度的局部比较，又可用来分析和预测工程项目整体进度状况

117. 某工程双代号时标网络计划执行到第3周周末和第9周周末时，检查其实际进度如下图前锋线所示，检查结果表明（　　）。

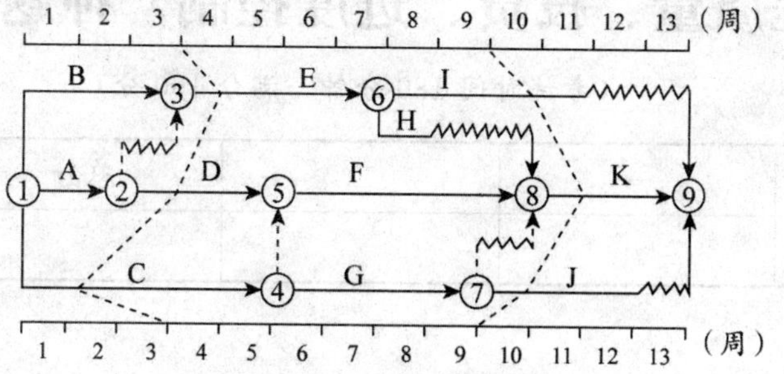

A. 第3周周末检查时，工作E拖后1周，但不影响工期

B. 第3周周末检查时，工作C拖后2周，将影响工期2周

C. 第3周周末检查时，工作D进度正常，不影响工期

D. 第9周周末检查时，工作J拖后1周，但不影响工期

E. 第9周周末检查时，工作K提前1周，不影响工期

118. 下列情况，监理工程师有必要编制进度计划的有（　　）。

A. 单位工程施工的进度计划

B. 施工工期长的进度计划

C. 分期分批发包又没有负责全部工程的总承包单位的施工总进度计划

D. 大型建设工程的工程项目进度计划

E. 采用若干个承包单位平行承包的

119. 为了控制物资供应进度，监理工程师协助业主进行物资供应决策的工作内容包括（　　）。

A. 根据设计图纸和进度计划确定物资供应要求

B. 推荐物资供应单位并签署物资供应合同

C. 组织编制物资供应招标文件

D. 与业主协商提出对物资供应单位的要求及其在财务方面应负的责任

E. 提出物资供应分包方式及分包合同清单，并获得业主认可

120. 物资供应计划审核的主要内容包括（　　）。

A. 是否办理了进出口许可证

B. 物资的库存量安排是否经济、合理

C. 物资采购安排在时间上和数量上是否经济、合理

D. 供应计划是否能按建设工程施工进度计划的需要及时供应材料

E. 由于物资供应不足而使施工进度拖延现象发生的可能性

全国监理工程师执业资格考试

《建设工程质量、投资、进度控制》押题模拟卷（五）

（考试时间 180 分钟　满分 160 分）

题号	一	二	总分	统分人签字
得分				

得分	评卷人

一、单项选择题（共 80 题，每题 1 分。每题的备选项中，只有 1 个最符合题意）

1. 领导者建立组织统一的宗旨和方向，领导作用的基本内容不包括下列（　　）。

A. 确定质量方针、质量目标
B. 建立组织的发展前景
C. 形成内部环境
D. 确定每个过程活动的能力和需求

2. 项目监理机构对施工现场进行的定期或不定期的检查活动称为（　　）。

A. 巡视　B. 旁站　C. 平行检验　D. 专业检查

3. 在收集质量数据中，当总体很大时，很难一次抽样完成预定的目标，此时质量数据的收集方法宜采用（　　）。

A. 分层抽样
B. 等距抽样
C. 系统随机抽样
D. 多阶段抽样

4. 在抽样检验方案中，将合格批判定为不合格批而错误地拒收，属于（　　）。

A. 第一类风险　B. 第二类风险　C. 第三类风险　D. 第四类风险

5. 将调查收集的原始数据，根据不同的目的和要求，按某一性质进行分组、整理的分析方法，称为（　　）。

A. 排列图法　B. 分层法　C. 调查表法　D. 因果分析图法

6. 下列工程质量统计分析方法中，寻找影响质量主次因素的有效方法是（　　）。

A. 直方图法　B. 控制图法　C. 排列图法　D. 因果分析图法

7. （　　）是质量控制统计分析方法中最基本的一种方法，其他统计方法一般都要与其配合使用。

A. 排列图法　B. 分层法　C. 控制图法　D. 直方图法

8. 在质量管理中，将正常型直方图与质量标准比较，可以判断（　　）。

A. 质量问题成因
B. 质量薄弱环节
C. 计划质量能力
D. 实际生产过程能力

35. 设备购置费的构成包括（　　）。

A. 进口设备抵岸价、附属工器具购置费　　B. 设备原价、设备运输费

C. 进口设备抵岸价、设备运杂费　　D. 设备原价、附属工器具购置费

36. 国际工程项目建筑安装工程费用构成中，暂列金额属于（　　）。

A. 业主方的备用金　　B. 承包商的风险准备金

C. 工程师风险控制基金　　D. 建筑安装工程的暂定单价

37. 某项目，在建设期初的建筑安装工程费为 2 000 万元，设备工器具购置费为 1 000 万元，项目建设期为 2 年，每年投资额相等，建设期内年平均价格上涨率为 5%，则该项目建设期的涨价预备费为（　　）万元。

A. 75.00　　B. 153.75　　C. 228.75　　D. 256.50

38. 某工程项目，设备及工器具购置费为 1 000 万元，建筑安装工程费为 1 600 万元，工程建设其他费为 120 万元，基本预备费率为 10%，则该工程项目的基本预备费为（　　）万元。

A. 160　　B. 175　　C. 240　　D. 272

39. 铺底流动资金一般按（　　）的（　　）计算。

A. 固定资金；30%　　B. 固定资金；50%

C. 流动资金；50%　　D. 流动资金；30%

40. 如果小李从 1 月份开始，每月月末存入银行 200 元，月利率为 1.43‰，则年底小李累积的储蓄额为（　　）元。

A. 2 418.97　　B. 2 321.45　　C. 2 017.46　　D. 2 001.98

41. 某公司计划 2 年以后购买一台 150 万元的机械设备，拟从银行存款中提取，银行存款年利率为 2.25%，现应存入银行的资金为（　　）万元。

A. 125.23　　B. 143.47　　C. 152.67　　D. 168.42

42. 使方案在整个计算期内各年净现金流量现值累计等于零时的折现率，是评价项目盈利能力的相对指标，称为（　　）。

A. 内部收益率　　B. 财务净现值　　C. 投资回收期　　D. 资本金净利润

43. 在价值工程对象选择方法中，（　　）是运用数理统计分析的方法选择价值工程对象。

A. 强制确定法　　B. 百分比法　　C. ABC 分析法　　D. 经验分析法

44. 某工程已有详细的设计图纸，建筑结构非常明确，采用的技术很成熟，则编制该单位建筑工程概算精度最高的方法是（　　）。

A. 概算指标法　　B. 类似工程预算法

C. 扩大单价法　　D. 修正的概算指标法

45. 可较准确地反映实际水平，适用于市场经济条件波动较大的施工图预算编制方法，称为（　　）。

A. 实物量法　　B. 分项详细估算法

C. 预算单价法　　D. 综合指标法

46. 采用实物量法编制施工图预算，其首要工作是（　　）。

A. 计算工程量

B. 计算并汇总人工费、材料费、机具使用费

C. 套用消耗定额，计算人、料、机消耗量

D. 熟悉施工图纸

47.《建设工程工程量清单计价规范》中的综合单价，是指完成工程量清单中一个规定计量单位的分部分项工程量清单项目或措施清单项目所需的（　），并考虑风险因素产生的费用。

A. 人工费、材料费、施工机具使用费、企业管理费、利润

B. 人工费、材料费、施工机具使用费、利润、税金

C. 人工费、材料费、施工机具使用费、利润、规费

D. 人工费、材料费、税金、风险费

48. 根据《建设工程工程量清单计价规范》，某分部分项工程的清单工程量为 20 000m^3，施工方案工程量为 30 000m^3。若该分部分项工程的直接工程费为 100 万元，措施项目费为 7 万元，规费为 5 万元，企业管理费为 6 万元，利润为 8 万元，税金为 6 万元，则该分部分项工程的综合单价为（　）万元/m^3。

A. 38　　B. 44　　C. 57　　D. 66

49. 关于审查施工图预算的审查方法，不正确的说法是（　）。

A. 全面审查法的优点是质量比较高，缺点是工作量大

B. 对比审查法是把一单位工程按分部工程分解，再按直接费和间接费分解，然后与标准预算进行对比分析的方法

C. 标准预算审查法的缺点是适用范围小，仅适用于采用标准图纸的工程

D. 分组计算审查法是一种加快审查工程量速度的方法

50. 在招标投标过程中，招标人编制招标工程的招标控制价的依据是（　）。

A. 施工组织设计　　B. 工程量清单

C. 合同文件　　D. 设计概算

51. 建设工程项目招标控制价的编制主体是（　）。

A. 项目监理机构　　B. 工程所在地政府造价管理机构

C. 项目建设主管部门　　D. 招标人或受其委托的工程造价咨询人

52. 以工程量清单和工程单价表为基础和依据来计算价格的合同，称为（　）合同。

A. 纯单价　　B. 计量估价

C. 可调总价　　D. 可调单价

53. 在施工图不完整或当准备招标的工程项目内容、技术经济指标一时尚不能明确和具体予以规定时，往往要采用（　）计价方式。

A. 纯单价合同　　B. 固定总价合同

C. 变动总价合同　　D. 估算工程量单价合同

54. 若施工招标文件和中标人投标文件对工程质量标准的定义不一致，则商签施工合同时，工程质量标准约定应以（　）为准。

A. 招标文件　　B. 中标人投标文件

C. 中标通知书　　D. 双方重新协商的结果

55. 按子项目分解的资金使用计划，项目应按（　）的顺序依次进行分解。

A. 单项工程→单位工程→分部工程→分项工程

B. 单项工程→分部工程→单位工程→分项工程

C. 单位工程→单项工程→分部工程→分项工程

D. 单位工程→单项工程→分项工程→分部工程

70. 某工程双代号时标网络计划如下图所示（单位：周），其中工作B的总时差和自由时差（　　）。

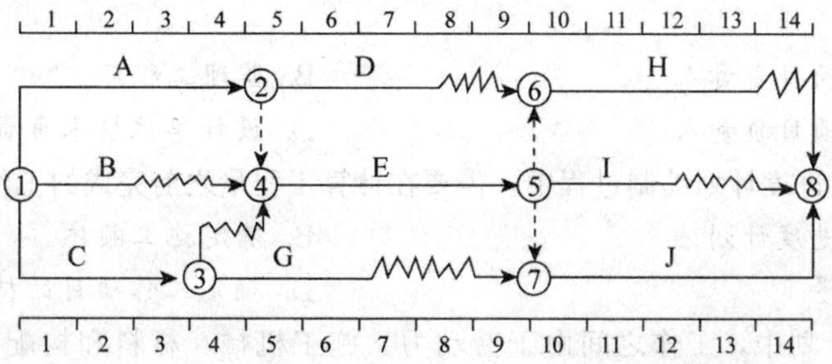

A. 均为2周　　B. 分别为2周和3周

C. 均为3周　　D. 分别为3周和2周

71. 工程网络计划的工期优化是通过（　　），使计算工期满足要求工期。

A. 改变关键工作之间的逻辑关系　　B. 将关键工作压缩成非关键工作

C. 压缩直接费最少的工作的持续时间　　D. 压缩关键工作的持续时间

72. 在建设工程进度调整的系统过程中，当分析进度偏差产生的原因之后，首先需要（　　）。

A. 实施调整后的进度计划　　B. 采取措施调整进度计划

C. 分析进度偏差对后续工作和总工期的影响　　D. 确定后续工作和总工期的限制条件

73. 某混凝土工程按计划12天完成，下图中标出了截至第7天末的实际施工时间，从图中可以看出（　　）。

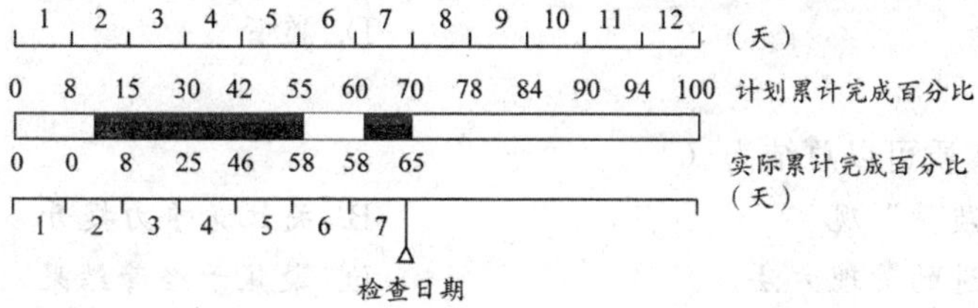

A. 该工作实际开始时间比计划开始时间晚2天

B. 第5天末实际进度比计划进度拖后3%

C. 第4天内计划完成的任务量为15%

D. 第7天内实际进度比计划进度拖后3%

74. 应用S曲线比较法时，通过比较实际进度S曲线和计划进度S曲线，可以（　　）。

A. 表明实际进度是否匀速进展

B. 得到工程项目实际超额或拖欠的任务量

C. 得到工程项目的实际进展情况

D. 表明对工作总时差的利用情况

75. 主要适用于时标网络计划的实际进度与计划进度的比较方法是（　　）比较法。

A. 香蕉曲线　　B. S曲线

C. 前锋线　　D. 横道图

76. 监理工程师受建设单位委托控制建设工程设计进度时，应核查分析设计单位的（　　）。

A. 技术经济定额　　B. 设计绩效考核制度

C. 技术经济责任制　　D. 设计图纸进度表

77. 在设计工作开始之前，应先由（　　）对设计单位编制的进度计划的合理性和可行性进行审查。

A. 建设单位项目负责人
B. 监理工程师
C. 施工单位项目负责人
D. 设计单位技术负责人

78. 单位工程施工进度计划编制过程中，需要在计算工程量之前完成的工作是（　　）。

A. 绘制施工进度计划
B. 确定施工顺序
C. 计算劳动量
D. 确定工作项目的持续时间

79. 在施工进度计划中，工作之间由于劳动力、施工机械、材料和构配件等资源的组织和安排需要而形成的逻辑关系，称为（　　）。

A. 组织关系
B. 工艺关系
C. 并列关系
D. 搭接关系

80. 建设工程施工进度控制工作中，编制施工进度控制工作细则的主要内容不包括（　　）。

A. 进度控制的方法
B. 进度控制人员的职责分工
C. 建立进度控制保证体系
D. 施工进度控制目标实现的风险分析

得分	评卷人

二、多项选择题（共40题，每题2分。每题的备选项中，有2个或2个以上符合题意，至少有1个错项。错选，本题不得分；少选，所选的每个选项得0.5分）

81. 质量管理体系认证一般要经过（　　）等程序。

A. 递交申请
B. 签订合同
C. 颁发证书
D. 监督
E. 持续改进

82. 卓越绩效的实质可以总结为（　　）。

A. 强调“小质量”观
B. 关注竞争力提升
C. 提供了先进的管理方法
D. 聚焦于经营结果
E. 是一个成熟度标准

83. 控制图法是工程质量控制的统计分析方法之一，其用途主要有（　　）。

A. 过程控制
B. 评价过程能力
C. 找出薄弱环节
D. 掌握质量分布规律
E. 过程分析

84. 下列属于钢筋焊接接头的基本力学性能试验方法的有（　　）。

A. 拉伸试验
B. 抗压试验
C. 抗剪试验
D. 弯曲试验
E. 抗扭试验

85. 钢筋机械连接接头的试验分为产品的型式检验和工程进场抽样检测两类，下列应进行型式检验的有（　　）。

A. 确定接头性能等级时
B. 每种规格钢筋的接头试件少于3根时
C. 材料、工艺、规格进行改动时
D. 接头试件在测量残余变形时
E. 型式检验报告超过4年时

E. 价值工程中所述的“成本”是指研究对象建造/制造阶段的全部费用

103. 价值工程的工作程序一般可分为（　　）。

A. 选择　　B. 分析

C. 准备　　D. 创新

E. 实施与评价

104. 建筑工程概算的编制方法包括（　　）。

A. 扩大单价法　　B. 预算单价法

C. 生产能力指数法　　D. 资金周转率法

E. 概算指标法

105. 施工图预算对发包人的作用包括（　　）。

A. 施工图预算是编制投标报价的依据

B. 施工图预算是在施工图设计阶段确定建设工程项目造价的依据

C. 施工图预算是拨付进度款的依据

D. 施工图预算是控制项目投资的依据

E. 施工图预算是发包人在施工期间安排建设资金计划和使用建设资金的依据

106. 根据《建设工程工程量清单计价规范》，关于招标控制价的说法，正确的有（　　）。

A. 招标控制价是对招标工程限定的最高限价

B. 国有资金投资的建设工程招标，招标人必须编制招标控制价

C. 招标控制价应由具有编制能力的招标人编制和复核

D. 招标控制价可以在公布后上调或下浮

E. 招标人在招标文件中只公布招标控制价总价

107. 招标控制价各项费用及税金的确定包括（　　）。

A. 准备工作　　B. 分部分项工程费的确定

C. 措施项目费的确定　　D. 其他项目费用的确定

E. 利润的确定

108. 关于总价合同计量的说法，正确的有（　　）。

A. 采用经审定批准的施工图纸及其预算方式发包形成的总价合同，除按照工程变更规定的工程量增减外，工程量为承包人用于结算的最终工程量

B. 承包人未按监理人要求参加抽样复测的，监理人审核或修正的工程量视为承包人实际完成的工程量

C. 承包人应在工程完工后，向监理人报送实际的工程量报告

D. 监理人应在收到承包人提交的工程量报告后 7 天内完成对承包人提交的工程量报表的审核

E. 监理人未按规定完成复核的，承包人提交的工程量报告中的工程量视为承包人实际完成的工程量

109. 承包人向发包人的索赔包括（　　）。

A. 工程变更引起的索赔　　B. 发包人合理终止合同的索赔

C. 工期延期的费用索赔　　D. 法律、货币及汇率变化引起的索赔

E. 不利的自然条件与人为障碍引起的索赔

110. 下列产生投资偏差的原因中，属于施工原因的有（　　）。

A. 基础处理　　B. 工期拖延

C. 赶进度　　D. 材料代用

E. 施工方案不当

111. 进度控制的技术措施主要包括（　　）。

A. 推行CM承发包模式，对建设工程实行分段设计、分段发包和分段施工

B. 采用网络计划技术并结合电子计算机的应用，实施动态控制

C. 建立图纸审查、工程变更和设计变更管理制度

D. 审查承包商提交的进度计划，使承包商能在合理状态下施工

E. 编制进度控制工作细则，指导监理人员实施进度控制

112. 设计准备工作进度计划中一般要考虑（　　）等工作的时间安排。

A. 规划设计条件的确定　　B. 设计基础资料的提供

C. 进度概算的编制　　D. 施工图预算的编制

E. 委托设计

113. 关于建设工程平行施工特点的说法，错误的有（　　）。

A. 施工现场的组织、管理比较复杂

B. 各专业工作队能够连续施工

C. 能够充分地利用工作面进行施工

D. 单位时间投入的资源量较为均衡

E. 有利于提高劳动生产率和工程质量

114. 建设工程流水施工的特点包括（　　）。

A. 有利于提高工程质量

B. 各专业工作队能够连续施工

C. 有利于提高技术水平和劳动生产率

D. 尽可能地利用工作面进行施工，工期比较短

E. 单位时间投入的资源量大，不利于资源供应的组织

115. 某分部工程中各项工作间的逻辑关系如下表所示，相应的双代号网络计划如下图所示，图中错误的有（　　）。

工作	A	B	C	D	E	F	G	H	I	J
紧后工作	C	F、G	H	H	H、I、J	H、I、J	I、J	—	—	—

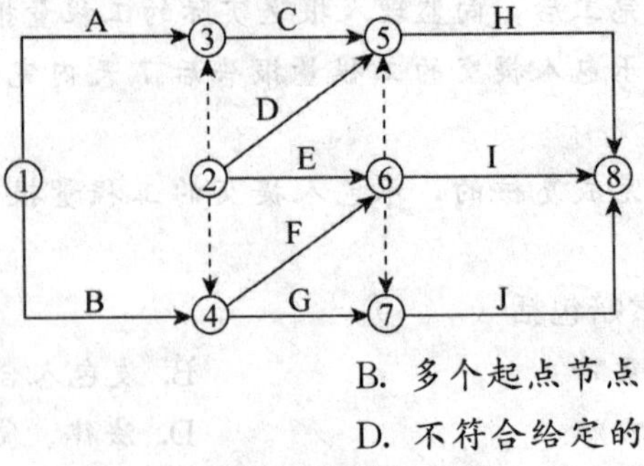

A. 多个终点节点　　B. 多个起点节点

C. 工作代号重复　　D. 不符合给定的逻辑关系

E. 节点编号有误

19. B 【解析】根据《建设工程监理规范》，监理规划应由监理单位技术负责人负责审批。

28. B 【解析】发生工程质量缺陷后，项目监理机构签发监理通知单，责成施工单位进行处理。

29. D 【解析】造成 100 万元以上 1 000 万元以下直接经济损失的事故属于一般事故。

30. A 【解析】项目监理机构要求施工单位进行质量事故调查、分析质量事故产生的原因，并提交质量事故调查报告。对于由质量事故调查组处理的，项目监理机构应积极配合，客观地提供相应证据。

31. D 【解析】对于涉及结构安全和加固处理等的重大技术处理方案，一般由原设计单位提出。必要时，应要求相关单位组织专家论证，以确保处理方案可靠、可行、保证结构安全和使用功能。

32. A 【解析】在进行初步设计评审时，重点审查总平面布置、工艺流程、施工进度能否实现；总平面布置是否充分考虑方向、风向、采光、通风等要素；设计方案是否全面，经济评价是否合理。

33. B 【解析】静态投资部分由建筑安装工程费、设备及工器具购置费、工程建设其他费和基本预备费构成。故该项目的静态投资=3 000+4 000+600=7 600（万元）。

34. B 【解析】材料费是指施工过程中耗费的原材料、辅助材料、构配件、零件、半成品或成品、工程设备的费用。内容包括：①材料原价；②运杂费；③运输损耗费；④采购及保管费。

35. C 【解析】规费是指按国家法律、法规规定，由省级政府和省级有关权力部门规定必须缴纳或计取的费用。包括：①社会保险费；②住房公积金；③工程排污费。

36. C 【解析】进口关税的计算基数为到岸价，到岸价=离岸价+国外运费+国外运输保险费=2 000+160+9=2 169（万元）。

37. C 【解析】实际利率 $i=(1+r/m)^m-1$，式中 i——实际利率，r——名义利率，m——一年计息次数。此题年名义利率为12%，则实际利息=3 000×［$(1+12\%/4)^4-1$］=376.53（万元）。

38. C 【解析】净现值率属于动态评价指标。

39. C 【解析】内部收益率的实质就是使方案在计算期内各年净现金流量的现值累计等于零时的折现率。采用内插法计算内部收益率=12%+150/（150+100）×（14%−12%）=13.2%。

40. A 【解析】各方案的功能系数分别为：$F_{甲}$=98/（98+96+99+94）=0.253 2，$F_{乙}$=96/（98+96+99+94）=0.248 1，$F_{丙}$=99/（98+96+99+94）=0.255 8，$F_{丁}$=94/（98+99+96+94）=0.242 9。各方案的成本系数分别为：$C_{甲}$=1 250/（1 250+1 350+1 300+1 225）=0.243 9，$C_{乙}$=1 350/（1 250+1 350+1 300+1 225）=0.263 4，$C_{丙}$=1 300/（1 250+1 350+1 300+1 225）=0.253 7，$C_{丁}$=1 225/（1 250+1 350+1 300+1 225）=0.239 0。各方案的价值指数分别为：$V_{甲}=F_{甲}/C_{甲}$=0.253 2/0.243 9=1.038，$V_{乙}=F_{乙}/C_{乙}$=0.248 1/0.263 4=0.942，$V_{丙}=F_{丙}/C_{丙}$=0.255 8/0.253 7=1.008，$V_{丁}=F_{丁}/C_{丁}$=0.242 9/0.239 0=1.016。经过比较甲方案价值系数最高，为最优方案。

41. C 【解析】单项工程综合概算包括：各单位建筑工程概算、设备及安装工程概算和工程建设其他费用概算。

42. B 【解析】对比审查法是当工程条件相同时，用已完工程的预算或未完但已经通过审查修正的工程预算对比审查拟建工程的同类工程预算的一种方法。

43. B 【解析】总投资收益率=项目达到设计生产能力后正常年份的年息税前或运营期内年平均息税前利润/项目总投资=595.4/4 400×100%=13.53%。

44. B 【解析】选项 B，静态投资回收期≤行业基准投资回收期，方案可行。

45. C 【解析】采用工程量清单方式招标，招标工程量清单必须作为招标文件的组成部分，其准确性和完整性由招标人负责。

46. B 【解析】现行计量规范明确了清单项目的工程量计算规则，其工程量是以形成工程实体为准，并以完成后的净值来计算的。

47. C 【解析】承包人应按照发包人提供的设计图纸实施工程合同，若在合同履行期间出现设计图纸（含设计变更）与招标工程量清单任一项目的特征描述不符，且该变化引起该项目的工程造价增减变化的，应按照实际施工的项目特征，按规范中工程变更相关条款的规定重新确定相应工程量清单项目的综合单价，并调整合同价款。

48. D 【解析】采用固定总价合同，合同总价只有在设计和工程范围发生变更的情况下才能随之作相应的变更，除此之外，合同总价一般不得变动。因此，采用固定总价合同，承包方要承担合同履行过程中的主要风险，要承担实物工程量、工程单价等变化而可能造成损失的风险。

49. C 【解析】实行工程量清单计价的工程通常采用单价合同。

58. C 【解析】工程项目总进度计划是根据初步设计中确定的建设工期和工艺流程，具体安排单位工程的开工日期和竣工日期。

59. B 【解析】将工程项目由粗到细进行分解，是编制网络计划的前提。

61. B 【解析】流水强度是指流水施工的某施工过程（专业工作队）在单位时间内所完成的工程量，也称为流水能力或生产能力。

62. B 【解析】固定节拍流水施工工期 $T=(m+n-1)t+\sum G+\sum Z$，式中 m——施工段数目，n——施工过程数目，t——流水节拍，G——工艺间歇，Z——组织间歇。$T=(3+5-1)\times 2+4=18$（天）。

63. C 【解析】非节奏流水施工工期 $T=\sum K+\sum t_n$，式中 $\sum K$——各施工过程之间流水步距之和，$\sum t_n$——最后一个施工过程在各施工段流水节拍之和。错误相减求得差数列：

$$\begin{array}{cccccc} & 5 & 13 & 17 & 21 & \\ - & & 7 & 9 & 14 & 17 \\ \hline & 5 & 6 & 8 & 7 & -17 \end{array}$$

故 $T=\sum K+\sum t_n=\max\{5, 6, 8, 7, -17\}+(7+2+5+3)=25$（天）。

64. A 【解析】生产性工作之间由工艺过程决定的、非生产性工作之间由工作程序决定的先后顺序关系称为工艺关系。

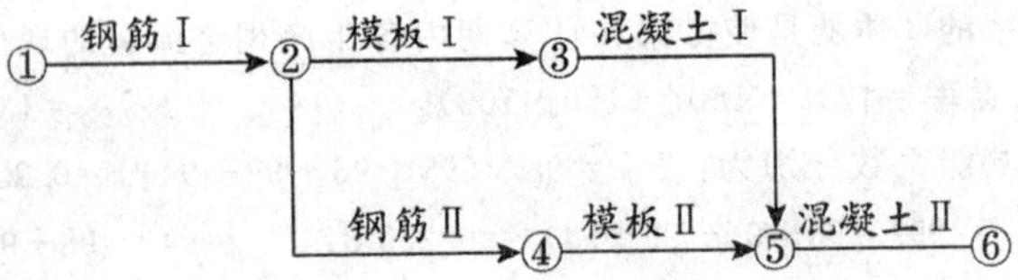

70. A 【解析】工作的总时差为工作最迟工作开始时间与最早开始时间之差，工作总时差最小的工作为关键工作。

二、多项选择题

注： 81～84、92～98、106、112～115、117～118 题暂缺。

85. ADE 【解析】通过直方图的观察与分析，可了解产品质量的波动情况，掌握质量特性的分布规律，以便对质量状况进行分析判断。同时可通过质量数据特征值的计算，估算施工生产过程总体的不合格品率，评价过程能力等。

86. ABDE 【解析】项目监理机构施工质量控制的依据，大体上有以下四类：①工程合同文件；②工程勘察设计文件；③有关质量管理方面的法律法规、部门规章与规范性文件；④质量标准与技术规范（规程）。

87. ACDE 【解析】施工组织设计审查应包括下列基本内容：①编审程序应符合相关规定；②施工进度、施工方案及工程质量保证措施应符合施工合同要求；③资金、劳动力、材料、设备等资源供应计划应满足工程施工需要；④安全技术措施应符合工程建设强制性标准；⑤施工总平面布置应科学合理。

88. BCE 【解析】用于工程的材料、构配件、设备的质量证明文件包括出厂合格证、质量检验报告、性能检测报告以及施工单位的质量抽检报告等。

89. ACD 【解析】质量记录资料包括以下三方面内容：①施工现场质量管理检查记录资料；②工程材料质量记录；③施工过程作业活动质量记录资料。

90. ABDE 【解析】对设备采购方案的审查，重点应包括以下内容：采购的基本原则、范围和内容，依据的图纸、规范和标准、质量标准、检查及验收程序，质量文件要求，以及保证设备质量的具体措施等。

91. BD 【解析】对于建筑工程，分部工程的划分应按下列原则确定：①分部工程的划分应按专业性质、工

19. D 【解析】项目监理机构收到施工单位报送的工程复工报审表及有关材料后，应对施工单位的整改过程、结果进行检查、验收，符合要求的，总监理工程师应及时签署审批意见，并报建设单位批准后签发工程复工令，施工单位接到工程复工令后组织复工。

20. B 【解析】选择一个合格的供货厂商，是向生产厂家订购设备质量控制工作的首要环节。

21. B 【解析】对某些设备（如制造周期长的设备），可采用巡回监控的方式。

22. C 【解析】施工前，应由施工单位制定分项工程和检验批的划分方案，并由项目监理机构审核。

23. D 【解析】符合下列条件之一时，可按相关专业验收规范的规定适当调整抽样复验、试验数量，调整后的抽样复验、试验方案应由施工单位编制，并报项目监理机构审核确认：①同一项目中由相同施工单位施工的多个单位工程，使用同一生产厂家的同品种、同规格、同批次的材料、构配件、设备；②同一施工单位在现场加工的成品、半成品、构配件用于同一项目中的多个单位工程；③在同一项目中，针对同一抽样对象已有检验成果可以重复利用。

24. B 【解析】检验批的容量为 16～25 时，其最小抽样数量是 3。

25. B 【解析】分部工程应由总监理工程师组织施工单位项目负责人和项目技术负责人等进行验收。

26. C 【解析】经返修或加固处理的分项、分部工程，满足安全及使用功能要求时，可按技术处理方案和协商文件的要求予以验收。

27. D 【解析】工程质量事故发生后，总监理工程师应签发工程暂停令，要求暂停质量事故部位和与其有关联部位的施工，要求施工单位采取必要的措施，防止事故扩大并保护好现场。

28. B 【解析】重大事故是指造成 10 人以上 30 人以下死亡，或者 50 人以上 100 人以下重伤，或者 5 000 万元以上 1 亿元以下直接经济损失的事故。

29. A 【解析】对于涉及结构安全和加固处理等的重大技术处理方案，一般由原设计单位提出。

30. C 【解析】质量事故的技术处理是否达到了预期目的，消除了工程质量不合格和工程质量缺陷，是否仍留有隐患，项目监理机构应通过组织检查和必要的鉴定，对此进行验收并予以最终确认。

31. D 【解析】监理工程师对勘察成果的审核与评定是勘察阶段质量控制最重要的工作。审核与评定包括程序性审查和技术性审查。

32. A 【解析】总体方案评审重点审核设计依据、设计规模、产品方案、工艺流程、项目组成及布局、设备配套、占地面积、建筑面积、建筑造型、协作条件、环保设施、防震防灾、建设期限、投资概算等的可靠性、合理性、经济性、先进性和协调性。

33. B 【解析】建设工程项目初步设计一般依据概算指标编制相应的经济文件。

34. B 【解析】投资估算应是建设工程设计方案选择和进行初步设计的投资控制目标；设计概算应是进行技术设计和施工图设计的投资控制目标；施工图预算或建安工程承包合同价则应是施工阶段投资控制的目标。

35. C 【解析】总监理工程师根据建设单位的审批意见，向施工单位签发工程款支付证书。

36. A 【解析】检验试验费是指施工企业按照有关标准规定，对建筑以及材料、构件和建筑安装物进行一般鉴定、检查所发生的费用。不包括新结构、新材料的试验费，对构件做破坏性试验及其他特殊要求检验试验的费用。

37. D 【解析】台班折旧费＝机械预算价格×（1－残值率）/耐用总台班数＝60×（1－5%）/1 000＝0.057（万元/台班），施工单位使用台班＝15×2＝30（台班），施工机械使用费＝30×（0.057＋0.01）＝2.01（万元）。

38. A 【解析】社会保险费和住房公积金应以定额人工费为计算基础，根据工程所在地省、自治区、直辖市或行业建设主管部门规定费率计算。

39. B 【解析】建设单位管理费内容包括：①建设单位开办费；②建设单位经费，包括工作人员的基本工资、工资性津贴、职工福利费、劳动保护费、劳动保险费、办公费、差旅交通费、工会经费、职工教育经费、固定资产使用费、工具用具使用费、技术图书资料费、生产人员招募费、工程招标费、合同契约公证费、工程质量监督检测费、工程咨询费、法律顾问费、审计费、业务招待费、排污费、竣工交付使用清理及竣工验收费、后评估等费用。不包括应计入设备、材料预算价格的建设单位采购及保管设备材料所需的费用。

40. D 【解析】施工单位归还的银行本息 $F=P\ (1+i)^n=2\ 000\times\ (1+0.8\%)^2=2\ 032.13$（万元）。

41. C 【解析】贷款的年实际利率 $i=\ (1+r/m)^m-1=\ (1+6\%/4)^4-1=6.14\%$。

42. A 【解析】净现值指标考虑了资金的时间价值，并全面考虑了项目在整个计算期内的经济状况；经济意义明确直观，能够直接以金额表示项目的盈利水平；判断直观。但不足之处是，必须首先确定一个符合经济现实的基准收益率，而基准收益率的确定往往是比较困难的；而且在互斥方案评价时，净现值必须慎重考虑互斥方案的寿命，如果互斥方案寿命不等，则必须构造一个相同的分析期限，才能进行方案比选。此外，净现值不能反映项目投资中单位投资的使用效率，不能直接说明在项目运营期各年的经营成果。

43. C 【解析】价值工程的目标是以最低的寿命周期成本实现产品必须具备的功能。

44. D 【解析】工程量清单应由具有编制能力的招标人或受其委托具有相应资质的工程造价咨询人编制。

45. C 【解析】现行计量规范项目编码由十二位数字构成。在十二位数字中，一至二位为专业工程码；三至四位为附录分类顺序码；五至六位为分部工程顺序码；七、八、九位为分项工程项目名称顺序码；十至十二位为清单项目名称顺序码。

46. B 【解析】现行计量规范明确了清单项目的工程量计算规则，其工程量是以形成工程实体为准，并以完成后的净值来计算的。

47. D 【解析】综合单价应根据拟定的招标文件和招标工程量清单项目中的特征描述及有关要求确定，综合单价还应包括招标文件中划分的应由投标人承担的风险范围及其费用。措施项目费中的安全文明施工费应当按照国家或省级、行业建设主管部门的规定标准计价。措施项目采用分部分项工程综合单价形式进行计价的工程量，应按措施项目清单中的工程量确定综合单价；以“项”为单位的方式计价的，价格包括除规费、税金以外的全部费用。暂估价中的材料、工程设备单价、控制价应按招标工程量清单列出的单价计入综合单价。

48. C 【解析】在计算综合单价时，需要将增量费用分摊，进行组价，即由预算工程量乘以企业定额基价得出的总价应与清单工程量乘以综合单价得出的总价相等，则该土方开挖的单位报价 $=300\times100/200=150$（元/m^3）。

49. A 【解析】固定总价合同是指合同总价只有在设计和工程范围发生变更的情况下才能随之作相应的变更，除此之外一般不得变更的合同。

50. A 【解析】承包人应在采购材料前将采购数量和新的材料单价报发包人核对，确认用于本合同工程时，发包人应确认采购材料的数量和单价。

51. A 【解析】投资控制的目的是为了确保投资目标的实现。因此，监理工程师必须编制资金使用计划，合理地确定投资控制目标值，包括建设工程投资的总目标值、分目标值、各详细目标值。

52. B 【解析】按子项目分解的资金使用计划，首先要把项目总投资分解到单项工程和单位工程中，对各单位工程的建筑安装工程投资还需要进一步分解，在施工阶段一般可分解到分部分项工程。

53. C 【解析】对于任一招标工程量清单项目，如果因工程量偏差和工程变更等原因导致工程量偏差超过15%时，则可进行调整。当工程量增加15%以上时，增加部分的工程量的综合单价应予调低；当工程量减少15%以上时，减少后剩余部分的工程量的综合单价应予调高。

54. B 【解析】根据题意，$327/310-1=5.48\%>5\%$，承包人投标报价低于基准单价，按基准价算，并且超过合同中约定的风险系数，应予以调整，则 $308+310\times\ (5.48\%-5\%)\ =309.49$（元/$m^3$）。

55. B 【解析】现场签证的范围一般包括：①适用于施工合同范围以外零星工程的确认；②在工程施工过程中发生变更后需要现场确认的工程量；③非承包人原因导致的人工、设备窝工及有关损失；④符合施工合同规定的非承包人原因引起的工程量或费用增减；⑤确认修改施工方案引起的工程量或费用增减；⑥工程变更导致的工程施工措施费增减等。

56. C 【解析】选项A，赢得值法有三个基本参数和四个评价指标；选项B，投资（进度）绩效指数反映的

项目监理机构收到施工单位报送的工程材料、构配件、设备报审表后，由专业监理工程师审查。选项A、B、E均需由总监理工程师审批并签署意见。

89. BCE 【解析】项目监理机构发现下列情形之一时，总监理工程师应及时签发工程暂停令：①建设单位要求暂停施工且工程需要暂停施工的；②施工单位未经批准擅自施工或拒绝项目监理机构管理的；③施工单位未按审查通过的工程设计文件施工的；④施工单位违反工程建设强制性标准的；⑤施工存在重大质量、安全事故隐患或发生质量、安全事故的。

90. ABCE 【解析】制造过程的监督和检验包括以下内容：加工作业条件的控制；工序产品的检查与控制；不合格零件的处置；设计变更；零件、半成品、制成品的保护。

91. ABD 【解析】分项工程是分部工程的组成部分，可按主要工种、材料，施工工艺、设备类别进行划分。分部工程可按专业性质、工程部位确定。

92. ABCD 【解析】分部工程应由总监理工程师组织，勘察、设计单位项目负责人和施工单位技术、质量部门负责人应参加地基与基础分部工程的验收。

93. BCDE 【解析】分部工程质量验收合格应符合下列规定：①所含分项工程的质量均应验收合格；②质量控制资料应完整；③有关安全、节能、环境保护和主要使用功能的抽样检验结果应符合相应规定；④观感质量应符合要求。

94. BCDE 【解析】不按图施工或未经设计单位同意擅自修改设计。例如，将铰接做成刚接，将简支梁做成连续梁，导致结构破坏；挡土墙不按图设滤水层、排水孔，导致压力增大，墙体破坏或倾覆；不按有关的施工规范和操作规程施工，浇筑混凝土时振捣不良，造成薄弱部位；砖砌体砌筑上下通缝、灰浆不饱满等均能导致砖墙破坏。施工组织管理紊乱，不熟悉图纸，盲目施工；施工方案考虑不周，施工顺序颠倒；图纸未经会审，仓促施工；技术交底不清，违章作业；疏于检查、验收等。选项A属于设计差错。

95. ABDE 【解析】工程质量事故处理的主要依据有：①相关的法律法规；②具有法律效力的工程承包合同、设计委托合同、材料或设备购销合同以及监理合同或分包合同等合同文件；③质量事故的实况资料；④有关的工程技术文件、资料、档案。

96. ABCE 【解析】工程设计质量管理的主要工作内容包括：①设计单位选择；②起草设计任务书；③起草设计合同；④分阶段设计审查。分阶段评审又包括：①总体方案评审；②初步设计成果评审；③施工图设计评审；④审查设计单位提交的设计成果，并提出评估报告；⑤审查备案；⑥深化设计的协调管理。

97. CDE 【解析】施工图预算审查的内容包括：①审查施工图预算的编制是否符合现行国家、行业、地方政府有关法律、法规和规定要求；②审查工程量计算的准确性、工程量计算规则与计价规范规则或定额规则的一致性；③审查在施工图预算的编制过程中，各种计价依据使用是否恰当，各项费率计取是否正确，审查依据主要有施工图设计资料、有关定额、施工组织设计、有关造价文件规定和技术规范、规程等；④审查各种要素市场价格选用、应计取的费用是否合理；⑤审查施工图预算是否超过概算以及进行偏差分析。

98. BDE 【解析】对由各组成部分组成的产品，应优先选择以下部分作为价值工程的分析对象：①造价高的组成部分；②占产品成本比重大的组成部分；③数量多的组成部分；④体积或重量大的组成部分；⑤加工工序多的组成部分；⑥废品率高和关键性的组成部分。

99. AC 【解析】各年应计利息＝（年初借款利息累计＋本年借款额/2）×年利率，第1年的利息＝（1 500/2）×4%＝30（万元）；第2年的利息＝（1 500＋30＋1 000/2）×4%＝81.2（万元）。建设期利息总和＝30＋81.2＝111.2（万元）。

100. AD 【解析】安全文明施工费包括环境保护费、文明施工费、安全施工费、临时设施费。

101. ABCE 【解析】施工机械使用费以施工机械台班耗用量乘以施工机械台班单价表示，施工机械台班单价应由下列7项费用组成：折旧费、大修理费、经常修理费、安拆费及场外运费、人工费、燃料动力费、税费。

102. ABE 【解析】项目监理机构在施工阶段进行投资控制的经济措施包括：①编制资金使用计划，确定、分解投资控制目标。对工程项目造价目标进行风险分析，并制定防范性对策。②进行工程计量。③复核工程付款账单，签发付款证书。④在施工过程中进行投资跟踪控制，定期进行投资实际支出值与计划目标值的比较；发现偏差，分析产生偏差的原因，采取纠偏措施。⑤协商确定工程变更的价款。审核竣工结算。⑥对工程施工过程中的投资支出做好分析与预测，经常或定期向建设单位提交项目投资控制及其存在问题的报告。

103. BCE 【解析】在招投标阶段，招标工程量清单为投标人的投标竞争提供了一个平等和共同的基础。工程量清单是建设工程计价的依据。在招标投标过程中，招标人根据工程量清单编制招标工程的招标控制价。工程量清单是工程付款和结算的依据。工程量清单是调整工程量、进行工程索赔的依据。

104. ACE 【解析】投标价应由投标人或受其委托具有相应资质的工程造价咨询人编制，故选项 A 正确；投标人应依据行业部门的相关规定自主确定投标报价，故选项 B 错误；投标人的投标报价不得低于工程成本，故选项 C 正确；投标人的投标报价高于招标控制价的应予废标，故选项 D 错误；执行工程量清单招标的，投标人必须按招标工程量清单填报价格，项目编码、项目名称、项目特征、计量单位、工程量必须与招标工程量清单一致，故选项 E 正确。

105. ABD 【解析】分部分项工程和措施项目中综合单价的审核内容包括：①综合单价的确定依据；②招标工程量清单中提供了暂估单价的材料、工程设备，按暂估的单价计入综合单价；③招标文件中要求投标人承担的风险内容和范围，投标人应将其考虑到综合单价中。

106. ACE 【解析】监理人一般只对以下三方面的工程项目进行计量：①工程量清单中的全部项目；②合同文件中规定的项目；③工程变更项目。

107. AE 【解析】因不可抗力事件导致的人员伤亡、财产损失及其费用增加，发承包双方应按以下原则分别承担并调整合同价款和工期：①合同工程本身的损害、因工程损害导致第三方人员伤亡和财产损失，以及运至施工场地用于施工的材料和待安装的设备的损害，由发包人承担；②发包人、承包人人员伤亡由其所在单位负责，并承担相应费用；③承包人的施工机械设备损坏及停工损失，应由承包人承担；④停工期间，承包人应发包人要求留在施工场地的必要的管理人员及保卫人员的费用应由发包人承担；⑤工程所需清理、修复费用应由发包人承担。

108. BCE 【解析】产生投资偏差的原因中，属于建设单位原因的有：①增加内容；②投资规划不当；③组织不落实；④建设手续不全；⑤协调不佳；⑥未及时提供场地；⑦其他。选项 A 属于设计原因；选项 D 属于施工原因。

109. ACD 【解析】业主因素（建设单位因素）包括：①业主使用要求改变而进行设计变更；②应提供的施工场地条件不能及时提供或所提供的场地不能满足工程正常需要；③不能及时向施工承包单位或材料供应商付款等。选项 B 属于组织管理因素；选项 E 属于社会环境因素。

110. ABE 【解析】进度控制的技术措施主要包括：①审查承包商提交的进度计划，使承包商能在合理的状态下施工；②编制进度控制工作细则，指导监理人员实施进度控制；③采用网络计划技术及其他科学适用的计划方法，并结合电子计算机的应用，对建设工程进度实施动态控制。选项 C 属于合同措施；选项 D 属于组织措施。

111. AD 【解析】影响施工过程流水强度的因素有：①投入该施工过程中的施工机械台数或工人数；②投入该施工过程中资源的产量定额；③投入该施工过程中的资源种类数。

112. BCE 【解析】固定节拍流水施工是一种最理想的流水施工方式，其特点如下：①所有施工过程在各个施工段上的流水节拍均相等；②相邻施工过程的流水步距相等，且等于流水节拍；③专业工作队数等于施工过程数，即每一个施工过程成立一个专业工作队，由该队完成相应施工过程所有施工段上的任务；④各个专业工作队在各施工段上能够连续作业，施工段之间没有空闲时间。

113. BCDE 【解析】图中包括⑦、⑧两个终点节点；存在循环回路②→④→⑤→②；存在节点编号错误；工作箭头逆向⑤→③、⑤→②。

114. BE 【解析】总持续时间最长的线路称为关键线路。题中关键线路包括：①→②→③→④→⑤→⑥→

程，严禁验收。

27. B 【解析】导致工程质量缺陷的原因中，设计差错包括盲目套用图纸，采用不正确的结构方案，计算简图与实际受力情况不符，荷载取值过小，内力分析有误，沉降缝或变形缝设置不当，悬挑结构未进行抗倾覆验算，以及计算错误等。选项A属于违背基本建设程序；选项C属于地质勘察数据失真；选项D属于施工与管理不到位。

28. B 【解析】较大事故是指造成3人及以上10人以下死亡，或者10人及以上50人以下重伤，或者1 000万元及以上5 000万元以下直接经济损失的事故。

29. C 【解析】通常不用专门处理的情况有以下几种：①不影响结构安全和正常使用；②有些质量缺陷，经过后续工序可以弥补；③经法定检测单位鉴定合格；④出现的质量缺陷，经检测鉴定达不到设计要求，但经原设计单位核算，仍能满足结构安全和使用功能。

30. C 【解析】工程监理单位勘察质量管理的主要工作包括：①协助建设单位编制工程勘察任务书和选择工程勘察单位，并协助签订工程勘察合同。②审查勘察单位提交的勘察方案，提出审查意见，并报建设单位。变更勘察方案时，应按原程序重新审查。③检查勘察现场及室内试验主要岗位操作人员的资格、所使用设备、仪器计量的检定情况。④检查勘察单位执行勘察方案的情况，对重要点位的勘探与测试应进行现场检查。⑤审查勘察单位提交的勘察成果报告，必要时对于各阶段的勘察成果报告组织专家论证或专家审查，并向建设单位提交勘察成果评估报告，同时应参与勘察成果验收。经验收合格后勘察成果报告才能正式使用。

31. D 【解析】在生产性建设工程中，设备及工器具投资主要表现为其他部门创造的价值向建设工程中的转移，但这部分投资是建设工程项目投资中的积极部分，它占项目投资比重的提高，意味着生产技术的进步和资本有机构成的提高。

32. A 【解析】项目监理机构在施工阶段投资控制的组织措施包括：①在项目监理机构中落实从投资控制角度进行施工跟踪的人员、任务分工和职能分工；②编制本阶段投资控制工作计划和详细的工作流程图。选项B属于经济措施；选项C、D属于技术措施。

33. A 【解析】项目间接建设成本包括项目管理费、开工试车费、业主的行政性费用、生产前费用、运费和保险费、地方税。

34. C 【解析】不可预见准备金只是一种储备，可能不动用。

35. D 【解析】人工费包括计时工资或计件工资、奖金、津贴补贴、加班加点工资、特殊情况下支付的工资。特殊情况下支付的工资是根据国家法律、法规和政策规定，因病、工伤、产假、计划生育假、婚丧假、事假、探亲假、定期休假、停工学习、执行国家或社会义务等原因按计时工资标准或计时工资标准的一定比例支付的工资。

36. D 【解析】企业管理费包括管理人员工资、办公费、差旅交通费、固定资产使用费、工具用具使用费、劳动保险和职工福利费、劳动保护费、检验试验费、工会经费、职工教育经费、财产保险费、财务费、税金、技术转让费、技术开发费、投标费、业务招待费、绿化费、广告费、公证费、法律顾问费、审计费、咨询费、保险费等。

37. B 【解析】该套设备的进口关税＝到岸价×人民币外汇牌价×进口关税率＝500×22%＝110（万元），该套设备的增值税额＝（500＋110）×17%＝103.7（万元）。

38. D 【解析】生产准备费包括：①生产职工培训费；②生产单位提前进厂参加施工、设备安装、调试等以及熟悉工艺流程及设备性能等人员的工资、工资性补贴、职工福利费、差旅交通费、劳动保护费等。

39. C 【解析】涨价预备费是指建设工程在建设期内由于价格等变化引起投资增加，需要事先预留的费用。

40. D 【解析】第1年应计利息＝1 000/2×6%＝30（万元）；第2年应计利息＝（1 000＋30＋800/2）×6%＝85.8（万元）；第3年应计利息＝（1 000＋30＋800＋85.8＋800/2）×6%＝138.95（万元）；该项目建设期利息总和＝30＋85.8＋138.95＝254.75（万元）。

41. A 【解析】根据$F=A(F/A, i, n)=A[(1+i)^n-1]/i$，可知到期可以回收的金额$=50\times[(1+8\%)^6-1]/8\%=366.80$（万元）。

42. C 【解析】总投资收益率（ROI）＝项目达到设计生产能力后正常年份的年息税前利润或运营期内年平均息税前利润/项目总投资，项目总投资包括建设投资、建设期贷款利息和全部流动资金，则该项目的总投资收益率＝800/（5 000＋500＋600）×100％＝13.11％。

43. C 【解析】ABC分析法又称重点选择法或不均匀分布定律法，是指应用数理统计分析的方法来选择对象。ABC分析法抓住成本比重大的零部件或工序作为研究对象，有利于集中精力重点突破，取得较大效果，同时简便易行。

44. B 【解析】功能的价值系数 $V=1$，即功能评价值等于功能现实成本，这表明评价对象的功能现实成本与实现功能所必需的最低成本大致相当；功能的价值系数 $V<1$，即功能现实成本小于功能评价值，表明评价对象的现实成本偏高，而功能要求不高；功能的价值系数 $V>1$，即功能现实成本大于功能评价值，表明该部件功能比较重要，但分配的成本较少。

45. C 【解析】当初步设计有详细设备清单时，可直接按预算单价（预算定额单价）编制设备安装工程概算。

46. A 【解析】采用定额单价法编制施工图预算进行套价时，需注意以下几项内容：①分项工程的名称、规格、计量单位与预算单价或单位估价表中所列内容完全一致时，可以直接套用预算单价；②分项工程的主要材料品种与预算单价或单位估价表中规定材料不一致时，不能直接套用预算单价；需要按实际使用材料价格换算预算单价；③分项工程施工工艺条件与预算单价或单位估价表不一致而造成人工、机械的数量增减时，一般调量不换价；④分项工程不能直接套用定额、不能换算和调整时，应编制补充单位估价表；⑤由于预算定额的时效性，在编制施工图预算时，应动态调整相应的人工、材料费用价差。

47. B 【解析】逐项审查法又称全面审查法，即按定额顺序或施工顺序，对各项工程细目逐项全面详细审查的一种方法。其优点是全面、细致，审查质量高、效果好；缺点是工作量大，时间较长。这种方法适合一些工程量较小、工艺比较简单的工程。

48. D 【解析】现行计量规范项目编码由十二位数字构成。一至二位为专业工程码；三至四位为附录分类顺序码；五至六位为分部工程顺序码；七、八、九位为分项工程项目名称顺序码；十至十二位为清单项目名称顺序码。

49. B 【解析】在招投标过程中，当出现招标工程量清单特征描述与设计图纸不符时，投标人应以招标工程量清单的项目特征描述为准，确定投标报价的综合单价。若在施工中施工图纸或设计变更导致项目特征与招标工程量清单项目特征描述不一致时，发承包双方应按实际施工的项目特征依据合同约定重新确定综合单价。

50. C 【解析】估算工程量单价合同大多用于工期长、技术复杂、实施过程中可能会发生各种不可预见因素较多的建设工程，或发包方为了缩短项目建设周期，如在初步设计完成后就拟进行施工招标的工程。在施工图不完整或当准备招标的工程项目内容、技术经济指标一时尚不能明确和具体予以规定时，往往要采用这种合同计价方式。

51. D 【解析】在编制投资支出计划时，要在项目总的方面考虑总的预备费，也要在主要的工程分项中安排适当的不可预见费。

52. D 【解析】在15％范围以内，单价不变；超出15％范围的部分，单价按照合同约定调整。根据题意，该土方工程款＝5 000×（1＋15％）×60＋［6 000－5 000×（1＋15％）］×55＝345 000＋13 750＝358 750（元）。

53. B 【解析】安全文明施工费按照实际发生变化的措施项目调整，不得浮动。采用单价计算的措施项目费，按照实际发生变化的措施项目及已标价工程量清单项目的规定确定单价。按总价（或系数）计算的措施项目费，按照实际发生变化的措施项目调整，但应考虑承包人报价浮动因素。

54. A 【解析】承包人只能获得工期补偿，不能得到费用和利润补偿的事件包括异常恶劣的气候条件和不可抗力。选项B，可获得工期和费用补偿；选项C、D，承包人只可获得费用补偿。

55. C 【解析】起扣点＝承包工程合同总额－工程预付款数额/主要材料及构件所占比重，则该工程预付款起扣点＝1 200－1 200×20％/60％＝800（万元）。

二、多项选择题

81. ABD 【解析】建设单位不得将应由一个承包单位完成的建设工程项目肢解成若干部分发包给几个承包单位；不得迫使承包方以低于成本的价格竞标；不得任意压缩合理工期；不得明示或暗示设计单位或施工单位违反建设强制性标准，降低建设工程质量。建设单位对其自行选择的设计、施工单位发生的质量问题承担相应责任。选项 C 属于设计单位应承担的质量责任；选项 E 属于施工单位应承担的质量责任。

82. ABE 【解析】《卓越绩效评价准则》与 ISO 9000 的相同点是基本原理和原则相同、基本理念和思维方式相同、使用方法（工具）相同，故选项 C 错误；ISO 9000 主要关注过程，“卓越绩效”模式更加关注结果，故选项 D 错误。

83. ACE 【解析】在检验批量为 N 的一批产品中，随机抽取 n_1 件产品进行检验。发现 n_1 中的不合格数为 d_1，则：①若 $d_1 \leqslant C_1$，则判定该批产品合格；②若 $d_1 > C_2$，则判定该批产品不合格；③若 $C_1 < d_1 \leqslant C_2$，不能判断是否合格，则应在同批产品中继续随机抽取 n_2 件产品进行检验。

84. CD 【解析】当质量控制图同时满足以下两个条件时，我们就可以认为生产过程基本处于稳定状态：①点子几乎全部落在控制界限之内；②控制界限内的点子排列没有缺陷。

85. ABE 【解析】在实际生产中，影响因素的微小变化具有随机发生的特点，是不可避免、难以测量和控制的，或者在经济上不值得消除，它们大量存在但对质量的影响很小，属于允许偏差、允许位移范畴，引起的是正常波动，一般不会因此造成废品，生产过程正常稳定。通常把人、机、料、法、环等因素的这类微小变化归为影响质量的偶然性原因、不可避免原因或正常原因。

86. BCDE 【解析】专业监理工程师对施工控制测量成果及保护措施的检查、复核内容包括：①施工单位测量人员的资格证书及测量设备检定证书；②施工平面控制网、高程控制网和临时水准点的测量成果及控制桩的保护措施。

87. ABE 【解析】选项 C，当混凝土拌合物的坍落度大于 220mm 时，用钢尺测量混凝土扩展后最终的最大直径和最小直径，当二者的差小于 50mm 时，用其算术平均值作为坍落扩展度值。最大最小差大于 50mm 时试验结果无效。选项 D，对于钢筋冷拔低碳钢丝电阻点焊骨架和网片焊点需要进行常温抗剪试验。

88. ABDE 【解析】对供货厂商进行初选的内容可包括以下几项：①供货厂商的资质（营业执照、生产许可证、经营范围）；②设备供货能力；③近几年供应、生产、制造类似设备的情况，目前正在生产的设备情况、生产制造设备情况、产品质量状况；④过去几年的资金平衡表和资产负债表；⑤需要另行分包采购的原材料、配套零部件及元器件的情况；⑥各种检验检测手段及试验室资质；⑦企业的各项生产、质量、技术、管理制度的执行情况。

89. BCE 【解析】对进场的设备，专业监理工程师应会同设备安装单位、供货单位等的有关人员进行开箱检验，检查其是否符合设计文件、合同文件和规范等所规定的厂家、型号、规格、数量、技术参数等，检查设备图纸、说明书、配件是否齐全。

90. ACDE 【解析】质量记录资料包括质量管理资料，设备制造依据，制造过程的检查、验收资料，设备制造原材料、构配件的质量资料等。

91. ABCE 【解析】主控项目是指建筑工程中对安全、节能、环境保护和主要使用功能起决定性作用的检验项目。

92. BCD 【解析】检验批质量验收记录填写时应具有现场验收检查原始记录，该原始记录应由专业监理工程师和施工单位专业质量检查员、专业工长共同签署，并在单位工程竣工验收前存档备查，保证该记录的可追溯性。

93. ABCE 【解析】建设工程竣工验收应当具备下列条件：①完成建设工程设计和合同约定的各项内容；②有完整的技术档案和施工管理资料；③有工程使用的主要建筑材料、建筑构配件和设备的进场试验报告；④有勘察、设计、施工、工程监理等单位分别签署的质量合格文件；⑤有施工单位签署的工程保修书。

94. BCDE 【解析】工程质量事故处理的基本要求是安全可靠，不留隐患；满足建筑物的功能和使用要求；

技术可行，经济合理。

95. BCDE 【解析】工程质量事故处理方案的辅助决策方法有：试验验证、定期观测、专家论证、方案比较。

96. ABCD 【解析】工程保修阶段工程监理单位应完成的工作有：定期回访、协调联系、界定责任、督促维修、检查验收。

97. ABD 【解析】选项A、B属于企业管理费中的劳动保险和职工福利费。检验试验费是指施工企业按照有关标准规定，对建筑以及材料、构件和建筑安装物进行一般鉴定、检查所发生的费用，包括自设试验室进行试验所耗用的材料等费用。不包括新结构、新材料的试验费，对构件做破坏性试验及其他特殊要求检验试验的费用和建设单位委托检测机构进行检测的费用，对此类检测发生的费用，由建设单位在工程建设其他费用中列支，故选项D属于企业管理费。

98. CD 【解析】设备到岸价由货价、国外运费、国外运输保险费构成。选项A、E属于设备抵岸价；选项B属于设备运杂费。

99. ADE 【解析】规费包括社会保险费（养老保险费、失业保险费、医疗保险费、生育保险费、工伤保险费）；住房公积金；工程排污费。

100. ABCE 【解析】措施项目费包括安全文明施工费（环境保护费、文明施工费、安全施工费、临时设施费）；夜间施工增加费；二次搬运费；冬雨期施工增加费；已完工程及设备保护费；工程定位复测费；特殊地区施工增加费；大型机械设备进出场及安拆费；脚手架工程费。

101. ABE 【解析】投资回收期若大于基准投资回收期，则表明该方案在经济上不可行，故选项C错误。投资回收期指标容易理解，计算也比较简便；项目投资回收期在一定程度上显示了资本的周转速度。显然，资本周转速度越快，回收期越短，风险就越小，故选项D错误。

102. BCDE 【解析】价值工程分析阶段的工作包括收集整理资料、功能定义、功能整理、功能评价。选项A属于准备阶段的工作。

103. ABC 【解析】采用固定总价合同，合同总价只有在设计和工程范围发生变更的情况下才能随之作相应的变更，除此之外，合同总价一般不得变动。因此，采用固定总价合同，承包方要承担合同履行过程中的主要风险，要承担实物工程量、工程单价等变化而可能造成损失的风险。在合同执行过程中，发承包双方均不能以工程量、设备和材料价格、工资等变动为理由，提出对合同总价调值的要求。第一阶段应结算和支付工程款$=300\times30\%=90$（万元）。

104. ABCE 【解析】影响合同价格方式选择的因素有：①项目的复杂程度；②工程设计工作的深度；③工程施工的难易程度；④工程进度要求的紧迫程度。

105. CDE 【解析】实行招标的工程合同价款应在中标通知书发出之日起30日内，由发承包双方依据招标文件和中标人的投标文件在书面合同中约定，故选项A错误；招标文件与中标人投标文件不一致的地方应以投标文件为准，故选项B错误。

106. CDE 【解析】因不可抗力事件导致的人员伤亡、财产损失及其费用增加，发承包双方应按以下原则分别承担并调整合同价款和工期：①合同工程本身的损害、因工程损害导致第三方人员伤亡和财产损失以及运至施工场地用于施工的材料和待安装的设备的损害，由发包人承担；②发包人、承包人人员伤亡由其所在单位负责，并承担相应费用；③承包人的施工机械设备损坏及停工损失，应由承包人承担；④停工期间，承包人应发包人要求留在施工场地的必要的管理人员及保卫人员的费用应由发包人承担；⑤工程所需清理、修复费用，应由发包人承担。不可抗力解除后复工的，若不能按期竣工，应合理延长工期。发包人要求赶工的，赶工费用应由发包人承担。

107. ABC 【解析】选项D，单价合同的计量，工程量必须以承包人完成合同工程应予计量的工程量确定；选项E，发包人认为需要进行现场计量核实时，应在计量前24小时通知承包人，承包人应为计量提供便利条件并派人参加。承包人收到通知后不派人参加计量，视为认可发包人的计量核实结果。发包人不按照约定时间通知承包人，致使承包人未能派人参加计量，计量核实结果无效。

108. ACD 【解析】施工机具使用费的索赔包括：①由于完成额外工作增加的机械、仪器仪表使用费；

15. B 【解析】施工组织设计是指导施工单位进行施工的实施性文件。项目监理机构应审查施工单位报审的施工组织设计，符合要求时，应由总监理工程师签认后报建设单位。项目监理机构应要求施工单位按已批准的施工组织设计组织施工。

16. A 【解析】项目监理机构收到施工单位报送的工程材料、构配件、设备报审表后，应审查施工单位报送的用于工程的材料、构配件、设备的质量证明文件，并应按有关规定、建设工程监理合同约定，对用于工程的材料进行见证取样。

17. C 【解析】对已进场经检验不合格的工程材料、构配件、设备，应要求施工单位限期将其撤出施工现场。

18. B 【解析】项目监理机构收到施工单位报送的试验室报审表及有关资料后，总监理工程师应组织专业监理工程师对施工试验室审查。专业监理工程师在熟悉本工程的试验项目及其要求后对施工试验室进行审查。

19. A 【解析】工程材料、构配件、设备质量控制的要点包括：①对用于工程的主要材料，在材料进场时专业监理工程师应核查厂家生产许可证、出厂合格证、材质化验单及性能检测报告，审查不合格者一律不准用于工程；②对于工程采用新设备、新材料，还应核查相关部门鉴定证书或工程应用的证明材料、实地考察报告或专题论证材料；③由建设单位采购的主要设备则由建设单位、施工单位、项目监理机构进行开箱检查，并由三方在开箱检查记录上签字。

20. B 【解析】旁站是指项目监理机构对工程的关键部位或关键工序的施工质量进行的监督活动。

21. C 【解析】项目监理机构发现下列情形之一时，总监理工程师应及时签发工程暂停令：①建设单位要求暂停施工且工程需要暂停施工的；②施工单位未经批准擅自施工或拒绝项目监理机构管理的；③施工单位未按审查通过的工程设计文件施工的；④施工单位违反工程建设强制性标准的；⑤施工存在重大质量、安全事故隐患或发生质量、安全事故的。

22. D 【解析】设备制造的质量控制方式有驻厂监造、巡回监控、定点监控。对于特别重要设备，监理单位可以采取驻厂监造的方式。

23. B 【解析】为保证设备的质量，制造单位在设备运输前应做好包装工作和制定合理的运输方案。项目监理机构要对设备包装质量进行检查，并审查设备运输方案。

24. C 【解析】对于建筑工程，单位工程的划分应按下列原则确定：①具备独立施工条件并能形成独立使用功能的建筑物或构筑物为一个单位工程；②对于规模较大的单位工程，可将其能形成独立使用功能的部分划分为一个子单位工程。

25. A 【解析】分部工程质量验收应由总监理工程师组织施工单位项目负责人和项目技术负责人等进行验收。

26. B 【解析】验收记录由施工单位填写，验收结论由监理单位填写。综合验收结论由参加验收各方共同商定，由建设单位填写，并应对工程质量是否符合设计和规范要求及总体质量水平作出评价。

27. A 【解析】在检验批验收时，对于主控项目不能满足验收规范规定或一般项目超过偏差限值时，应及时进行处理。其中，对于严重的质量缺陷应重新施工；一般的质量缺陷可通过返修或更换予以解决，允许施工单位在采取相应的措施后重新验收。

28. B 【解析】工程质量事故发生后，总监理工程师应签发工程暂停令，要求暂停质量事故部位和与其有关联部位的施工，要求施工单位采取必要的措施，防止事故扩大并保护好现场。同时，要求质量事故发生单位迅速按类别和等级向相应的主管部门上报。

29. A 【解析】对需要返工处理或加固补强的质量事故，项目监理机构应要求施工单位报送质量事故调查报告和经设计等相关单位认可的处理方案，并对质量事故的处理过程进行跟踪检查，对处理结果进行验收。

30. B 【解析】为确保工程质量事故的处理效果，凡涉及结构承载力等使用安全和其他重要性能的处理工作，常需做必要的试验和检验鉴定工作。

31. A 【解析】工程监理单位勘察质量管理的主要工作包括：①协助建设单位编制工程勘察任务书和选择

工程勘察单位，并协助签订工程勘察合同；②审查勘察单位提交的勘察方案，提出审查意见，并报建设单位；③检查勘察现场及室内试验主要岗位操作人员的资格，所使用设备、仪器计量的检定情况；④检查勘察单位执行勘察方案的情况，对重要点位的勘探与测试应进行现场检查；⑤审查勘察单位提交的勘察成果报告，必要时对于各阶段的勘察成果报告组织专家论证或专家审查，并向建设单位提交勘察成果评估报告，同时应参与勘察成果验收。

32. C 【解析】对于专业性较强或有行业专门资质要求的项目，目前的通行做法是委托专业设计单位，或由具有专业设计资质的施工单位出具深化设计图纸，由设计单位统一会签，以确认深化设计符合总体设计要求，并对于相关的配套专业能否满足深化图纸的要求予以确认。

33. D 【解析】工程建设其他费用可分为三类：第一类是土地使用费，包括土地征用及迁移补偿费和土地使用权出让金；第二类是与项目建设有关的费用，包括建设单位管理费、勘察设计费、研究试验费、建设工程监理费等；第三类是与未来企业生产经营有关的费用，包括联合试运转费、生产准备费、办公和生活家具购置费等。

34. A 【解析】项目监理机构在施工阶段投资控制的技术措施包括：①对设计变更进行技术经济比较，严格控制设计变更；②继续寻找通过设计挖潜节约投资的可能性；③审核承包人编制的施工组织设计，对主要施工方案进行技术经济分析。

35. A 【解析】检验试验费是指施工企业按照有关标准规定，对建筑及材料、构件和建筑安装物进行一般鉴定、检查所发生的费用，包括自设试验室进行试验所耗用的材料等费用。不包括新结构、新材料的试验费，对构件做破坏性试验及其他特殊要求检验试验的费用和建设单位委托检测机构进行检测的费用，对此类检测发生的费用，由建设单位在工程建设其他费用中列支。

36. B 【解析】社会保险费和住房公积金应以定额人工费为计算基础，根据工程所在地省、自治区、直辖市或行业建设主管部门规定费率计算。社会保险费包括养老保险费、失业保险费、医疗保险费、生育保险费、工伤保险费。

37. D 【解析】进口关税＝（离岸价＋国外运费＋国外运输保险费）×人民币外汇牌价×进口关税率＝（40＋5＋1.2）×6.10×22%＝62.00（万元）。

38. B 【解析】建设单位管理费包括建设单位开办费和建设单位经费，选项 B 属于建设单位经费。

39. C 【解析】该贷款的年实际利率 $i=(1+r/m)^m-1=(1+8\%/4)^4-1\approx 8.24\%$。

40. C 【解析】投资方案经济评价指标中，偿债能力指标包括资产负债率、利息备付率和偿债备付率。

41. A 【解析】该项目总费用的现值 $P=A[(1+i)^n-1]/[i(1+i)^n]=500+40\times[(1+10\%)^{10}-1]/[10\%\times(1+10\%)^{10}]\approx 746.14$（万元）。

42. B 【解析】建设项目累计净现金流量如下表所示。

计算期（年）	1	2	3	4	5	6	7	8
净现金流量（万元）	－500	－500	－500	800	800	800	800	800
累计净现金流量（万元）	－500	－1 000	－1 500	－700	100	900	1 700	2 500

根据 P_t＝（累计净现金流量出现正值的年份数－1）＋上一年累计净现金流量的绝对值/出现正值年份的净现金流量，可得该项目的静态投资回收期＝（5－1）＋700/800≈4.88（年）。

43. D 【解析】产品的寿命周期成本由生产成本和使用及维护成本组成。

44. C 【解析】因素分析法是指根据价值工程对象选择应考虑的各种因素，凭借分析人员的经验集体研究确定选择对象的一种方法；ABC 分析法是指应用数理统计分析的方法来选择对象；强制确定法是以功能重要程度作为选择价值工程对象的一种分析方法；价值指数法是通过比较各个对象（或零部件）之间的功能水平位次和成本位次，寻找价值较低对象（或零部件），并将其作为价值工程研究对象的一种方法。

45. A 【解析】功能评价值 $F=2\,000\times 0.32=640$（元），$\Delta C=C-F=800-640=160$（元）。

46. C 【解析】措施项目中的安全文明施工费应按照国家或省级、行业建设主管部门的规定计算，不作为竞争性费用。

75. A 【解析】单位工程施工进度计划编制程序：收集编制依据→划分工作项目→确定施工顺序→计算工程量→计算劳动量和机械台班数→确定工作项目的持续时间→绘制施工进度计划图→施工进度计划的检查与调整→编制正式施工进度计划。

76. A 【解析】施工单位编制的施工总进度计划必须符合施工合同约定的工期要求，满足施工总工期的目标要求。

77. C 【解析】施工进度计划的调整方法主要有两种：一是通过缩短某些工作的持续时间来缩短工期；二是通过改变某些工作间的逻辑关系来缩短工期。缩短某些工作的持续时间这种方法的特点是不改变工作之间的先后顺序关系，通过缩短网络计划中关键线路上工作的持续时间来缩短工期。

78. D 【解析】监理工程师在审批工程延期时应遵循的原则有：①监理工程师批准的工程延期必须符合合同条件，也就是说，导致工期拖延的原因确实属于承包单位自身以外的，否则不能批准为工程延期；②延期事件的工程部位，无论其是否处在施工进度计划的关键线路上，只有当所延长的时间超过其相应的总时差而影响到工期时，才能批准工程延期；③批准的工程延期必须符合实际情况。

79. A 【解析】物资储备计划是用来反映建设工程施工过程中所需各类材料储备时间及储备量的计划。它的编制依据是物资需求计划、储备定额、储备方式、供应方式和场地条件等。

80. D 【解析】监理工程师控制物资供应进度的工作内容包括：①协助业主进行物资供应的决策；②组织物资供应招标工作（组织编制物资供应招标文件，受理物资供应单位的投标文件，推荐物资供应单位及进行有关工作）；③编制、审核和控制物资供应计划。

二、多项选择题

81. CD 【解析】施工图审查有关各方的职责包括：①勘察、设计单位必须按照工程建设强制性标准进行勘察、设计，并对勘察、设计质量负责；②审查机构按照有关规定对勘察成果、施工图设计文件进行审查，但并不改变勘察、设计单位的质量责任；③建设工程经施工图设计文件审查后因勘察设计原因发生工程质量问题，审查机构承担审查失职的责任。

82. BE 【解析】建设单位的质量责任包括：①建设单位要根据工程特点和技术要求，按有关规定选择相应资质等级的勘察、设计单位和施工单位，在合同中必须有质量条款，明确质量责任，并真实、准确、齐全地提供与建设工程有关的原始资料；②建设单位应根据工程特点，配备相应的质量管理人员；③工程项目竣工后，应及时组织设计、施工、工程监理等有关单位进行施工验收，未经验收备案或验收备案不合格的，不得交付使用；④建设单位按合同的约定负责采购供应的建筑材料、建筑构配件和设备，应符合设计文件和合同要求，对发生的质量问题，应承担相应的责任。选项 A、C、D 属于施工单位的质量责任。

83. ACD 【解析】根据质量管理体系标准的要求，工程监理单位的质量管理体系文件由三个层次的文件构成。第一层次：质量手册；第二层次：程序文件；第三层次：各种作业指导书、工作规程、质量记录等。

84. ABDE 【解析】卓越绩效管理模式的实质可以归纳为：强调“大质量”观；关注竞争力提升；提供了先进的管理方法；聚焦于经营结果；是一个成熟度标准。

85. BD 【解析】控制图是用样本数据来分析判断生产过程是否处于稳定状态的有效工具。它的用途主要有两个：①过程分析，即分析生产过程是否稳定。为此，应随机连续收集数据，绘制控制图，观察数据点分布情况并判定生产过程状态；②过程控制，即控制生产过程质量状态。为此，要定时抽样取得数据，将其变为点子描在图上，发现并及时消除生产过程中的失调现象，预防不合格品的产生。

86. ACD 【解析】对有抗震设防要求的结构，其纵向受力钢筋的延性应满足要求；钢筋的强度和最大力下总伸长率的实测值应符合下列规定：①钢筋的抗拉强度实测值与屈服强度实测值的比值不应小于 1.25；②钢筋的屈服强度实测值与强度标准值的比值不应大于 1.30；③钢筋的最大力下总伸长率不应小于 9%。

87. BCD 【解析】钢筋焊接接头外观质量检查合格后，方可进行力学性能试验。钢筋焊接接头的基本力学性能试验方法包括拉伸试验、抗剪试验和弯曲试验三种。

88. ABDE 【解析】施工组织设计审查应包括下列基本内容：①编审程序应符合相关规定；②施工进度、

施工方案及工程质量保证措施应符合施工合同要求；③资金、劳动力、材料、设备等资源供应计划应满足工程施工需要；④安全技术措施应符合工程建设强制性标准；⑤施工总平面布置应科学合理。

89. ABCD 【解析】分包工程开工前，项目监理机构应审核施工单位报送的分包单位资格报审表及有关资料，专业监理工程师进行审核并提出审查意见，符合要求后，应由总监理工程师审批并签署意见。分包单位资格审核应包括的基本内容：①营业执照、企业资质等级证书；②安全生产许可文件；③类似工程业绩；④专职管理人员和特种作业人员的资格。

90. ACE 【解析】项目监理机构收到施工单位报送的施工控制测量成果报验表后，由专业监理工程师审查。专业监理工程师应审查施工单位的测量依据、测量人员资格和测量成果是否符合规范及标准要求，符合要求的，予以签认。

91. ABDE 【解析】项目监理机构应安排监理人员对工程施工质量进行巡视。巡视应包括下列主要内容：①施工单位是否按工程设计文件、工程建设标准和批准的施工组织设计、（专项）施工方案施工；②检查施工单位使用的工程原材料、构配件和设备是否合格；③施工现场管理人员，特别是施工质量管理人员是否到位；④特种作业人员是否持证上岗。

92. ABCD 【解析】设备采购方案的审查重点包括：采购的基本原则、范围和内容，依据的图纸、规范和标准、质量标准、检查及验收程序，质量文件要求，以及保证设备质量的具体措施等。

93. ABCE 【解析】检验批可根据施工、质量控制和专业验收的需要，按工程量、楼层、施工段、变形缝进行划分。

94. ABCD 【解析】当分部工程较大或较复杂时，可按材料种类、施工特点、施工程序、专业系统及类别将分部工程划分为若干子分部工程。

95. ABCD 【解析】质量事故书面报告的内容包括：①工程及各参建单位名称；②质量事故发生的时间、地点、工程部位；③事故发生的简要经过，造成工程损伤状况、伤亡人数和直接经济损失的初步估计；④事故发生原因的初步判断；⑤事故发生后采取的措施及处理方案；⑥事故处理的过程及结果。

96. ABCE 【解析】建设单位组织有关专家或机构审查设计单位提交的设计成果，并提出评估报告。评估报告的内容包括：①设计工作概况；②设计深度与设计标准的符合情况；③设计任务书的完成情况；④有关部门审查意见的落实情况；⑤存在的问题及建议。

97. DE 【解析】建设投资可分为静态投资部分和动态投资部分。动态投资部分是指在建设期内，因建设期利息和国家新批准的税费、汇率、利率变动，以及建设期价格变动引起的建设投资增加额，包括涨价预备费和建设期利息。

98. CDE 【解析】人工费是指按工资总额构成规定，支付给从事建筑安装工程施工的生产工人和附属生产单位工人的各项费用。内容包括：计时工资或计件工资；奖金（节约奖、劳动竞赛奖等）；津贴补贴[包括流动施工津贴、特殊地区施工津贴、高温（寒）作业临时津贴、高空作业津贴等]；加班加点工资；特殊情况下支付的工资。选项 A、B 属于企业管理费。

99. BCDE 【解析】规费是指按国家法律、法规规定，由省级政府和省级有关权力部门规定必须缴纳或计取的费用。包括：社会保险费（养老保险费、失业保险费、医疗保险费、生育保险费、工伤保险费）；住房公积金；工程排污费。选项 A 属于企业管理费。

100. AC 【解析】建筑安装工程费中的安全文明施工费包括环境保护费、文明施工费、安全施工费、临时设施费。

101. ABCD 【解析】基准收益率的确定一般以行业的平均收益率为基础，同时综合考虑资金成本、投资风险、通货膨胀，以及资金限制等影响因素。

102. BCE 【解析】用于价值工程方案创造比较常用的方法有头脑风暴法、哥顿法、专家意见法、专家检查法。

103. ABD 【解析】施工图预算的编制方法包括单价法和实物量法。单价法包括定额单价法和工程量清单单价法。

104. CD 【解析】工程量清单分为招标工程量清单和已标价工程量清单。

12. B 【解析】在频数分布直方图中，横坐标表示质量特性值。

13. D 【解析】绝壁型直方图是由于数据收集不正常，可能有意识地去掉下限以下的数据，或是在检测过程中存在某种人为因素所造成的。

14. B 【解析】水泥的取样频率以每一编号为一取样单位，取样应有代表性，可连续取，也可从 20 个以上不同部位取等量样品经混合均匀后组成，总量至少为 12kg。

15. B 【解析】钢筋焊接接头的基本力学性能试验方法包括拉伸试验、抗剪试验和弯曲试验三种。

16. D 【解析】混凝土结构实体检测方法包括回弹仪法、超声回弹综合法和取芯法。回弹仪法适用检测一般建筑构件、桥梁及各种混凝土构件（板、梁、柱、桥架）的强度。

17. B 【解析】工程开工报审表审查合格后，由总监理工程师签署审核意见，并报建设单位批准后，由总监理工程师签发开工令。

18. C 【解析】工程项目施工前，由施工单位和项目监理机构共同对见证取样的检测机构进行考察确定。对于施工单位提出的试验室，专业监理工程师要进行实地考察。

19. D 【解析】施工单位提出的工程变更，当为要求进行某些材料/工艺/技术方面的技术修改时，即根据施工现场具体条件和自身的技术、经验和施工设备等，在不改变原设计文件原则的前提下，提出的对设计图纸和技术文件的某些技术上的修改要求，经各方同意签字后，由总监理工程师组织实施。

20. D 【解析】在工程质量控制方面，项目监理机构发现施工存在质量问题的，或施工单位采用不适当的施工工艺，或施工不当，造成工程质量不合格的，应及时签发监理通知单。

21. B 【解析】选择一个合格的供货厂商，是向厂家订购设备质量控制工作的首要环节。为此，设备订购前应做好厂商的初选入围与实地考察。

22. D 【解析】分部工程是单位工程的组成部分，一个单位工程往往由多个分部工程组成。分部工程可按专业性质、工程部位确定。

23. B 【解析】检验批质量检验，可根据检验项目的特点在下列抽样方案中选取：①计量、计数或计量—计数的抽样方案；②一次、二次或多次抽样方案；③对重要的检验项目，当有简易快速的检验方法时，选用全数检验方案；④根据生产连续性和生产控制稳定性情况，采用调整型抽样方案；⑤经实践证明有效的抽样方案。

24. D 【解析】检验批的质量检验根据生产连续性和生产控制稳定性等情况，可采用调整型抽样方案。

25. B 【解析】分部工程质量验收应由总监理工程师组织施工单位项目负责人和项目技术负责人等进行。由于地基与基础、主体结构工程要求严格，技术性强，关系到整个工程的安全，为保证质量，严格把关，规定勘察、设计单位项目负责人应参加验收，并要求施工单位技术、质量部门负责人也应参加验收。

26. C 【解析】工程施工质量验收不符合要求时，经有资质的检测机构检测鉴定达不到设计要求，但经原设计单位核算认可能够满足安全和使用功能的检验批，可予以验收。

27. D 【解析】设计差错，例如，盲目套用图纸，采用不正确的结构方案，计算简图与实际受力情况不符，荷载取值过小，内力分析有误，沉降缝或变形缝设置不当，悬挑结构未进行抗倾覆验算，以及计算错误等。

28. D 【解析】质量事故技术处理方案一般由施工单位提出，经原设计单位同意签认，并报建设单位批准。对于涉及结构安全和加固处理等的重大技术处理方案，一般由原设计单位提出。

29. B 【解析】工程质量事故处理的基本方法包括工程质量事故处理方案的确定及工程质量事故处理后的鉴定验收。

30. C 【解析】某些工程质量缺陷不影响结构安全和正常使用通常不用专门处理。例如，某些隐蔽部位结构混凝土表面裂缝，经检查分析，属于表面养护不够的干缩微裂，但不影响使用及外观，可不做处理。

31. B 【解析】工程监理单位应审查勘察单位提交的勘察成果报告，必要时对于各阶段的勘察成果报告组织专家论证或专家审查，并向建设单位提交勘察成果评估报告，同时应参与勘察成果验收。经验收合格后勘察成果报告才能正式使用。

32. D 【解析】为确保工程质量事故的处理效果，凡涉及结构承载力等使用安全和其他重要性能的处理工作，常需做必要的试验和检验鉴定工作。检测鉴定必须委托具有资质的法定检测单位进行。

33. C 【解析】工程建设其他费用可分为三类：第一类是土地使用费，包括土地征用及迁移补偿费和土地使用权出让金；第二类是与项目建设有关的费用，包括建设单位管理费、勘察设计费、研究试验费、建设工程监理费等；第三类是与未来企业生产经营有关的费用，包括联合试运转费、生产准备费、办公和生活家具购置费等。

34. B 【解析】该项目的静态投资回收期＝（5－1）＋20/80＝4.25（年）。

35. D 【解析】建设工程总投资包括建设投资和流动资产投资。

36. D 【解析】规费包括社会保险费、住房公积金、工程排污费。选项D属于企业管理费的内容。

37. C 【解析】安全文明施工费包括环境保护费、文明施工费、安全施工费、临时设施费。选项C属于措施项目费。

38. A 【解析】国际工程项目建筑安装工程费用的间接费包括现场管理费、临时设施工程费、保函手续费、保险费、贷款利息、税金、业务费和其他。

39. D 【解析】外贸手续费＝到岸价×人民币外汇牌价×外贸手续费率。

40. C 【解析】铺底流动资金是指生产性建设工程为保证生产和经营正常进行，按规定应列入建设工程总投资的铺底流动资金。一般按流动资金的30％计算。

41. A 【解析】甲银行的实际利率＝ $(1+10\%)^1-1=10\%$，乙银行的实际利率＝ $(1+9.8\%/4)^4-1\approx 10.17\%$。因此，甲银行的实际利率低于乙银行的实际利率。

42. D 【解析】甲工程的价值系数＝0.32/0.24＝1.33，乙工程的价值系数＝0.45/0.36＝1.25，丙工程的价值系数＝0.31/0.22＝1.41，丁工程的价值系数＝0.18/0.23＝0.78。根据价值工程原理，方案丙为最优方案。

43. B 【解析】头脑风暴法是指自由奔放地思考问题。具体地说，由对改进对象有较深了解的人员组成的小集体在非常融洽和不受任何限制的气氛中进行讨论、座谈，打破常规、积极思考、互相启发、集思广益，提出创新方案。

44. B 【解析】由于设计深度不够等原因，对一般附属、辅助和服务工程等项目，以及住宅和文化福利工程项目或投资比较小、比较简单的工程项目，可采用概算指标法编制设计概算。

45. D 【解析】重点审查法的审查重点一般是工程量大或者造价较高的各种工程、补充定额、计取的各种费用（计费基础、取费标准）等。

46. B 【解析】对比审查法是当工程条件相同时，用已完工程的预算或未完但已经过审查修正的工程预算对比审查拟建工程的同类工程预算的一种方法。

47. C 【解析】工程量清单应由具有编制能力的招标人或受其委托，具有相应资质的工程造价咨询人编制。采用工程量清单方式招标，招标工程量清单必须作为招标文件的组成部分，其准确性和完整性由招标人负责。

48. B 【解析】分部分项工程项目清单的项目名称应按现行计量规范的项目名称结合拟建工程的实际确定。分项工程项目清单的项目名称一般以工程实体命名，项目名称如有缺项，编制人应作补充，并报省级或行业工程造价管理机构备案。分部分项工程项目清单中应附补充项目名称、项目特征、计量单位、工程量计算规则、工作内容。

49. D 【解析】项目编码是分部分项工程量清单项目名称的数字标识。现行计量规范项目编码由十二位数字构成。一至九位应按现行计量规范的规定设置，十至十二位应根据拟建工程的工程量清单项目名称和项目特征设置，同一招标工程的项目编码不得有重码。在十二位数字中，一至二位为专业工程码；三至四位为附录分类顺序码；五至六位为分部工程顺序码；七、八、九位为分项工程项目名称顺序码；十至十二位为清单项目名称顺序码。

50. D 【解析】在招投标过程中，当出现招标工程量清单特征描述与设计图纸不符时，投标人应以招标工程量清单的项目特征描述为准，确定投标报价的综合单价，故选项A错误；招标文件中要求投标人承担

目标的内部环境”；过程方法是指“将活动和相关的资源作为过程进行管理，可以更高效地得到预期的结果”；管理的系统方法是指“将互相关联的过程作为系统加以识别、理解和管理，有助于组织提高实现目标的有效性和效率”。

86. BDE 【解析】根据质量管理体系标准的要求，工程监理单位的质量管理体系文件由三个层次的文件构成。第一层次：质量手册；第二层次：程序文件；第三层次：作业文件。

87. ACD 【解析】通过直方图的观察与分析，可了解产品质量的波动情况，掌握质量特性的分布规律，以便对质量状况进行分析判断。同时还可通过质量数据特征值的计算，估算施工生产过程总体的不合格品率，评价过程能力等。

88. ACDE 【解析】监理工程师现场施工准备的质量控制应包括：①施工现场质量管理检查；②分包单位资质的审核确认；③查验施工控制测量成果；④施工试验室的检查；⑤工程材料、构配件、设备的质量控制；⑥工程开工条件审查与开工令的签发。

89. ACD 【解析】工程设备检查验收前，设备安装单位应提交设备检查验收方案，包括验收方法、质量标准、检查验收的依据，经专业监理工程师审查同意后实施。

90. AC 【解析】分项工程质量验收合格的规定中，分项工程所含检验批的质量均应验收合格，分项工程所含检验批的质量验收记录应完整。

91. ABDE 【解析】施工现场应具有健全的质量管理体系、相应的施工技术标准、施工质量检验制度和综合施工质量水平评定考核制度。

92. ABCD 【解析】单位工程质量验收合格的规定包括：①所含分部工程的质量均应验收合格；②质量控制资料应完整；③所含分部工程中有关安全、节能、环境保护和主要使用功能的检验资料应完整；④主要使用功能的抽查结果应符合相关专业质量验收规范的规定；⑤观感质量应符合要求。

93. CE 【解析】根据《建筑工程施工质量验收统一标准》，验收层次中包括有观感质量验收项目的是分部工程和单位工程。

94. BC 【解析】工程质量事故发生后，总监理工程师应签发工程暂停令，要求暂停质量事故部位和与其有关联部位的施工，要求施工单位采取必要的措施，防止事故扩大并保护好现场。同时，要求质量事故发生单位迅速按类别和等级向相应的主管部门上报。

95. ABDE 【解析】工程设计质量管理的主要工作包括：①设计单位选择；②起草设计任务书；③起草设计合同；④分阶段设计审查，设计评审包括设计方案评审、初步设计评审和施工图设计评审及审查设计单位提交的设计成果，并提出评估报告；⑤审查备案；⑥深化设计的协调管理。

96. ABD 【解析】人工费包括计时工资或计件工资、奖金、津贴补贴、加班加点工资、特殊情况下支付的工资。

97. CDE 【解析】建筑安装工程费用中的措施费包括安全文明施工费、夜间施工增加费、二次搬运费、冬雨期施工增加费、已完工程及设备保护费、工程定位复测费、特殊地区施工增加费、大型机械进出场及安拆费、脚手架工程费等。其中安全文明施工费又包括环境保护费、文明施工费、安全施工费和临时设施费。

98. ACDE 【解析】引进技术及进口设备其他费用包括出国人员费用、国外工程技术人员来华费用、技术引进费、分期或延期付款利息、担保费以及进口设备检验鉴定费。

99. BDE 【解析】方案经济评价的动态评价指标主要包括内部收益率、动态投资回收期、净现值、净现值率、净年值。

100. BDE 【解析】施工图预算是工程造价管理部门监督检查企业执行定额标准情况、确定合理的工程造价、测算造价指数及审定招标工程标底的依据。

101. ABC 【解析】施工图预算对发包人的作用有：①施工图预算是施工图设计阶段确定建设项目造价的依据；②施工图预算是编制招标控制价的基础；③施工图预算是发包人在施工期间安排建设资金计划和使用建设资金的依据；④施工图预算是发包人采用经审定批准的施工图纸及其预算方式发包形成的总价合同时，按约定工程计量的形象目标或时间节点进行计量、拨付进度款及办理结算的依据。

102. ABDE 【解析】施工图预算审查的方法包括逐项审查法（全面审查法）、标准预算审查法、分组计算审查法、对比审查法、“筛选”审查法和重点审查法。

103. ABC 【解析】材料费的索赔包括以下几项：①由于索赔事项材料实际用量超过计划用量而增加的材料费；②由于客观原因材料价格大幅度上涨；③由于非承包商责任工程延误导致的材料价格上涨和超期储存费用。材料费中应包括运输费、仓储费，以及合理的损耗费用。如果由于承包商管理不善，造成材料损坏失效，则不能列入索赔计价。

104. AD 【解析】投标人编制投标价格，可采用工料单价法或综合单价法。编制方法选用取决于招标文件规定的合同形式。

105. ACDE 【解析】投标价格的编制原则包括：①投标价应由投标人或受其委托具有相应资质的工程造价咨询人编制；②投标人应依据行业部门的相关规定自主确定投标报价；③执行工程量清单招标的，投标人必须按招标工程量清单填报价格。项目编码、项目名称、项目特征、计量单位、工程量必须与招标工程量清单一致；④投标人的投标报价不得低于工程成本；⑤投标人的投标报价高于招标控制价的应予废标。

106. CE 【解析】一般而言，所有工作都按最迟开始时间安排，对节约发包人的建设资金贷款利息是有利的，但同时也降低了项目按期竣工的保证率。

107. CD 【解析】因不可抗力事件导致的人员伤亡、财产损失及其费用增加，发承包双方应按下列原则分别承担并调整合同价款和工期：①合同工程本身的损害、因工程损害导致第三方人员伤亡和财产损失以及运至施工场地用于施工的材料和待安装的设备的损害，由发包人承担；②发包人、承包人人员伤亡由其所在单位负责，并承担相应费用；③承包人的施工机械设备损坏及停工损失，应由承包人承担；④停工期间，承包人应发包人要求留在施工场地的必要的管理人员及保卫人员的费用应由发包人承担；⑤工程所需清理、修复费用，应由发包人承担。

108. CDE 【解析】赢得值法的四个评价指标的表示意义：①投资偏差。当投资偏差为负值时，表示项目运行超出预算投资；当投资偏差为正值时，表示项目运行节支，实际投资没有超出预算投资。②进度偏差。当进度偏差为负值时，表示进度延误，实际进度落后于计划进度；当进度偏差为正值时，表示进度提前，实际进度快于计划进度。③投资绩效指数。当投资绩效指数<1时，表示投资超支，即实际投资高于预算投资；当投资绩效指数>1时，表示投资节支，即实际投资低于预算投资。④进度绩效指数。当进度绩效指数<1时，表示进度延误，即实际进度比计划进度拖后；当进度绩效指数>1时，表示进度提前，即实际进度比计划进度快。

109. BC 【解析】根据《标准施工招标文件》，承包人可以得到费用和利润补偿而不能得到工期补偿的事件有：发包人的原因导致试运行失败和发包人原因导致的工程缺陷和损失。选项 A 只能获得费用索赔；选项 D 能获得工期和费用索赔；选项 E 只能获得工期索赔。

110. BCE 【解析】竣工结算要有严格的审查，一般从以下几个方面入手：①核对合同条款，应核对竣工工程内容是否符合合同条件要求；②检查隐蔽验收记录，审核竣工结算时应核对隐蔽工程施工记录和验收签证，手续完整，工程量与竣工图一致方可列入结算；③落实设计变更签证，设计修改变更应由原设计单位出具设计变更通知单和修改的设计图纸、校审人员签字并加盖公章，经发包人（建设单位）和监理工程师审查同意、签证；④按图核实工程数量；⑤执行定额单价；⑥防止各种计算误差。

111. ABCE 【解析】工程项目进度平衡表用来明确各种设计文件交付日期、主要设备交货日期、施工单位进场日期、水电及道路接通日期等，以保证工程建设中各个环节相互衔接，确保工程项目按期投产或交付使用。

112. ACE 【解析】与横道计划相比，网络计划的主要特点有：①网络计划能够明确表达各项工作之间的逻辑关系；②通过网络计划时间参数的计算，可以找出关键线路和关键工作；③通过网络计划时间参数的计算，可以明确各项工作的机动时间；④网络计划可以利用电子计算机进行计算、优化和调整。

113. CD 【解析】平行施工方式具有以下特点：①充分地利用工作面进行施工，工期短；②如果每一个施工对象均按专业成立工作队，劳动力及施工机具等资源无法均衡使用；③如果由一个工作队完成一个

设计单位核算，仍能满足结构安全和使用功能。

31. B 【解析】工程建设期间，建设单位与施工单位进行工程价款结算，建设单位必须按工程价款结算总额的 5%预留工程质量保证金，待工程竣工验收一年后再清算。

32. B 【解析】静态投资部分是由建筑安装工程费、设备及工器具购置费、工程建设其他费和基本预备费组成的，则该项目的静态投资=1 500+100+500=2 100（万元）。

33. B 【解析】项目监理机构施工阶段投资控制的主要工作包括：①进行工程计量和付款签证；②对完成工程量进行偏差分析；③审核竣工结算款；④处理施工单位提出的工程变更费用；⑤处理费用索赔。

34. C 【解析】根据《建筑安装工程费用项目组成》，材料费的组成内容包括材料原价、运杂费、运输损耗费、采购及保管费。选项 C 属于企业管理费。

35. C 【解析】《建设工程工程量清单计价规范》规定，建筑安装工程费用由分部分项工程费、措施项目费、其他项目费、规费和税金构成。

36. D 【解析】税金是指国家税法规定的应计入建筑安装工程造价内的营业税、城市维护建设税、教育费附加以及地方教育附加。

37. C 【解析】安全文明施工费包括环境保护费、文明施工费、安全施工费、临时设施费。选项 C 属于措施项目费。

38. B 【解析】耐用总台班数=折旧年限×年工作台班=10×250=2 500（台班），台班折旧费=机械预算价格×（1−残值率）/耐用总台班数=100×10 000×（1−3%）/2 500 =388（元）。

39. D 【解析】国产标准设备原价一般指的是设备制造厂的交货价，即出厂价。如设备系由设备成套公司供应，则以订货合同价为设备原价。

40. D 【解析】进口设备抵岸价=货价+国外运费+国外运输保险费+银行财务费+外贸手续费+进口关税+增值税+消费税=650+4.5+650×1.5%+650×20%+145.25=939.5（万元）。

41. D 【解析】该项目建设期的涨价预备费 $=\sum_{t=1}^{n} I_t\,[(1+f)^t-1]=1\,000\times[(1+5\%)^1-1]+1500\times[(1+5\%)^2-1]=203.8$（万元）。

42. A 【解析】基本预备费是指在项目实施中可能发生难以预料的支出，需要预先预留的费用，又称不可预见费，主要指设计变更及施工过程中可能增加工程量的费用。

43. C 【解析】单利法计算公式为 $F=P+I$，$I=P\times n\times i$，其中，F——本利和，I——利息，P——本金，n——计息期数，i——利率。$I=30\times4\times2.79\%=3.348$（万元），$F=30+3.348=33.348$（万元）。

44. A 【解析】第 3 年年末贷款本利和 $F=P_1(1+i)^3+P_2(1+i)^2+P_3(1+i)=400\times1.404\,9+500\times1.254\,4+300\times1.12=1\,525.16$（万元）。

45. C 【解析】成本加酬金合同分为成本加固定百分比酬金、成本加固定金额酬金、成本加奖罚、最高限额成本加固定最大酬金。

46. C 【解析】最高限额成本加固定最大酬金合同计价方式有利于控制工程投资，并能鼓励承包方最大限度地降低工程成本。

47. B 【解析】如果施工中有较大部分采用新技术和新工艺，当发包方和承包方在这方面过去都没有经验，且在国家颁布的标准、规范、定额中又没有可作为依据的标准时，为了避免投标人盲目地提高承包价格或由于对施工难度估计不足而导致承包亏损，不宜采用固定总价合同，宜选用成本加酬金合同。

48. B 【解析】时间—投资累计曲线的形状为 S 形曲线。

49. A 【解析】所谓均摊法，就是对清单中某些项目的合同价款，按合同工期平均计量。如为监理人提供宿舍，保养测量设备，保养气象记录设备，维护工地清洁和整洁等。

50. C 【解析】估价法就是按合同文件的规定，根据监理（工程师）估算的已完成的工程价值支付。如为监理（工程师）提供办公设施和生活设施，提供用车、测量设备、天气记录设备、通信设备等项目。

51. C 【解析】所谓凭据法，就是按照承包人提供的凭据进行计量支付。如建筑工程险保险费、第三方责任险保险费、履约保证金等项目，一般按此方法进行计量支付。

52. C 【解析】实际结算的工程款＝1.8×（1＋15％）×15＋［2.4－1.8×（1＋15％）］×12＝35.01（万元）。

53. D 【解析】当 $P_0>P_2×(1-L)×(1-15\%)$ 或 $P_0<P_2×(1+15\%)$ 时，可不调整。式中，P_0 表示承包人在工程量清单中填报的综合单价；P_2 表示发包人在招标控制价相应项目的综合单价；L 表示计价规范中定义的承包人报价浮动率。根据题意，265/320×100％＝82.81％，偏差为 17.19％；320×（1－5％）×（1－15％）＝258.4（元）。由于 265＞258.4，所以该项目变更后的综合单价可不予调整。

54. D 【解析】发生合同工程工期延误的，应按照下列规定确定合同履行期应予调整的价格：①因非承包人原因导致工期延误的，计划进度日期后续工程的价格，应采用计划进度日期与实际进度日期两者的较高者；②因承包人原因导致工期延误的，则计划进度日期后续工程的价格，应采用计划进度日期与实际进度日期两者的较低者。

55. B 【解析】凡属于客观原因造成的延期，属于发包人也无法预见到的情况，如特殊反常天气等，承包商可得到延长工期，但得不到费用补偿。

56. D 【解析】人工费的索赔包括：①完成合同之外的额外工作所花费的人工费用；②由于非承包商责任的工效降低所增加的人工费用；③超过法定工作时间加班增加的费用；④法定人工费增长，以及非承包商责任工程延误导致的人员窝工费和工资上涨费等。

57. D 【解析】发包人应在工程开工后的 28 天内预付不低于当年施工进度计划的安全文明施工费总额的 60％，其余部分按照提前安排的原则进行分解，与进度款同期支付。

58. C 【解析】包工包料工程的预付款的支付比例不得低于签约合同价（扣除暂列金额）的 10％，不宜高于签约合同价（扣除暂列金额）的 30％。

59. C 【解析】进度控制的技术措施主要包括：①审查承包商提交的进度计划，使承包商能在合理的状态下施工；②编制进度控制工作细则，指导监理人员实施进度控制；③采用网络计划技术及其他科学适用的计划方法，并结合电子计算机的应用，对建设工程进度实施动态控制。选项 A 属于经济措施；选项 B 属于组织措施；选项 D 属于合同措施。

60. A 【解析】设计阶段进度控制的主要任务包括：①编制设计阶段工作计划，并控制其执行；②编制详细的出图计划，并控制其执行。

61. B 【解析】影响建设工程进度的不利因素有很多，如人为因素，技术因素，设备、材料及构配件因素，机具因素，资金因素，水文、地质与气象因素，以及其他自然与社会环境等方面的因素。其中，人为因素是最大的干扰因素。

62. D 【解析】影响工程进度的业主因素，如业主使用要求改变而进行设计变更；应提供的施工场地条件不能及时提供或所提供的场地不能满足工程正常需要；不能及时向施工承包单位或材料供应商付款等。选项 A 属于材料、设备因素；选项 B 属于勘察设计因素；选项 C 属于组织管理因素。

63. C 【解析】项目管理的主要任务是在项目实施阶段对项目的目标进行控制。

64. C 【解析】垂直图表示法的优点是：施工过程及其先后顺序表达比较清楚，时间和空间状况形象直观，斜向进度线的斜率可以直观地表示出施工过程的进展速度，但编制实际工程进度计划不如横道图方便。

65. D 【解析】非节奏流水施工的特点包括：①各施工过程在各施工段的流水节拍不全相等；②相邻施工过程的流水步距不尽相等；③专业工作队数等于施工过程数；④各专业工作队能够在施工段上连续作业，但有的施工段之间可能有空闲时间。

66. C 【解析】工作的总时差是指在不影响总工期的前提下，本工作可以利用的机动时间。

67. C 【解析】在双代号网络计划中，当计划工期等于计算工期时，以关键节点为完成节点的工作，其总时差和自由时差必然相等。

68. A 【解析】建设工程进度监测的系统过程如下：①进度计划执行中的跟踪检查；②实际进度数据的加工处理；③实际进度与计划进度的对比分析。其中，实际进度与计划进度的对比分析是建设工程进度监测的主要环节。

69. C 【解析】如果工作的进度偏差大于该工作的自由时差，则此进度偏差将对其后续工作最早开始时间

定层次繁多；⑥建设工程项目投资需动态跟踪调整。

99. ABCD 【解析】世界银行和国际咨询工程师联合会规定建设工程总投资包括项目直接建设成本、项目间接建设成本、应急费、建设成本上升费用。

100. ADE 【解析】项目间接建设成本包括项目管理费、开工试车费、业主的行政性费用、生产前费用、运费和保险费、地方税。选项B、C属于项目直接建设成本。

101. ACDE 【解析】施工机械使用费包括折旧费、大修理费、经常修理费、安拆费及场外运费、人工费、燃料动力费、税费。其中安拆费不包括大型机械设备安拆费。

102. BCE 【解析】采购及保管费是指为组织采购、供应和保管材料、工程设备的过程中所需要的各项费用，包括采购费、仓储费、工地保管费、仓储损耗。

103. ABC 【解析】企业管理费是指建筑安装企业组织施工生产和经营管理所需的费用，包括管理人员工资、办公费、差旅交通费、固定资产使用费、工具用具使用费、劳动保险和职工福利费、劳动保护费、检验试验费、工会经费、职工教育经费、财产保险费、财务费和税金（房产税、车船使用税、土地使用税、印花税）。选项D、E属于规费。

104. BDE 【解析】与项目建设有关的其他费用包括建设单位管理费、可行性研究费、研究试验费、勘察设计费、环境影响评价费、建设工程监理费、工程保险费等。选项A、C属于与未来企业生产经营有关的其他费用。

105. ABCD 【解析】方案经济评价指标体系中，静态评价指标包括总投资收益率、资本金净利润率、静态投资回收期、资产负债率、利息备付率、偿债备付率。

106. ACD 【解析】建设工程总概算的组成包括单项工程综合概算、工程建设其他费用概算、预备费、建设期利息、经营性项目铺底流动资金。其中单项工程综合概算又包括各单位建筑工程概算和各单位设备及安装工程概算。

107. BCDE 【解析】人工费的索赔包括：①完成合同之外的额外工作所花费的人工费用；②由于非承包人责任的工效降低所增加的人工费用；③超过法定工作时间加班增加的费用；④法定人工费增长以及非承包人责任工程延误导致的人员窝工费和工资上涨费等。特殊恶劣气候原因承包商可以索赔工期但不能索赔费用。

108. ABC 【解析】施工机具使用费的索赔包括：①由于完成额外工作增加的机械、仪器仪表使用费；②非承包人责任工效降低增加的机械、仪器仪表使用费；③由于发包人或监理工程师原因导致机械、仪器仪表停工的窝工费。

109. ACDE 【解析】材料费的索赔包括：①由于索赔事项材料实际用量超过计划用量而增加的材料费；②由于客观原因材料价格大幅度上涨；③由于非承包人责任工程延误导致的材料价格上涨和超期储存费用。由于承包人管理不善，造成材料损坏失效，不能列入索赔计价。

110. ADE 【解析】索赔费用的计算方法有：实际费用法、总费用法、修正的总费用法。

111. BCDE 【解析】发包人未按照规定支付竣工结算款的，承包人可催告发包人支付，并有权获得延迟支付的利息。发包人在竣工结算支付证书签发后或者在收到承包人提交的竣工结算款支付申请7天后的56天内仍未支付的，除法律另有规定外，承包人可与发包人协商将该工程折价，也可直接向人民法院申请将该工程依法拍卖。承包人应就该工程折价或拍卖的价款优先受偿。

112. DE 【解析】投资偏差（CV）＝已完工作预算投资（$BCWP$）－已完工作实际投资（$ACWP$），当$CV>0$时，说明项目运行节支；当$CV<0$时，说明项目运行超出预算投资，故选项A错误。进度偏差（SV）＝已完工作预算投资（$BCWP$）－计划工作预算投资（$BCWS$），当$SV>0$时，说明进度提前，实际进度快于计划进度；当$SV<0$时，说明进度延误，实际进度落后于计划进度，故选项B、C错误。

113. BCE 【解析】建设工程设计准备阶段进度控制的任务包括：①收集有关工期的信息，进行工期目标和进度控制决策；②编制工程项目总进度计划；③编制设计准备阶段详细工作计划，并控制其执行；④进行环境及施工现场条件的调查和分析。

114. BDE 【解析】建造类施工过程，是指在施工对象的空间上直接进行砌筑、安装与加工，最终形成建筑产品的施工过程。它是建设工程施工中占有主导地位的施工过程，如建筑物或构筑物的地下工程、主体结构工程、装饰工程等。由于其占有施工对象的空间，直接影响工期的长短，因此，必须列入施工进度计划，并且大多作为主导的施工过程或关键工作。运输类与制备类施工过程一般不占有施工对象的工作面，故一般不列入流水施工进度计划之中。对于采用装配式钢筋混凝土结构的建设工程，钢筋混凝土构件的现场制作过程就需要列入施工进度计划之中。同样，结构安装中的构件吊运施工过程也需要列入施工进度计划之中。

115. ADE 【解析】流水施工的时间参数主要包括流水节拍、流水步距和流水施工工期等。

116. BCE 【解析】非节奏流水施工具有以下特点：①各施工过程在各施工段的流水节拍不全相等；②相邻施工过程的流水步距不尽相等；③专业工作队数等于施工过程数；④各专业工作队能够在施工段上连续作业，但有的施工段之间可能有空闲时间。

117. BCD 【解析】根据题意，循环回路为⑤→⑥→⑨→⑤，存在⑧和⑩两个终点节点，⑨→⑤和⑨→⑧节点编号错误。

118. CD 【解析】在工程网络计划中，总时差最小的工作为关键工作。特别地，当网络计划的计划工期等于计算工期时，总时差为零的工作就是关键工作。工作的总时差等于该工作最迟完成时间与最早完成时间之差，或该工作最迟开始时间与最早开始时间之差。

119. ABD 【解析】题中关键线路为①→②→④→⑥→⑦和①→②→③→⑤→⑥→⑦。工作①—③的总时差＝min｛6－4－0，5－4－0｝＝1，工作③—⑥的总时差＝11－5－5＝1，工作③—⑥的自由时差＝11－5－5＝1。工作④—⑦的自由时差＝20－11－8＝1，工作⑤—⑦的自由时差＝20－11－7＝2。工作②—⑥的总时差＝自由时差＝11－4－5＝2。

120. AC 【解析】缩短关键工作的持续时间时，其缩短值的确定必须符合缩短后工作的持续时间不能小于其最短持续时间、缩短持续时间的工作不能变成非关键工作的原则。

《建设工程质量、投资、进度控制》押题模拟卷（三）

一、单项选择题

1. B 【解析】工程设计质量是决定工程质量的关键环节。

2. B 【解析】机械设备可分为两类：一类是指组成工程实体及配套的工艺设备和各类机具，如电梯、泵机、通风设备等；另一类是指施工过程中使用的各类机具设备，包括大型垂直与横向运输设备、各类操作工具、各种施工安全设施、各类测量仪器和计量器具等。

3. A 【解析】建设工程质量特性彼此之间是相互依存的。总体而言，适用、耐久、安全、可靠、经济、节能与环境适应性都是必须达到的基本要求，缺一不可。但是对于不同门类不同专业的工程，如工业建筑、民用建筑、公共建筑、住宅建筑、道路建筑，可根据其所处的特定地域环境条件、技术经济条件的差异，有不同的侧重面。

4. A 【解析】监理工程师在进行投资、进度、质量三大目标控制时，在处理三者关系时，应坚持“百年大计，质量第一”，在工程建设中自始至终把“质量第一”作为工程质量控制的基本原则。

5. B 【解析】政府监督管理职能包括：①建立和完善工程质量管理法规；②建立和落实工程质量责任制；③建设活动主体资格的管理；④工程承发包管理；⑤工程建设程序管理。

6. C 【解析】建设工程承包单位在向建设单位提交工程竣工验收报告时，应向建设单位出具工程质量保修书，质量保修书中应明确建设工程保修范围、保修期限和保修责任等。

7. D 【解析】建设单位要根据工程特点和技术要求，按有关规定选择相应资质等级的勘察单位、设计单位和施工单位，在合同中必须有质量条款，明确质量责任，并真实、准确、齐全地提供与建设工程有关的原始资料。选项 A、B、C 属于施工单位的质量责任。

8. A 【解析】施工单位应按规定对商品混凝土进行检验，不得使用未经检验和试验或检验和试验不合格的产品。

52. C 【解析】定额单价法中，在进行套价时，分项工程施工工艺条件与预算单价或单位估价表不一致而造成人工、机械的数量增减时，一般调量不换价。

53. D 【解析】采用固定总价合同时，合同总价只有在设计和工程范围发生变更的情况下才能随之作相应的变更，除此之外，合同总价一般不得变更。

54. A 【解析】施工过程中，工程量清单项目的增减变化必然带来合同价款的增减变化。而导致工程量清单缺项的原因，一是设计变更，二是施工条件改变，三是工程量清单编制错误。

55. B 【解析】法律法规变化引起的合同价格调整问题，招标工程以投标截止日前 28 天为基准时间，非招标工程以合同签订前 28 天为基准时间。

56. C 【解析】该项工程结算款＝［4 000－3 000×（1＋15%）］×540＋3 000×（1＋15%）×550＝2 194 500（元）＝219.45（万元）。

57. D 【解析】人工费的索赔额＝10×80＝800（元），机械使用费的索赔额＝800×2＝1 600（元），施工企业可索赔的费用＝800＋1 600＝2 400（元）。

58. C 【解析】该工程预付款起扣点 $T=P-M/N=200-24/60\%=160$（万元）。式中，T——起扣点，P——承包工程合同总额，M——工程预付款数额，N——主要材料及构件所占比重。

59. C 【解析】进度款的支付比例按照合同约定，按期中结算价款总额计，不低于 60%，不高于 90%。

60. C 【解析】投资绩效指数＝已完工作预算投资/已完工作实际投资＝410/430＝0.953。

61. C 【解析】建设工程进度控制的组织措施包括：①建立进度控制目标体系，明确建设工程现场监理组织机构中进度控制人员及其职责分工；②建立工程进度报告制度及进度信息沟通网络；③建立进度计划审核制度和进度计划实施中的检查分析制度；④建立进度协调会议制度，包括协调会议举行的时间、地点，协调会议的参加人员等；⑤建立图纸审查、工程变更和设计变更管理制度。

62. B 【解析】影响建设工程进度的社会环境因素包括：外单位临近工程施工干扰；节假日交通、市容整顿的限制；临时停水、停电、断路；以及在国外常见的法律及制度变化，经济制裁，战争、骚乱、罢工、企业倒闭等。

63. B 【解析】在设计阶段和施工阶段，监理工程师不仅要审查设计单位和施工单位提交的进度计划，更要编制监理进度计划，以确保进度控制目标的实现。

64. B 【解析】横道计划存在的缺点包括：①不能明确地反映出各项工作之间错综复杂的相互关系；②不能明确地反映出影响工期的关键工作和关键线路；③不能反映出工作所具有的机动时间；④不能反映工程费用与工期之间的关系。

65. B 【解析】流水强度是指流水施工的某施工过程（专业工作队）在单位时间内所完成的工程量。

66. B 【解析】流水步距的数目取决于参加流水的施工过程数。如果施工过程数为 n 个，则流水步距的总数为 $n-1$ 个。

67. D 【解析】利用累加数列错位相减取大差法来计算流水步距，得：

	4	8	11	14	
－		3	8	12	15
	4	5	3	2	－15

流水步距＝max｛4，5，3，2，－15｝＝5（天），流水施工工期＝5＋（3＋5＋4＋3）＝20（天）。

68. D 【解析】题中存在③→②节点编号错误，⑦、⑧两个终点节点。

69. D 【解析】工作的总时差等于该工作最迟完成时间与最早完成时间之差。工作 N 的总时差＝25－20＝5（天）。对于有紧后工作的工作，其自由时差等于本工作之紧后工作最早开始时间减本工作最早完成时间所得之差的最小值。工作 N 的自由时差＝min｛32－20－6，34－20－6｝＝6（天）。

70. B 【解析】在双代号网络计划中，当计划工期等于计算工期时，以关键节点为完成节点的工作，其总时差和自由时差必然相等。

71. A 【解析】题中关键线路为：A→C→H→K。

72. B 【解析】相邻两项工作之间的时间间隔是指其紧后工作的最早开始时间与本工作最早完成时间的差值。

73. B 【解析】从单代号网络计划的终点节点开始，逆着箭线方向依次找出相邻两项工作之间的时间间隔为零的线路就是关键线路。

74. B 【解析】监理单位对于设计进度的监控应实施动态控制。在设计工作开始之前，首先应由监理工程师审查设计单位所编制的进度计划的合理性和可行性。

75. D 【解析】建设工程施工进度控制工作从审核承包单位提交的施工进度计划开始，直至建设工程保修期满为止，其工作内容主要有：①编制施工进度控制工作细则；②编制或审核施工进度计划；③按年、季、月编制工程综合计划；④下达工程开工令；⑤协助承包单位实施进度计划；⑥监督施工进度计划的实施；⑦组织现场协调会；⑧签发工程进度款支付凭证；⑨审批工程延期；⑩向业主提供进度报告；⑪督促承包单位整理技术资料；⑫签署工程竣工报验单，提交质量评估报告；⑬整理工程进度资料；⑭工程移交。

76. C 【解析】施工进度计划是表示各项工程（单位工程、分部工程或分项工程）的施工顺序、开始和结束时间以及相互衔接关系的计划。它既是承包单位进行现场施工管理的核心指导文件，也是监理工程师实施进度控制的依据。

77. D 【解析】确定各单位工程的开竣工时间和相互搭接关系时应考虑的因素有：①同一时期施工的项目不宜过多，以避免人力、物力过于分散；②尽量做到均衡施工，以使劳动力、施工机械和主要材料的供应在整个工期范围内达到均衡；③尽量提前建设可供工程施工使用的永久性工程，以节省临时工程费用；④急需和关键的工程先施工，以保证工程项目如期交工；⑤施工顺序必须与主要生产系统投入生产的先后次序相吻合；⑥应注意季节对施工顺序的影响，使施工季节不导致工期拖延，不影响工程质量；⑦安排一部分附属工程或零星项目作为后备项目，用以调整主要项目的施工进度；⑧注意主要工种和主要施工机械能连续施工。

78. B 【解析】分项工程的持续时间 $D=P/(R\cdot B)$，$P=Q/S$。式中，Q——工作项目的工程量，S——工作项目所采用的人工产量定额。题中分项工程的持续时间＝25 000÷50÷（2×10）＝25（天）。

79. C 【解析】工程延误的处理手段包括：①拒绝签署付款凭证；②误期损失赔偿；③取消承包资格。误期损失赔偿则是当承包单位未能按合同规定的工期完成合同范围内的工作时对其的处罚。

80. B 【解析】物资供应计划的作用是组织指导物资供应工作。

二、多项选择题

81. ABCE 【解析】工程质量本身的特点包括影响因素多、质量波动大、质量隐蔽性、终检的局限性和评价方法的特殊性。

82. ABC 【解析】根据质量管理体系标准的要求，工程监理单位的质量管理体系文件由三个层次的文件构成。第一层次：质量手册；第二层次：程序文件；第三层次：作业文件。

83. ABCD 【解析】认证与认可的区别包括：①认证是由第三方进行，认可是由授权的机构进行；②认证是书面保证，认可是正式承认；③认证是证明认证对象与认证所依据的标准符合性，认可是证明认可对象具备从事特定任务的能力。

84. ABD 【解析】钢材进场时，应按国家相关标准的规定抽取试件进行力学性能和重量偏差检验，检验结果必须符合有关标准的规定。检验方法包括：检查产品合格证、出厂检验报告和进场复验报告。

85. ABCE 【解析】总监理工程师组织监理人员熟悉工程设计文件是项目监理机构实施事前质量控制的一项重要工作。其目的有：一是通过熟悉工程设计文件，了解设计意图和工程设计特点、工程关键部位的质量要求；二是发现图纸差错，将图纸中的质量隐患消灭在萌芽之中。

86. ABCE 【解析】施工方案的内容性审查应重点审查施工方案是否具有针对性、指导性、可操作性；现场施工管理机构是否建立了完善的质量保证体系，是否明确了工程质量要求及目标，是否健全了质量保证体系组织机构及岗位职责，是否配备了相应的质量管理人员，是否建立了各项质量管理制度和质量管理程序等；施工质量保证措施是否符合现行的规范、标准等。选项D属于程序性审查的重点内容。

115. ABC 【解析】选择压缩对象时宜在关键工作中考虑下列因素：①缩短持续时间对质量和安全影响不大的工作；②有充足备用资源的工作；③缩短持续时间所需增加的费用最少的工作。

116. ACD 【解析】网络计划的优化是指在一定约束条件下，按既定目标对网络计划进行不断改进，以寻求满意方案的过程。网络计划的优化目标应按计划任务的需要和条件选定，包括工期目标、费用目标和资源目标。根据优化目标的不同，网络计划的优化可分为工期优化、费用优化和资源优化三种。

117. BE 【解析】第4天的实际进度＝55％－35％＝20％，第5天的实际进度＝70％－55％＝15％，为非匀速进展。第3天至第6天的计划进度均为15％，为匀速进展。实施过程中实际停工累计1天。前4天的实际工作量比计划工作量多5％（55％－50％）。第8天结束时该工作已按计划完成。

118. AE 【解析】第8周周末检查时，工作E拖后1周，会影响总工期1周；工作D拖后2周，但不影响总工期，因为其总时差为2周。第2周周末检查时，工作A拖后1周，不影响工期，因为工作A的总时差为1周。工作B的总时差为1周；工作B拖后1周，不影响工期；工作C按匀速进展。

119. ABCE 【解析】在确定施工进度分解目标时，需要考虑以下各个方面：①对于大型建设工程项目，应根据尽早提供可动用单元的原则，集中力量分期分批建设，以便尽早投入使用，尽快发挥投资效益；②合理安排土建与设备的综合施工；③结合本工程的特点，参考同类建设工程的经验来确定施工进度目标；④做好资金供应能力、施工力量配备、物资供应能力与施工进度的平衡工作，确保工程进度目标的要求而不使其落空；⑤考虑外部协作条件的配合情况；⑥考虑工程项目所在地区地形、地质、水文、气象等方面的限制条件。

120. BDE 【解析】在建设工程施工过程中，监理工程师获得工程实际进展情况的方式有：①定期地、经常地收集由承包单位提交的有关进度报表资料；②由驻地监理人员现场跟踪检查建设工程的实际进展情况；③由监理工程师定期组织现场施工负责人召开现场会议。

《建设工程质量、投资、进度控制》押题模拟卷（四）

一、单项选择题

1. B 【解析】由于设计方面的原因造成的质量问题，先由施工单位负责维修，其经济责任按有关规定通过建设单位向设计单位索赔。

2. C 【解析】各种与质量管理体系有关的文件之间应保持良好的相容性，即不仅要协调一致，不产生矛盾，而且要各自为实现总目标承担好相应的任务，从质量策划开始就应当考虑保持文件的相容性。

3. C 【解析】内部审核作为一种重要的管理手段和自我改进机制，及时发现问题，采取纠正措施或预防措施，使体系不断改进。

4. B 【解析】鉴定某一组织管理体系是否可以认证的基本方法是管理体系审核，认证机构必须是与供需双方既无行政隶属关系又无经济利害关系的第三方，才能保证审核的科学性、公正性与权威性。

5. D 【解析】质量管理体系的管理评审是由监理单位最高管理者关于质量管理体系现状及其对质量方针和目标的适宜性、充分性和有效性所作的正式评价。

6. A 【解析】在工程开工前，施工单位必须完成施工组织设计的编制及内部审批工作，填写《施工组织设计/（专项）施工方案报审表》报送项目监理机构。总监理工程师在约定的时间内，组织专业监理工程师审查，提出意见后，由总监理工程师审核签认。

7. B 【解析】折齿型直方图是由于分组组数不当或者组距确定不当出现的直方图。

8. C 【解析】孤岛型直方图是原材料发生变化，或者临时他人顶班作业造成的。

9. D 【解析】控制图法是典型的质量控制动态分析法。

10. C 【解析】试验基坑宽度不应小于承压板宽度或直径的3倍，故选项A错误；宜在拟试压表面用粗砂或中砂层找平，其厚度不超过20mm，故选项B错误；沉降量与承压板宽度或直径之比大于或等于0.06时终止加载，故选项D错误。

11. D 【解析】当混凝土拌合物的坍落度大于220mm时，用钢尺测量混凝土扩展后最终的最大直径和最小直径，当二者的差小于 50mm 时，用其算术平均值作为坍落扩展度值；当二者的差大于 50mm 时试验结果无效。

12. A 【解析】施工组织设计在实施过程中，施工单位如需做较大的变更，应经总监理工程师审查同意。

13. A 【解析】分包单位资格报审表中应附有：①分包单位资质材料；②分包单位业绩材料；③分包单位专职管理人员和特种作业人员的资格证书；④施工单位对分包单位的管理制度。

14. D 【解析】质量合格的材料、构配件进场后，到其使用或安装时通常要经过一定的时间间隔。在此时间里，专业监理工程师应对施工单位在材料、半成品、构配件的存放、保管及使用期限实行监控。

15. B 【解析】工程施工过程质量控制的内容包括：①巡视与旁站；②见证取样与平行检验；③工程变更的控制；④质量记录资料的管理。选项 A、C、D 属于施工准备阶段的质量控制。

16. C 【解析】试验室检查应包括下列内容：①试验室的资质等级及试验范围；②法定计量部门对试验设备出具的计量检定证明；③试验室管理制度；④试验人员资质证书。

17. D 【解析】特种作业人员包括建筑电工、建筑架子工、建筑起重信号司索工、建筑起重机械司机、建筑起重机械安装拆卸工、高处作业吊篮安装拆卸工、焊接切割操作工等。

18. D 【解析】施工单位提出的工程变更，经各方同意签字后，由总监理工程师组织实施。

19. A 【解析】项目监理机构收到施工单位报送的工程复工报审表及有关材料后，应对施工单位的整改过程、结果进行检查、验收，符合要求的，总监理工程师应及时签署审批意见，并报建设单位批准后签发工程复工令，施工单位接到工程复工令后应及时组织复工。

20. D 【解析】设备采购方案要明确设备采购的原则、范围、内容、程序、方式和方法，包括采购设备的类型、数量、质量要求、技术参数、供货周期要求、价格控制要求等因素，并最终获得建设单位的批准。

21. C 【解析】如果变更涉及项目功能、结构主体安全，该工程变更应按有关规定报送施工图原审查机构及管理部门进行审查与批准。

22. A 【解析】由总承包单位或安装单位负责采购的设备，采购前应向项目监理机构提交设备采购方案，按程序审查同意后方可实施。

23. D 【解析】设备制造前的质量控制内容有：①熟悉图纸、合同，掌握相关的标准、规范和规程，明确质量要求；②明确设备制造过程的要求及质量标准；③审查设备制造的工艺方案；④对设备制造分包单位的审查；⑤检验计划和检验要求的审查；⑥对生产人员上岗资格的检查；⑦用料的检查。

24. D 【解析】对涉及结构安全、节能、环境保护和主要使用功能的试块、试件及材料应在进场时或施工中按规定进行见证取样检测。

25. B 【解析】隐蔽工程为检验批时，其质量验收应由专业监理工程师组织施工单位项目专业质量检查员、专业工长等进行。

26. B 【解析】项目监理机构要求施工单位进行质量事故调查、分析质量事故产生的原因，并提交质量事故调查报告。对于由质量事故调查组处理的，项目监理机构应积极配合，客观地提供相应证据。

27. A 【解析】质量事故发生后，施工单位有责任就所发生的质量事故进行周密的调查、研究，掌握情况，并在此基础上写出调查报告，提交项目监理机构和业主。

28. D 【解析】设计招标的目的是选择最适合项目需要的设计单位，设计单位的社会信誉、所选派的主要设计人员的能力和业绩等是主要的考察内容。

29. A 【解析】发包人根据确认的竣工结算报告向承包人支付工程竣工结算价款，保留 5%左右的质量保证（保修）金，待工程交付使用一年质保期到期后清算（合同另有约定的，从其约定），质保期内如有返修，则发生的费用应在质量保证（保修）金内扣除。

30. B 【解析】根据施工单位的质量调查报告或质量事故调查组提出的处理意见，项目监理机构要求相关单位完成技术处理方案。质量事故技术处理方案一般由施工单位提出，经原设计单位同意签认，并报建设单位批准。

31. C 【解析】检测鉴定必须委托具有资质的法定检测单位进行。

拍的最大公约数；③专业工作队数大于施工过程数；④各个专业工作队在施工段上能够连续作业，施工段之间没有空闲时间。

66. D 【解析】流水步距等于流水节拍的最大公约数，即［6，4，2］=2（天），专业工作队数=各个施工过程流水节拍之和/流水步距=（6+4+2）/2=6（个）。

67. B 【解析】流水步距等于流水节拍的最大公约数，即［6，4，8］=2（天），故第一个施工过程的专业工作队数目=第一个施工过程的流水节拍/流水步距=6/2=3（个），第二个施工过程的专业工作队数目=第二个施工过程的流水节拍/流水步距=4/2=2（个），第三个施工过程的专业工作队数目=第三个施工过程的流水节拍/流水步距=8/2=4（个），则参与该工程流水施工的专业工作队总数=3+2+4=9（个），则流水施工工期=（施工段数目+专业工作队数目−1）×流水步距=（4+9−1）×2=24（天）。

68. C 【解析】2个施工过程流水节拍的错位相减差数列如下：

	2	6	9	14	
−		3	8	12	16
	2	3	1	2	−16

流水步距= max｛2，3，1，2，−16｝=3（天），施工工期=流水步距+最后一个施工过程流水节拍之和=3+（3+5+4+4）=19（天）。

69. C 【解析】网络计划时间参数中的开始时间和完成时间都应以时间单位的终了时刻为标准。如果某项工作的最早开始时间和最早完成时间分别为3天和8天，则实际上最早应从开工后第4天上班时刻开始，第8天下班时刻完成。

70. A 【解析】在双代号时标网络计划中，以终点节点为完成节点的工作除外，当计划工期等于计算工期时，这些工作箭线中波形线的水平投影长度表示其自由时差。

71. B 【解析】题中的关键线路有①→③→⑥→⑦和①→②→④→⑦2条。

72. B 【解析】工作的总时差等于其紧后工作的总时差加本工作与该紧后工作之间的时间间隔所得之和的最小值。工作D的总时差=min｛1+0，0+3｝=1（周），则工作B的总时差=1+1=2（周）。工作的自由时差就是该工作箭线中波形线的水平投影长度。工作B的自由时差为1周。

73. C 【解析】费用优化是指寻求工程总成本最低时的工期安排，或按要求工期寻求最低成本的计划安排的过程。

74. D 【解析】当某项工作的最早开始时间出现负值时，应将该工作与起点节点用虚箭线相连后，重新计算该工作的最早开始时间和最早完成时间。

75. C 【解析】横道图比较法是指将项目实施过程中检查实际进度收集到的数据，经加工整理后直接用横道线平行绘制于原计划的横道线处，进行实际进度与计划进度的比较方法。

76. C 【解析】按施工阶段分解，划分进度控制分界点时，根据工程项目的特点，应将其施工分成几个阶段，如土建工程可分为基础、结构和内外装修阶段。每一阶段的起止时间都要有明确的标志，特别是不同单位承包的不同施工段之间更要明确划定时间分界点，以此作为形象进度的控制标志，从而使单位工程动用目标具体化。

77. D 【解析】一般说来，施工顺序受施工工艺和施工组织两方面的制约。当施工方案确定之后，工作项目之间的工艺关系也就随之确定。组织关系不是由工程本身决定的，而是一种人为的关系。不同的工程项目，其施工顺序不同。即使是同一类工程项目，其施工顺序也难以做到完全相同。

78. D 【解析】通过检查分析，如果进度偏差比较小，则应在分析其产生原因的基础上采取有效措施，解决矛盾，排除障碍，继续执行原进度计划。如果经过努力，确实不能按原计划实现时，再考虑对原计划进行必要的调整，即适当延长工期，或改变施工速度。计划的调整一般是不可避免的，但应当慎重，尽量减少变更计划性的调整。

79. A 【解析】监理工程师在批准工程延期时应遵循的原则有：①合同条件；②影响工期；③实际情况。

80. B 【解析】如果由于承包单位自身的原因造成工期拖延，而承包单位又未按照监理工程师的指令改变延期状态时，监理工程师处理的主要手段有：①拒绝签署付款凭证；②误期损失赔偿；③取消承包资格。

二、多项选择题

81. ABDE 【解析】建设单位办理工程竣工验收备案应当提交的文件有：①工程竣工验收备案表；②工程竣工验收报告；③法律、行政法规规定应当由规划、公安消防、环保等部门出具的认可文件或者准许使用文件；④施工单位签署的工程质量保修书；⑤法规、规章规定必须提供的其他文件。

82. ACE 【解析】办理施工许可证应满足的条件有：①已经办理该建设工程用地批准手续；②在城市规划区的建设工程，已经取得规划许可证；③需要拆迁的，其拆迁进度符合施工要求；④已经确定建筑施工企业；⑤有满足施工需要的施工图纸及技术资料；⑥有保证工程质量和安全的具体措施；⑦建设资金已经落实；⑧法律、行政法规规定的其他条件。

83. BCDE 【解析】质量管理体系运行中的工作要点包括：人力资源管理与培训、文件标识与控制、产品质量的追踪检查、建立并实行严格的考核制度和物资管理。

84. ABCD 【解析】质量管理体系认证一般要经过递交申请、签订合同、体系审核、颁发证书、监督等程序。

85. DE 【解析】项目质量控制体系的有效性一般由监理单位或项目监理机构进行自我评价与诊断，无须进行第三方认证，故选项 A 错误；项目质量控制体系是项目监理机构一次性的质量工作体系，并非监理单位永久性的质量管理体系，故选项 B 错误；项目质量控制体系只用于特定监理项目的质量控制，而不是用于监理单位的质量管理，故选项 C 错误。

86. ABE 【解析】质量管理体系认证与认可的区别在于：①认证是由第三方进行，认可是由授权的机构进行；②认证是书面保证，认可是正式承认；③认证是证明认证对象与认证所依据的标准符合性，认可是证明认可对象具备从事特定任务的能力。

87. BCDE 【解析】当影响质量的人、机、料、法、环等因素发生了较大变化，如工人未遵守操作规程、机械设备发生故障或过度磨损、原材料质量规格有显著差异等情况发生时没有及时排除，生产过程则不正常，产品质量数据就会离散过大或与质量标准有较大偏离，表现为异常波动，次品、废品产生。这就是产生质量问题的系统性原因或异常原因。

88. ABCE 【解析】分层法又叫分类法，是将调查收集的原始数据，根据不同的目的和要求，按某一性质进行分组、整理的分析方法。常用的分层标志有：①按操作班组或操作者分层；②按使用机械设备型号分层；③按操作方法分层；④按原材料供应单位、供应时间或等级分层；⑤按施工时间分层；⑥按检查手段、工作环境等分层。

89. ADE 【解析】排列图可以形象、直观地反映主次因素。其主要应用有：①按不合格点的内容分类，可以分析出造成质量问题的薄弱环节；②按生产作业分类，可以找出生产不合格品最多的关键过程；③按生产班组或单位分类，可以分析比较各单位技术水平和质量管理水平；④将采取提高质量措施前后的排列图对比，可以分析措施是否有效；⑤此外还可以用于成本费用分析、安全问题分析等。

90. ABC 【解析】质量记录资料包括：施工现场质量管理检查记录资料；工程材料质量记录；施工过程作业活动质量记录资料。

91. ACDE 【解析】质量控制点应设置在对设备制造质量有明显影响的特殊或关键工序，或针对设备的主要零件、关键部件、加工制造的薄弱环节及易产生质量缺陷的工艺过程。

92. ABD 【解析】检验批质量验收合格应符合的规定有：①主控项目的质量经抽样检验均应合格；②一般项目的质量经抽样检验合格；③具有完整的施工操作依据、质量验收记录。

93. ACE 【解析】对建筑与结构的安全和功能检查项目包括：①屋面淋水试验记录；②地下室防水效果检查记录；③有防水要求的地面蓄水试验记录；④建筑物垂直度、标高、全高测量记录；⑤抽气（风）道检查记录；⑥幕墙及外窗气密性、水密性、耐风压检测报告；⑦建筑物沉降观测测量记录；⑧节能、保温测试记录；⑨室内环境检测报告；⑩土壤氡气浓度检测报告等。

析方法。

6. C 【解析】质量控制统计分析方法包括分层法、调查表法、排列图法、直方图法、控制图法、相关图法等。排列图法是利用排列图寻找影响质量主次因素的一种有效方法。

7. B 【解析】分层法是质量控制统计分析方法中最基本的一种方法，其他统计方法一般都要与其配合使用。

8. D 【解析】作出直方图后，除了观察直方图形状，分析质量分布状态外，将正常型直方图与质量标准比较，可以判断实际生产过程能力。

9. D 【解析】控制图法是典型的质量控制动态分析法。

10. D 【解析】在经外观检查合格的每批钢筋中任选两根钢筋，在其上各取一套试样，每套试样各制作两根试件，分别做拉伸（含抗拉强度、屈服点、伸长率）和冷弯试验。

11. A 【解析】凡水泥中氧化镁、三氧化硫、初凝时间、安定性中的任何一项不符合相应产品标准规定时，均为废品。选项 B、C、D 的情况应判定为不合格品。

12. C 【解析】在施工质量验收过程中，涉及结构安全的试块、试件以及有关材料，应按规定进行见证取样检测；对涉及结构安全和使用功能的重要分部工程，应进行抽样检测，承担见证取样检测及有关结构安全检测的单位应具有相应资质。

13. C 【解析】监理资料的管理应由总监理工程师负责，并指定专人具体实施。

14. A 【解析】施工现场质量管理检查记录资料包括施工单位现场质量管理制度、质量责任制；主要专业工种操作上岗证书；施工组织设计、施工方案及审批记录等。选项 B、D 属于施工过程作业活动质量记录资料；选项 C 属于工程材料质量记录。

15. C 【解析】施工单位质量记录资料包括三方面的内容：施工现场质量管理检查记录资料、工程材料质量记录、施工过程作业活动质量记录资料。

16. C 【解析】设备招标采购一般用于大型、复杂、关键设备和成套设备及生产线设备的采购。

17. C 【解析】设备制造单位质量管理检查资料主要包括以下内容：质量管理制度、质量责任制、试验检验制度，试验、检测仪器设备质量证明资料；特殊工种、试验检测人员上岗证书，分包制造单位的资质及制造单位对其的管理制度，原材料进场复验检查规定，零件、外购部件进场检查制度。选项 C 属于设备制造依据及工艺资料的内容。

18. C 【解析】室外工程可根据专业类别和工程规模划分子单位工程、分部工程和分项工程。

19. D 【解析】检验批质量验收记录填写时应具有现场验收检查原始记录，该原始记录应由专业监理工程师和施工单位专业质量检查员、专业工长共同签署，并在单位工程竣工验收前存档备查，保证该记录的可追溯性。

20. B 【解析】分部工程的观感质量验收往往难以定量，只能以观察、触摸或简单量测的方式进行，并结合验收人的主观判断，检查结果并不给出“合格”或“不合格”的结论，而是由各方协商确定，综合给出“好”、“一般”、“差”的质量评价结果。对于“差”的检查点应进行返修处理。

21. B 【解析】建设单位收到工程竣工报告后，应由建设单位项目负责人组织监理、施工、设计、勘察等单位项目负责人进行单位工程竣工验收。

22. D 【解析】经返修或加固处理的分部、分项工程，当满足安全及使用功能要求时，可按技术处理方案和协商文件的要求予以验收。

23. C 【解析】重大事故是指造成 10 人以上 30 人以下死亡，或者 50 人以上 100 人以下重伤，或者 5 000 万元以上 1 亿元以下直接经济损失的事故。

24. B 【解析】项目监理机构审查施工单位报送的质量缺陷处理方案，并签署意见。

25. A 【解析】发生工程质量事故后，总监理工程师征得建设单位同意后，签发工程暂停令。

26. D 【解析】技术处理方案经相关各方签认后，项目监理机构应要求施工单位制定详细的施工方案，并对处理过程进行跟踪检查，对处理结果进行验收，必要时应组织有关单位对处理结果进行鉴定。

27. A 【解析】工程质量事故处理方案的类型有修补处理、返工处理和不做处理。

28. D 【解析】详细勘察应对地基基础处理与加固、不良地质现象的防治工程进行岩土工程计算与评价，以满足施工图设计的要求。

29. C 【解析】建设工程项目投资的特点包括：①建设工程项目投资数额巨大；②建设工程项目投资差异明显；③建设工程项目投资需单独计算；④建设工程项目投资确定依据复杂；⑤建设工程项目投资确定层次繁多；⑥建设工程项目投资需动态跟踪调整。

30. D 【解析】国外的项目管理咨询公司（PM）及其从业人员的根本任务是进行项目管理，在业主所要求的进度、质量和投资的限制之内完成项目。

31. A 【解析】投资控制是我国建设工程监理的一项主要任务，贯穿于监理工作的各个环节。

32. D 【解析】规费包括社会保险费（养老保险费、失业保险费、医疗保险费、生育保险费、工伤保险费），住房公积金，工程排污费。选项 D 属于企业管理费的内容。

33. D 【解析】按费用构成要素划分时，建筑安装工程费中的税金是指国家税法规定的应计入建筑安装工程造价内的营业税、城市维护建设税、教育费附加以及地方教育附加。

34. A 【解析】目的地交货价对卖方来说承担的风险较大，故选项 B 错误；采用装运港船上交货价时，由买方负担货物装船后的一切风险，故选项 C、D 错误。

35. C 【解析】设备购置费由设备原价和设备运杂费构成。即：设备购置费＝设备原价或进口设备抵岸价＋设备运杂费。

36. A 【解析】在国际工程项目费用构成中，暂列金额是指包括在合同中，供工程任何部分的施工，或提供货物、材料、设备或服务，或提供不可预料事件之费用的一项金额。暂列金额是业主方的备用金，这是由业主的咨询工程师事先确定并填入招标文件中的金额。

37. C 【解析】第 1 年年末的涨价预备费＝$(2\,000+1\,000)\times50\%\times[(1+0.05)-1]=75$（万元）；第 2 年年末的涨价预备费＝$(2\,000+1\,000)\times50\%\times[(1+0.05)^2-1]=153.75$（万元）；该建设项目期的涨价预备费＝$75+153.75=228.75$（万元）。

38. D 【解析】基本预备费＝（设备及工器具购置费＋建设安装工程费＋工程建设其他费）×基本预备费率＝$(1\,000+1\,600+120)\times10\%=272$（万元）。

39. D 【解析】铺底流动资金是指生产性建设工程为保证生产和经营正常进行，按规定应列入建设工程总投资的铺底流动资金。一般按流动资金的 30% 计算。

40. A 【解析】$F=A[(1+i)^n-1]/i=200\times[(1+1.43‰)^{12}-1]/1.43‰=2\,418.97$（元）。

41. B 【解析】已知 $F=150$ 万元，$n=2$，$i=2.25\%$。$P=F(1+i)^{-n}=150\times(1+2.25\%)^{-2}=143.47$（万元）。

42. A 【解析】内部收益率是使方案在整个计算期内各年净现金流量现值累计等于零时的折现率。

43. C 【解析】ABC 分析法是运用数理统计分析的方法选择价值工程对象。

44. C 【解析】当初步设计达到一定深度、建筑结构比较明确时，可采用扩大单价法编制建筑工程概算。

45. A 【解析】实物量法编制施工图预算所用人工、材料和机械台班的单价都是当时当地的实际价格，编制出的预算可较准确地反映实际水平，误差较小，适用于市场经济条件波动较大的情况。

46. D 【解析】实物量法编制施工图预算的步骤为：①准备资料，熟悉施工图纸；②计算工程量；③套用消耗定额，计算人、料、机消耗量；④计算并汇总人工费、材料费、机具使用费；⑤计算其他各项费用，汇总造价；⑥复核；⑦编制说明，填写封面。

47. A 【解析】综合单价是指完成一个规定计量单位的分部分项工程量清单项目或措施清单项目所需的人工费、材料费、施工机具使用费和企业管理费与利润，以及一定范围内的风险费用。

48. C 【解析】根据《建设工程工程量清单计价规范》，综合单价是指完成一个规定计量单位的分部分项工程量清单项目或措施清单项目所需的人工费、材料费、施工机具使用费和企业管理费与利润，以及一定范围内的风险费用。因此，该分部分项工程的综合单价＝$(100+6+8)\div2=57$（万元/m^3）。

49. B 【解析】对比审查法是当工程条件相同时，用已完工程的预算或未完但已经过审查修正的工程预算对比审查拟建工程的同类工程预算的一种方法。

82. BCDE 【解析】卓越绩效的实质可以归纳为：强调“大质量”观、关注竞争力提升、提供了先进的管理方法、聚焦于经营结果、是一个成熟度标准。

83. AE 【解析】控制图的主要用途有：①过程分析，即分析生产过程是否稳定；②过程控制，即控制生产过程质量状态。

84. ACD 【解析】钢筋焊接接头的基本力学性能试验方法包括拉伸试验、抗剪试验和弯曲试验三种。

85. ACE 【解析】下列情况应进行型式检验：①确定接头性能等级时；②材料、工艺、规格进行改动时；③型式检验报告超过4年时。

86. BCDE 【解析】施工方案审查的主要依据有：建设工程施工合同文件及建设工程监理合同，经批准的建设工程项目文件和设计文件，相关法律、法规、规范、规程、标准图集等，以及其他工程基础资料、工程场地周边环境（含管线）资料等。

87. ACDE 【解析】总监理工程师应组织专业监理工程师审查施工单位报送的工程开工报审表及相关资料，同时具备下列条件时，应由总监理工程师签署审查意见，并报建设单位批准后，总监理工程师签发工程开工令：①设计交底和图纸会审已完成；②施工组织设计已由总监理工程师签认；③施工单位现场质量、安全生产管理体系已建立，管理及施工人员已到位，施工机械具备使用条件，主要工程材料已落实；④进场道路及水、电、通信等已满足开工要求。

88. ABC 【解析】质量记录资料涉及以下三方面内容：①施工现场质量管理检查记录资料；②工程材料质量记录；③施工过程作业活动质量记录资料。

89. ABCD 【解析】制造过程的质量监督和检验包括：①加工作业条件的控制；②工序产品的检查与控制；③不合格零件的处置；④设计变更；⑤零件、半成品、制成品的保护。

90. AE 【解析】安装工程一般按一个设计系统或设备组别划分为一个检验批。

91. BD 【解析】检验批质量验收应由专业监理工程师组织施工单位项目专业质量检查员、专业工长等进行。分项工程质量验收应由专业监理工程师组织施工单位项目技术负责人等进行。

92. BCD 【解析】主控项目是指建筑工程中对安全、节能、环境保护和主要使用功能起决定性作用的检验项目。

93. ABCD 【解析】分部工程质量验收合格的规定包括：①所含分项工程的质量均应验收合格；②质量控制资料应完整；③有关安全、节能、环境保护和主要使用功能的抽样检验结果应符合相应规定；④观感质量应符合要求。

94. ABCE 【解析】工程勘察工作一般分三个阶段，即可行性研究勘察、初步勘察、详细勘察。对工程地质条件复杂或有特殊施工要求的重要工程，应进行施工勘察。

95. ACE 【解析】建设工程的静态投资部分由建筑安装工程费、设备工器具购置费、工程建设其他费和基本预备费组成。

96. CDE 【解析】工料测量师在立约后阶段的任务包括：①工程开工后，对工程进度进行估计，并向业主提出中期付款的建议；②工程进行期间，定期制定最终成本估计报告书，反映施工中存在的问题及投资的支付情况；③制定工程变更清单，并与承包人达成费用上增减的协议；④就考虑中的工程变更的大约费用，向建筑师提供建议；⑤审核及评估承包人提出的索赔，并进行协商；⑥与工程项目顾问团的其他成员（建筑师、工程师等）紧密合作，在施工阶段严格控制成本；⑦审核工程竣工结算，该结算是工程最终成本的详细说明；⑧回顾分析项目管理和执行情况。选项A、B属于工料测量师在立约前阶段的任务。

97. ABC 【解析】选项D、E是工料测量师在立约后阶段的主要任务。

98. ADE 【解析】规费包括社会保险费、住房公积金、工程排污费。其中社会保险费包括养老保险费、失业保险费、医疗保险费、工伤保险费、生育保险费。

99. ABDE 【解析】措施项目费包括：安全文明施工费、夜间施工增加费、二次搬运费、冬雨期施工增加费、已完工程及设备保护费、工程定位复测费、特殊地区施工增加费、大型机械设备进出场及安拆费、脚手架工程费。选项C属于施工机械使用费。

100. ABD 【解析】装运港交货类即卖方在出口国装运港完成交货任务。主要有装运港船上交货价(FOB)，习惯称为离岸价；运费在内价（CFR）；运费、保险费在内价（CIF），习惯称为到岸价。选项C、E属于目的地交货价。

101. BCD 【解析】基准收益率的确定一般以行业的平均收益率为基础，同时综合考虑资金成本、投资风险、通货膨胀以及资金限制等影响因素，故选项A、E错误。

102. ABCD 【解析】价值工程研究对象的成本即寿命周期成本，故选项E错误。

103. BCDE 【解析】价值工程的工作程序一般可分为准备、分析、创新、实施与评价四个阶段。

104. AE 【解析】编制建筑单位工程概算的方法一般有扩大单价法、概算指标法两种。

105. BCE 【解析】施工图预算对发包人的作用包括：①施工图预算是施工图设计阶段确定建设项目造价的依据；②施工图预算是编制招标控制价的基础；③施工图预算是发包人在施工期间安排建设资金计划和使用建设资金的依据；④施工图预算是发包人采用经审定批准的施工图纸及其预算方式发包形成的总价合同时，按约定工程计量的形象目标或时间节点进行计量、拨付进度款及办理结算的依据。选项A是对承包人的作用。

106. ABC 【解析】招标人应在招标文件中如实公布招标控制价，不得对所编制的招标控制价进行上浮或下调，故选项D错误。招标人在招标文件中应公布招标控制价各组成部分的详细内容，不得只公布招标控制价总价，故选项E错误。

107. BCD 【解析】招标控制价各项费用及税金的确定包括分部分项工程费的确定、措施项目费的确定、其他项目费用的确定、规费和税金的确定。

108. ABDE 【解析】承包人应于每月25日向监理人报送上月20日至当月19日已完成的工程量报告，故选项C错误。

109. ACDE 【解析】承包人向发包人的索赔包括：①不利的自然条件与人为障碍引起的索赔；②工程变更引起的索赔；③工期延期的费用索赔；④加速施工费用的索赔；⑤发包人不正当地终止工程而引起的索赔；⑥法律、货币及汇率变化引起的索赔；⑦拖延支付工程款的索赔；⑧业主的风险；⑨不可抗力。

110. BCDE 【解析】产生投资偏差的施工原因包括：施工方案不当、材料代用、施工质量有问题、赶进度、工期拖延及其他。选项A属于客观原因。

111. BDE 【解析】进度控制的技术措施主要包括：①审查承包商提交的进度计划，使承包商能在合理的状态下施工；②编制进度控制工作细则，指导监理人员实施进度控制；③采用网络计划技术及其他科学适用的计划方法，并结合电子计算机的应用，对建设工程进度实施动态控制。选项A属于合同措施；选项C属于组织措施。

112. ABE 【解析】设计准备工作进度计划中一般要考虑规划设计条件的确定、设计基础资料的提供、委托设计等工作的时间安排。

113. BDE 【解析】平行施工方式的特点有：①充分地利用工作面进行施工，工期短；②如果每一个施工对象均按专业成立工作队，则各专业工作队不能连续作业，劳动力及施工机具等资源无法均衡使用；③如果由一个工作队完成一个施工对象的全部施工任务，则不能实现专业化施工，不利于提高劳动生产率；④单位时间内投入的劳动力、施工机具、材料等资源量成倍地增加，不利于资源供应的组织；⑤施工现场的组织、管理比较复杂。

114. ABCD 【解析】流水施工方式具有以下特点：①尽可能地利用工作面进行施工，工期比较短；②各工作队实现了专业化施工，有利于提高技术水平和劳动生产率，也有利于提高工程质量；③专业工作队能够连续施工，同时使相邻专业工作队的开工时间能够最大限度地搭接；④单位时间内投入的劳动力、施工机具、材料等资源量较为均衡，有利于资源供应的组织；⑤为施工现场的文明施工和科学管理创造了有利条件。

115. BDE 【解析】图中存在①、②两个起点节点；⑥→⑤节点编号错误；工作G的紧后工作为J，与给定的逻辑关系不符。

116. BCD 【解析】工作②—⑥的自由时差＝11－5－3＝3，工作③—⑤的自由时差＝11－3－3＝5，故选项

环球书业
uanqiushuye

全国监理工程师执业资格
考试专业辅导用书

2018

建设工程质量、投资、进度控制

JIANSHE GONGCHENG ZHILIANG TOUZI JINDU KONGZHI

历年真题·押题模拟卷

全国监理工程师执业资格考试命题研究中心 主编
环球网校监理工程师考试研究院 审定

东南大学出版社
SOUTHEAST UNIVERSITY PRESS

图书在版编目（CIP）数据

建设工程质量、投资、进度控制历年真题·押题模拟卷/全国监理工程师执业资格考试命题研究中心主编. —南京：东南大学出版社，2018.1

全国监理工程师执业资格考试专业辅导用书

ISBN 978-7-5641-7461-3

Ⅰ.①建… Ⅱ.①全… Ⅲ.①建筑工程—质量管理—资格考试—习题集②基本建设投资—资格考试—习题集③建筑工程—施工进度计划—资格考试—习题集

Ⅳ.①TU712-44②F283-44

中国版本图书馆 CIP 数据核字（2017）第 264461 号

建设工程质量、投资、进度控制　历年真题·押题模拟卷

出版发行：东南大学出版社
社　　址：南京四牌楼 2 号　邮编：210096
出 版 人：江建中
网　　址：http：//www. seupress. com
经　　销：全国各地新华书店
印　　刷：三河市华润印刷有限公司
开　　本：787mm×1092mm　1/16
印　　张：12.5
字　　数：312 千字
版　　次：2018 年 1 月第 1 版
印　　次：2018 年 1 月第 1 次印刷
书　　号：ISBN 978-7-5641-7461-3
定　　价：35.00 元

密 封 线

全国监理工程师执业资格考试

2017年《建设工程质量、投资、进度控制》真题（精选）

（考试时间180分钟　满分160分）

题号	一	二	总分	统分人签字
得分				

得分	评卷人

一、单项选择题（共80题，每题1分。每题的备选项中，只有1个最符合题意）

注：20～27、50～57、60、65～69、71～80题暂缺。

1. 工程建设过程中，形成工程实体质量的阶段是（　　）阶段。

A. 决策　　B. 勘察　　C. 施工　　D. 设计

2. 建设单位应当自建筑工程竣工验收合格起（　　）日内，向工程所在地县级以上人民政府建设行政主管部门备案。

A. 15　　B. 20　　C. 25　　D. 30

3. 涉及建筑承重结构变动的装修工程设计方案，应经（　　）审批后方可实施。

A. 建设单位　　B. 监理单位　　C. 设计单位　　D. 原施工图审查机构

4. 根据《建设工程质量管理条例》，设计文件应当符合国家规定的设计深度要求并注明工程（　　）。

A. 材料生产厂家　　B. 保修期限

C. 材料供应单位　　D. 合理使用年限

5. 监理单位质量管理体系持续改进的核心是提高企业质量管理体系的（　　）。

A. 科学性和价值　　B. 有效性和效率

C. 创造性和价值　　D. 管理水平和效率

6. 关于监理单位质量方针的说法，正确的是（　　）。

A. 质量方针应由管理者代表制定　　B. 质量方针应由技术负责人制定

C. 质量方针应由最高管理者发布　　D. 质量方针应由管理者代表发布

7. 关于工程项目质量控制系统特性的说法，正确的是（　　）。

A. 工程项目质量控制系统是监理单位质量管理体系的子系统

B. 工程项目质量控制系统是一个一次性的质量控制工作体系

C. 工程项目质量控制系统是监理单位建立的质量控制工作体系

D. 工程项目质量控制系统不随项目管理机构的解体而消失

37. 某企业年初从金融机构借款 3 000 万元，月利率 1%，按季复利计息，年末一次性还本付息，则该企业年末需要向金融机构支付的利息为（　　）万元。

A. 360.00　　B. 363.61

C. 376.53　　D. 380.48

38. 下列投资方案经济评价指标中，不属于盈利能力静态评价指标的是（　　）。

A. 利息备付率　　B. 资产负债率

C. 净现值率　　D. 静态投资回收期

39. 某常规投资方案，当贷款利率为 12%时，净现值为 150 万元；当贷款利率为 14%时，净现值为－100 万元，则该方案财务内部收益率的取值范围为（　　）。

A. ＜12%　　B. 12%～13%

C. 13%～14%　　D. ＞14%

40. 某工程设计有四个备选方案，经论证，四个方案的功能得分和单方造价如下表所示。按照价值工程原理，应选择的最优方案是（　　）。

方案	甲	乙	丙	丁
功能得分	98	96	99	94
单方造价（元/m^2）	1 250	1 350	1 300	1 225

A. 甲方案　　B. 乙方案

C. 丙方案　　D. 丁方案

41. 下列费用中，不属于单项工程综合概算内容的是（　　）。

A. 单位建筑工程概算　　B. 安装工程概算

C. 铺底流动资金概算　　D. 设备购置费用概算

42. 拟建工程与已完工程采用同一施工图，但基础部分和现场施工条件不同，则与已完工程相同的部分可采用（　　）审查施工图预算。

A. 标准预算审查法　　B. 对比审查法

C. “筛选”审查法　　D. 重点审查法

43. 某项目总投资 4 400 万元，年息税前利润 595.4 万元，项目资本金 1 840 万元，利息及所得税 191.34 万元，则该项目的总投资收益率为（　　）。

A. 9.18%　　B. 13.53%　　C. 21.96%　　D. 32.55%

44. 利用经济评价指标评判项目的可行性时，说法错误的是（　　）。

A. 财务内部收益率≥行业基准收益率，方案可行

B. 静态投资回收期＞行业基准投资回收期，方案可行

C. 财务净现值＞0，方案可行

D. 总投资收益率≥行业基准投资收益率，方案可行

45. 采用工程量清单方式招标时，工程量清单的准确性和完整性应由（　　）负责。

A. 编制清单的造价工程师

B. 审核清单的造价工程师

C. 工程招标人

D. 工程造价咨询人

密

封

线

密 封 线

46. 根据现行计量规范明确的工程量计算规则，清单项目工程量是以（　　）为准，并以完成后的净值来计算的。

A. 实际施工工程量　　B. 形成工程实体

C. 返工工程量及其损耗　　D. 工程施工方案

47. 施工过程中，出现施工图纸变更导致项目特征与招标工程量清单项目特征描述不符时，综合单价的确定应以（　　）的项目特征为准。

A. 原设计图纸所示　　B. 清单描述

C. 变更图纸所示　　D. 标准图集描述

48. 采用固定总价合同时，发包方承担的风险是（　　）。

A. 实物工程量变化　　B. 工程单价变化

C. 工期延误　　D. 工程范围变更

49. 根据现行计价规范，实行工程量清单计价的工程通常采用（　　）合同。

A. 固定总价　　B. 可调总价

C. 单价　　D. 成本加酬金

58. 根据批准的初步设计安排单位工程的开竣工日期，属于建设工程进度计划体系中（　　）内容。

A. 工程项目前期工作计划　　B. 单位工程施工进度计划

C. 工程项目总进度计划　　D. 工程项目年度进度计划

59. 应用网络计划技术编制建设工程进度计划时，绘制网络图的前提是（　　）。

A. 计算时间参数　　B. 进行项目分解

C. 计算工作持续时间　　D. 确定关键线路

61. 流水施工中某施工过程（专业工作队）在单位时间内所完成的工程量称为（　　）。

A. 流水段　　B. 流水强度

C. 流水节拍　　D. 流水步距

62. 某工程有 5 个施工过程，划分为 3 个施工段组织固定节拍流水施工，流水节拍为 2 天，施工过程之间的组织间歇合计为 4 天。该工程的流水施工工期是（　　）天。

A. 12　　B. 18　　C. 20　　D. 26

63. 某工程组织非节奏流水施工，两个施工过程在 4 个施工段上的流水节拍分别为 5 天、8 天、4 天、4 天和 7 天、2 天、5 天、3 天，则该工程的流水施工工期是（　　）天。

A. 16　　B. 21　　C. 25　　D. 28

64. 某工程有 3 个施工过程：钢筋→模板→混凝土，划分为Ⅰ和Ⅱ施工段编制工程网络进度计划。下列工作逻辑关系中，属于正确工艺关系的是（　　）。

A. 模板Ⅰ→混凝土Ⅰ　　B. 模板Ⅰ→钢筋Ⅰ

C. 钢筋Ⅰ→钢筋Ⅱ　　D. 模板Ⅰ→模板Ⅱ

70. 关于双代号网络计划中关键工作的说法，正确的是（　　）。

A. 关键工作的最迟开始时间与最早开始时间的差值最小

B. 以关键节点为开始节点和完成节点的工作必为关键工作

C. 关键工作与其紧后工作之间的时间间隔必定为零

D. 自始至终由关键工作组成的线路总持续时间最短

109. 项目监理机构在设计阶段和施工阶段进度控制的任务有（　　）。

A. 编制工程项目总进度计划

B. 编制监理进度计划

C. 审查设计进度计划

D. 审查施工进度计划

E. 确定工期总目标

110. 下列进度计划表中，属于建设单位计划系统中工程项目建设总进度计划的有（　　）。

A. 工程项目一览表

B. 投资计划年度分配表

C. 年度设备平衡表

D. 工程项目进度平衡表

E. 年度建设资金平衡表

111. 加快的成倍节拍流水施工的特点有（　　）。

A. 同一施工过程在各个施工段上的流水节拍均相等

B. 相邻施工过程的流水步距等于流水节拍

C. 各个专业工作队在施工段上能够连续作业

D. 每个施工过程均成立一个专业工作队

E. 所有施工段充分利用且没有空闲时间

116. 关于工程网络计划工期优化的说法，正确的有（　　）。

A. 应分析调整各项工作之间的逻辑关系

B. 应有步骤地将关键工作压缩成非关键工作

C. 应将各条关键线路的总持续时间压缩相同数值

D. 应考虑质量、安全和资源等因素选择压缩对象

E. 应压缩非关键线路上自由时差大的工作

119. 项目监理机构编制的施工进度控制工作细则的主要内容包括（　　）。

A. 施工进度控制目标实现的风险分析

B. 进度控制人员的职责分工

C. 与进度控制有关的各项工作流程

D. 施工图设计文件交付时间目标

E. 进度控制的组织措施

120. 施工进度计划初始方案编制完成后，需要检查的内容有（　　）。

A. 各工作项目的施工顺序、平行搭接和技术间歇是否合理

B. 主要工种的工人是否满足连续、均衡施工的要求

C. 主要分部工程的工程量是否准确

D. 总工期是否满足合同约定

E. 主要机具、材料的利用是否均衡和充分

密封线

密

封

线

全国监理工程师执业资格考试

2016年《建设工程质量、投资、进度控制》真题

（考试时间180分钟　满分160分）

题号	一	二	总分	统分人签字
得分				

得分	评卷人

一、单项选择题（共80题，每题1分。每题的备选项中，只有1个最符合题意）

1. 工程建设过程中，确定工程项目的质量目标应在（　　）阶段。

A. 项目可行性研究　　B. 项目决策

C. 工程设计　　D. 工程施工

2. 工程项目建成后，难以对工程内在质量进行检验。这是因为工程质量本身具有（　　）的特点。

A. 影响因素多　　B. 质量波动大

C. 检验特殊性　　D. 终检局限性

3. 工程质量检验机构出具的检验报告需经（　　）确认后，方可按规定归档。

A. 监理单位

B. 施工单位

C. 设计单位

D. 工程质量监督机构

4. 根据《建设工程质量管理条例》，设计文件中选用的材料、构配件和设备，应当注明（　　）。

A. 生产厂　　B. 规格和型号

C. 供应商　　D. 使用年限

5. 根据ISO质量管理体系标准，将互相关联的过程作为系统加以识别、理解和管理的质量管理原则是（　　）。

A. 过程方法　　B. 持续改进

C. 过程评价　　D. 管理的系统方法

6. 根据ISO质量管理体系标准，工程质量单位应以（　　）为框架，制定具体的质量目标。

A. 质量计划　　B. 质量方针

C. 质量策划　　D. 质量要求

27. 工程质量事故发生后，项目监理机构应及时签发工程暂停令，要求施工单位采取（　　）的措施。

A. 抓紧整改、早日复工

B. 防止事故信息非正常扩散

C. 对事故责任人进行监管

D. 防止事故扩大并保护好现场

28. 工程施工中发生事故造成 10 人死亡，该事故属于（　　）事故。

A. 特别重大　　B. 重大

C. 较大　　D. 一般

29. 工程质量事故发生后，涉及结构安全和加固处理的重大技术处理方案应由（　　）提出。

A. 原设计单位　　B. 事故调查组建议的单位

C. 施工单位　　D. 法定检测单位

30. 项目监理机构最终确认工程质量事故的技术处理是否达到预期目的所采取的手段是（　　）。

A. 定期观测和必要的判断　　B. 分析和必要的论证

C. 检查验收和必要的鉴定　　D. 征询设计单位意见

31. 工程监理单位在工程勘察阶段控制质量，最重要的工作是审核和评定（　　）。

A. 勘察方案　　B. 勘察任务书

C. 勘察合同　　D. 勘察成果

32. 工程监理单位协助建设单位组织设计方案评审时，对总体方案评审的重点是（　　）。

A. 设计规模　　B. 施工进度

C. 设计深度　　D. 材料选型

33. 建设工程项目初步设计一般依据（　　）编制相应的经济文件。

A. 估算指标　　B. 概算指标

C. 概算定额　　D. 预算定额

34. 建设工程项目设计和施工图设计应依据（　　）设置投资控制目标。

A. 投资估算　　B. 设计概算

C. 施工图预算　　D. 工程量清单

35. 工程款支付证书由（　　）签发。

A. 专业监理工程师　　B. 建设单位

C. 总监理工程师　　D. 项目审计部门

36. 建安工程企业管理费中的检验试验费是用于（　　）试验的费用。

A. 一般材料　　B. 构件破坏性

C. 新材料　　D. 新构件

37. 施工单位以 60 万元价格购买一台挖掘机，预计可使用 1 000 个台班，残值率为 5%。施工单位使用 15 个日历天，每日历天按 2 个台班计算，司机每台班工资与台班动力费等合计为 100 元，该台挖掘机的使用费为（　　）万元。

A. 1.41　　B. 1.71

C. 1.86　　D. 2.01

38. 根据建筑安装工程费用相关规定，规费中住房公积金的计算基础是（　　）。

A. 定额人工费　　B. 定额材料费

C. 定额机械费　　D. 分部分项工程费

39. 下列费用中，属于建设单位管理费的是（　　）。

A. 可行性研究费　　B. 工程竣工验收费

C. 环境影响评价费　　D. 劳动安全卫生评价费

40. 施工单位从银行贷款 2 000 万元，月利率为 0.8%，按月复利计息，两月后应一次性归还银行本息共计（　　）万元。

A. 2 008.00　　B. 2 016.00

C. 2 016.09　　D. 2 032.13

41. 建设单位从银行贷款 1 000 万元，贷款期为 2 年，年利率为 6%，每季度计息一次，则贷款的年实际利率为（　　）。

A. 6%　　B. 6.12%

C. 6.14%　　D. 12%

42. 关于净现值指标的说法，正确的是（　　）。

A. 该指标全面考虑了项目在整个计算期内的经济状况

B. 该指标未考虑资金的时间价值

C. 该指标反映了项目投资中单位投资的使用效率

D. 该指标直接说明了在项目运营期各年的经营成果

43. 价值工程的目标是以（　　）实现项目必须具备的功能。

A. 最少的项目投资　　B. 最高的项目盈利

C. 最低的寿命周期成本　　D. 最低的项目运行成本

44. 建设工程项目招标时，工程量清单通常由（　　）提供。

A. 造价单位　　B. 施工单位

C. 咨询单位　　D. 建设单位

45. 现行计量规范的项目编码由十二位数字构成，其中第五至第六位数字为（　　）。

A. 专业工程码

B. 附录分类顺序码

C. 分部工程顺序码

D. 清单项目名称顺序码

46. 根据现行工程量计量规范，清单项目的工程量应以（　　）为准进行计算。

A. 完成后的实际值　　B. 形成工程实体的净值

C. 定额工程量数量　　D. 对应的施工方案数量

47. 关于编制招标控制价的说法，正确的是（　　）。

A. 综合单价应包括由招标人承担的费用及风险

B. 安全文明施工费按投标人的施工组织设计确定

C. 措施项目费应为包括规费、税金在内的全部费用

D. 暂估价中的材料单价应按招标工程量清单的单价计入综合单价

64. 双代号网络图中虚工作的特征是（　　）。

A. 不消耗时间，但消耗资源

B. 不消耗时间，也不消耗资源

C. 只消耗时间，不消耗资源

D. 既消耗时间，也消耗资源

65. 某工程网络计划中，工作 M 的持续时间为 4 天，工作 M 的三项紧后工作的最迟开始时间分别为第 21 天、第 18 天和第 15 天，则工作 M 的最迟开始时间是第（　　）天。

A. 11　　B. 14

C. 15　　D. 17

66. 某工程单代号网络计划如下图所示，工作 E 的最早开始时间是（　　）。

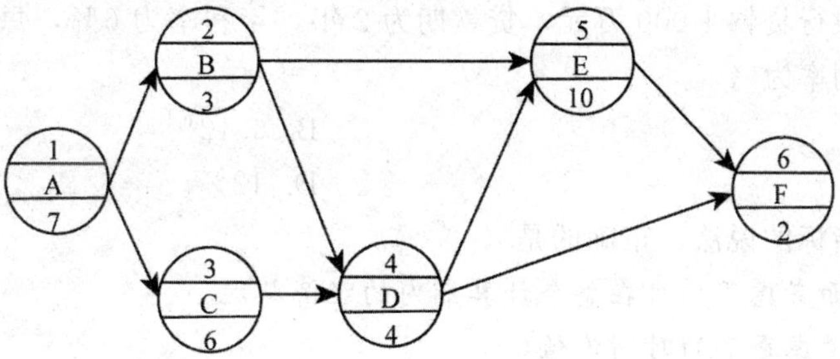

A. 10　　B. 13

C. 17　　D. 27

67. 计划工期等于计算工期的双代号网络计划中，关于关键节点特点的说法，正确的是（　　）。

A. 相邻关键节点之间的工作一定是关键工作

B. 以关键节点为完成节点的工作总时差和自由时差相等

C. 关键节点连成的线路一定是关键线路

D. 两个关键节点之间的线路一定是关键线路

68. 在工程网络计划中，关键工作的特点是（　　）。

A. 关键工作一定在关键线路上

B. 关键工作的持续时间最长

C. 关键工作的总时差最小

D. 关键工作的持续时间最短

69. 工程网络计划工期优化过程中，首先应选择压缩持续时间的工作是（　　）的关键工作。

A. 缩短时间对质量和安全影响不大

B. 工程变更程序相对简单

C. 资源消耗比较均衡

D. 直接成本最小

70. 工程网络计划费用优化过程中，压缩关键工作的持续时间应遵循的基本原则是（　　）。

A. 必须将关键工作压缩成非关键工作

B. 压缩后工作的持续时间不能小于其总时差

C. 优先选择压缩综合费率最小的关键工作

D. 多条关键线路的持续时间应压缩相同数值

71. 在单代号搭接网络计划中，关键线路是指（　　）的线路。

A. 持续时间总和最长　　B. 时间间隔均为零

C. 时距总和最长　　D. 由关键节点组成

72. 用来比较实际进度与计划进度的香蕉曲线法中，组成香蕉曲线的两条线分别是按各项工作的（　　）安排绘制的。

A. 最早开始时间和最迟开始时间

B. 最迟开始时间和最迟完成时间

C. 最早开始时间和最早完成时间

D. 最早开始时间和最迟完成时间

73. 当某项工作实际进度拖延的时间超过其总时差而需要调整进度计划时，应考虑该工作的（　　）。

A. 资源需求量　　B. 后续工作的限制条件

C. 自由时差的大小　　D. 紧后工作的数量

74. 下列工作内容中，属于进度监测系统过程的是（　　）。

A. 分析进度偏差产生的原因

B. 提出调整进度计划的措施

C. 现场实地检查工程进展情况

D. 分析进度偏差对总工期的影响

75. 下列设计进度控制工作中，属于监理单位进度监控工作的是（　　）。

A. 认真实施设计进度计划

B. 编制切实可行的设计总进度计划

C. 编制阶段性设计进度计划

D. 定期比较分析设计工作的实际完成情况与计划进度

76. 确定施工进度控制目标时，可将（　　）作为主要依据。

A. 工程量清单

B. 工程难易程度

C. 已完工程实际进度

D. 单位工程施工组织设计

77. 监理工程师在审查施工进度计划时，发现问题后应采取的措施是（　　）。

A. 向承包单位发出整改通知书

B. 向建设单位发出工作联系单

C. 向承包单位发出整改联系单

D. 向承包单位发出停工令

78. 编制初步施工总进度计划时，应尽量安排以（　　）的单位工程为主导的全工地性流水作业。

A. 工程技术复杂、工期长

B. 工程量大、工程技术相对简单

C. 工程造价大、工期长

D. 工程量大、工期长

C. 技术交底不清

D. 施工方案考虑不周全

E. 图纸未经会审

95. 工程质量事故处理的依据有（　　）。

A. 有关合同文件

B. 相关法律法规

C. 有关工程定额

D. 质量事故实况资料

E. 有关工程技术文件

96. 下列工程设计质量管理工作中，属于工程监理单位工作的有（　　）。

A. 协助建设单位编制设计任务书

B. 协助建设单位组织工程设计变更

C. 审查设计单位提交的设计成果

D. 将设计文件送审图机构审查

E. 深化设计的协调管理

97. 施工图预算审查的内容包括（　　）。

A. 施工图是否符合设计规范

B. 施工图是否满足项目功能要求

C. 施工图预算的编制是否符合相关法律、法规

D. 工程量计算是否准确

E. 施工图预算是否超过概算

98. 由多个部件组成的产品，应优先选择（　　）的部件作为价值工程的分析对象。

A. 造价低　　B. 数量多

C. 体积小　　D. 加工工序多

E. 废品率高

99. 某项目，建设期为 2 年，项目投资部分为银行贷款，贷款年利率为 4%，按年计息且建设期不支付利息，第 1 年贷款额为 1 500 万元，第 2 年贷款额为 1 000 万元，假设贷款在每年的年中支付，建设期贷款利息的计算正确的有（　　）。

A. 第 1 年的利息为 30 万元

B. 第 2 年的利息为 60 万元

C. 第 2 年的利息为 81.2 万元

D. 第 2 年的利息为 82.4 万元

E. 两年的总利息为 112.4 万元

100. 下列费用中，属于安全文明施工费的有（　　）。

A. 环境保护费用

B. 设备维护费用

C. 脚手架工程费用

D. 临时设施费用

E. 工程定位复测费用

密

封

线

101. 下列费用中，属于施工机械使用费的有（　　）。

A. 折旧费　　B. 经常修理费

C. 安装费　　D. 操作人员保险费

E. 场外运费

102. 监理工程师在施工阶段进行投资控制的经济措施有（　　）。

A. 分解投资控制目标　　B. 进行工程计量

C. 严格控制设计变更　　D. 审查施工组织设计

E. 审核竣工结算

103. 在工程招标投标阶段，工程量清单的主要作用有（　　）。

A. 为招标人编制投资估算文件提供依据

B. 为投标人投标竞争提供一个平等基础

C. 招标人可据此编制招标控制价

D. 投标人可据此调整清单工程量

E. 投标人可按其表述的内容填报相应价格

104. 关于投标报价编制的说法，正确的有（　　）。

A. 投标人可委托有相应资质的工程造价咨询人编制投标价

B. 投标人可依据市场需求对所有费用自主报价

C. 投标人的投标报价不得低于其工程成本

D. 投标人的某一子项目报价高于招标人相应基准价的应予废标

E. 执行工程量清单招标的，投标人必须按照招标工程量清单填报价格

105. 审核投标报价时，对分部分项工程综合单价的审核内容有（　　）。

A. 综合单价的确定依据是否正确

B. 清单中提供了暂估单价的材料是否按暂估的单价计入综合单价

C. 暂列金额是否按规定纳入综合单价

D. 单价中是否考虑了承包人应承担的风险费用

E. 总承包服务费的计算是否正确

106. 在施工阶段，监理工程师应进行计量的项目有（　　）。

A. 工程量清单中的全部项目

B. 各种原因造成返工的全部项目

C. 合同文件中规定的项目

D. 超出合同工程范围施工的项目

E. 工程变更项目

107. 在施工阶段，下列因不可抗力造成的损失中，属于发包人承担的有（　　）。

A. 在建工程的损失

B. 承包人施工人员受伤产生的医疗费

C. 施工机具的损坏损失

D. 施工机具的停工损失

E. 工程清理修复费用

E. 截至检查日期实际进度拖后

118. 某工程双代号时标网络计划执行至第 20 天和第 60 天时，检查实际进度如下图前锋线所示，由图可以得出的结论有（　　）。

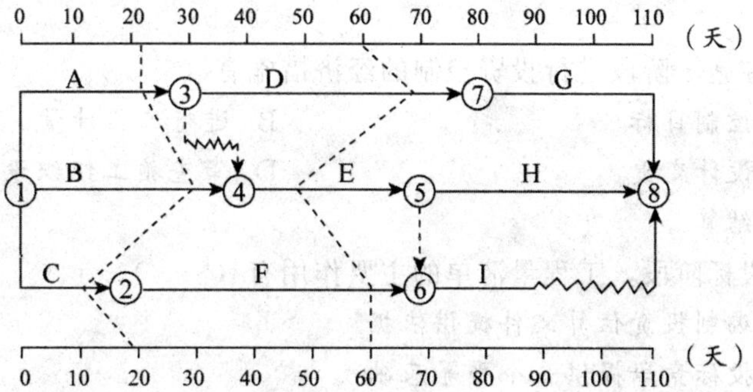

A. 第 20 天检查时，工作 A 进度正常，不影响总工期

B. 第 20 天检查时，工作 B 拖后 10 天，影响总工期

C. 第 20 天检查时，工作 C 拖后 10 天，不影响总工期

D. 第 60 天检查时，工作 D 提前 10 天，不影响总工期

E. 第 60 天检查时，工作 E 拖后 10 天，影响总工期

119. 监理工程师编制的施工进度控制工作细则的内容包括（　　）。

A. 施工进度控制目标分解图

B. 进度控制组织措施

C. 施工进度控制目标实现的风险分析

D. 施工总进度计划编制程序

E. 单位工程施工进度计划编制要求

120. 施工总进度计划编制过程中，确定各项单位工程开竣工时间和相互搭接关系应考虑的因素有（　　）。

A. 同一时间施工的项目不宜过多，以避免人力、物力过于分散

B. 尽量提前建设可供工程施工使用的永久性工程，以节省临时工程费用

C. 应注意季节对施工顺序的影响，以保证工期和质量

D. 尽量提高单位工程施工的机械化程度，以降低工程成本

E. 尽量做到劳动力、施工机械和主要材料的供应在工期内均衡

密

封

线

全国监理工程师执业资格考试

2015年《建设工程质量、投资、进度控制》真题

（考试时间180分钟 满分160分）

题号	一	二	总分	统分人签字
得分				

得分	评卷人

一、单项选择题（共80题，每题1分。每题的备选项中，只有1个最符合题意）

1. 在建设工程质量特性中，（　　）是指工程在规定的时间和规定的条件下完成规定功能的能力。

A. 适用性　　B. 可靠性

C. 耐久性　　D. 安全性

2. 工程质量控制分为自控主体和监控主体。对施工单位的施工质量行为和效果实施监督控制的自控主体是（　　）。

A. 质量监督机构　　B. 建设单位

C. 施工单位　　D. 工程监理单位

3. 对全国的建设工程质量实施统一监督管理的部门是（　　）。

A. 国务院劳动和社会保障部门　　B. 国务院技术监督管理部门

C. 国务院发展和改革委员会　　D. 国务院建设行政主管部门

4. 建设工程开工前，（　　）应当按照国家有关规定向工程所在地县级以上人民政府建设行政主管部门申请领取施工许可证。

A. 建设单位　　B. 施工单位

C. 设计单位　　D. 监理单位

5. 建设工程承包单位在（　　）时，应向建设单位出具工程质量保修书。

A. 施工完毕　　B. 提交工程竣工验收报告

C. 竣工验收合格　　D. 工程价款结算完毕

6. 建设工程质量管理中，在数据和信息分析的基础上做出决策，这是质量管理原则中（　　）的要求。

A. 持续改进　　B. 过程方法

C. 基于事实的决策方法　　D. 管理的系统方法

C. 勘察报告不准、不细

D. 施工人员不具备上岗的技术资质

28. 某建设工程项目施工过程中发生脚手架倒塌，造成3名施工人员当场死亡，这一事故属于（　　）。

A. 一般事故　　B. 较大事故

C. 重大事故　　D. 特别重大事故

29. 某检验批混凝土试块强度值不满足规范要求，强度不足，在法定检测单位对混凝土实体采用非破损检验方法，测定其实际强度已达规范允许和设计要求值，这时宜采取的处理方法是（　　）。

A. 加固处理　　B. 修补处理　　C. 不做处理　　D. 返工处理

30. 工程监理单位对勘察质量管理的工作是（　　）。

A. 制定勘察实施方案

B. 编制工程勘察任务书

C. 审查勘察单位提交的勘察成果报告

D. 选择工程勘察单位

31. 在生产性建设工程项目投资中，属于积极部分的是（　　）。

A. 工程建设其他费用　　B. 建筑安装工程费

C. 基本预备费　　D. 设备及工器具投资

32. 项目监理机构在施工阶段投资控制的组织措施是（　　）。

A. 编制详细的工作流程图

B. 确定、分解投资控制目标

C. 对主要施工方案进行技术经济分析

D. 对设计变更进行技术经济比较，控制设计变更

33. 根据世界银行和国际咨询工程师联合会建设工程投资构成的规定，下列费用应计入项目间接建设成本的是（　　）。

A. 生产前费用　　B. 土地征购费

C. 管理系统费用　　D. 服务性建筑费用

34. 世界银行和国际咨询工程师联合会建设工程投资构成中，只是一种储备，可能不动用的费用是（　　）。

A. 直接建设成本　　B. 建设成本上升费

C. 不可预见准备金　　D. 未明确项目准备金

35. 根据《建筑安装工程费用项目组成》（建标〔2013〕44号），因停工学习按计时工资标准的一定比例支付的工资属于（　　）。

A. 奖金　　B. 计时工资或计件工资

C. 津贴补贴　　D. 特殊情况下支付的工资

36. 根据《建筑安装工程费用项目组成》（建标〔2013〕44号），工程施工中所使用的工具用具使用费应计入（　　）。

A. 施工机具使用费　　B. 措施项目费

C. 固定资产使用费　　D. 企业管理费

37. 某项目拟从国外进口一套设备，离岸价格为450万元人民币，到岸价格为500万元人民币，进口关税率为22%，增值税率为17%，不考虑消费税。则该套设备的进口环节增值税额是（　　）万元人民币。

A. 85　　B. 103.7　　C. 101.8　　D. 166.3

38. 下列费用中，属于生产准备费的是（　　）。

A. 联合试运转费　　B. 办公家具购置费
C. 工程保险费　　D. 生产职工培训费

39. 建设工程在建设期内由于价格等变化引起投资增加，需要事先预留的费用应计入（　　）。

A. 基本预备费　　B. 工程建设其他费用
C. 涨价预备费　　D. 建设期利息

40. 某项目建设期为3年，建设期内第1年贷款1 000万元，第2年贷款800万元，第3年贷款800万元，按年复利计息，年利率为6%，则该项目建设期利息总和为（　　）万元。

A. 30　　B. 85.8　　C. 138.95　　D. 254.75

41. 某人连续6年每年年末存入银行50万元，银行年利率为8%，按年复利计算，第6年年末一次性收回本金和利息，则到期可以回收的金额为（　　）万元。

A. 366.80　　B. 324.00　　C. 235.35　　D. 373.48

42. 某项目建设投资额为5 000万元，建设期贷款利息为500万元，全部流动资金为600万元。项目投产后正常年份的息税前利润为800万元，则该项目的总投资收益率为（　　）。

A. 14.29%　　B. 14.55%
C. 13.11%　　D. 16%

43. 应用ABC分析法选择价值工程对象，是将（　　）的零部件或工序作为研究对象。

A. 生产工艺复杂　　B. 价值系数高
C. 成本比重大　　D. 功能评分值高

44. 价值工程应用中，如果评价对象的价值系数 $V<1$，则表明（　　）。

A. 评价对象的功能现实成本与实现功能所必需的最低成本大致相当
B. 评价对象的现实成本偏高，而功能要求不高
C. 该部件功能比较重要，但分配的成本较少
D. 评价对象的现实成本偏低

45. 编制设备安装工程概算时，当初步设计有详细设备清单时，宜采用的编制方法是（　　）。

A. 扩大单价法　　B. 类似工程预算法
C. 预算单价法　　D. 概算指标法

46. 采用定额单价法编制施工图预算进行套价时，如果分项工程的主要材料品种与预算单价或单位估价表中规定材料不一致时，应（　　）。

A. 按实际使用材料价格换算预算单价
B. 直接套用预算单价
C. 调量不换价
D. 编制补充单位估价表

64. 关于双代号网络计划中关键工作的说法，正确的是（　　）。

A. 关键工作只能出现在关键线路上

B. 总时差最小的工作为关键工作

C. 关键工作是自由时差最小的工作

D. 两端为关键节点的工作为关键工作

65. 某工程网络计划中，工作 D 有两项紧前工作 B、C，工作 B、C 的持续时间分别为 5 天和 6 天，工作 B、C 的最早开始时间分别是第 7 天和第 10 天，则工作 D 的最早开始时间为第（　　）天。

A. 12　　B. 13　　C. 15　　D. 16

66. 某分部工程双代号网络计划如下图所示，则工作 D 的总时差和自由时差分别为（　　）天。

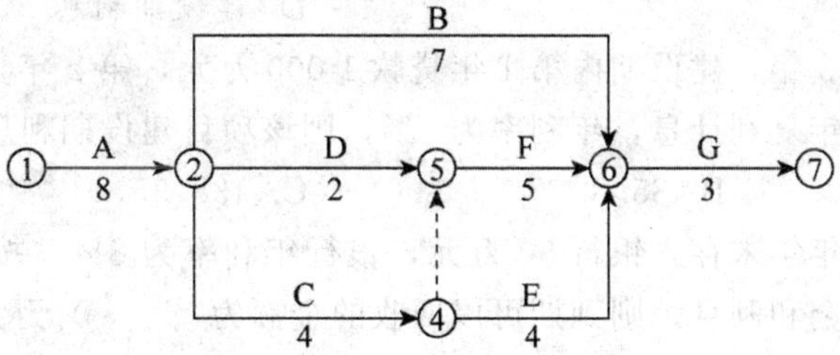

A. 1 和 1　　B. 1 和 2

C. 2 和 1　　D. 2 和 2

67. 已知某工程双代号网络计划的计划工期等于计算工期，且工作 M 的完成节点为关键节点，则该工作（　　）。

A. 为关键工作　　B. 自由时差等于总时差

C. 自由时差为零　　D. 自由时差小于总时差

68. 某单代号网络计划如下图所示，其关键线路是（　　）。

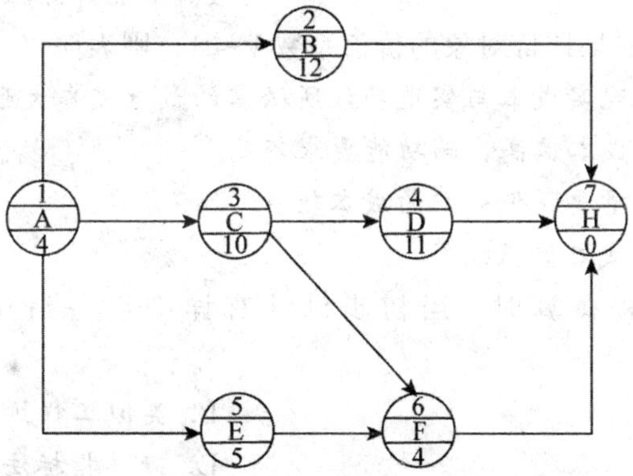

A. A→B→H　　B. A→C→F→H

C. A→E→F→H　　D. A→C→D→H

69. 如果施工方案一定，工程总费用会随着工期的不同而不同。随着工期的缩短，工程总费用的变化趋势是（　　）。

A. 直接费和间接费均增加　　B. 直接费增加，间接费减少

C. 直接费和间接费均减少　　D. 直接费减少，间接费增加

70. 网络计划的资源优化分为两种，其中“工期固定，资源均衡”的优化是指（　　）。

A. 在工期不变的条件下，使资源投入最少

B. 在满足资源限制条件下，使工期延长最少

C. 在工期不变的条件下，使工程总费用最低

D. 在工期不变的条件下，使资源需用量尽可能均衡

71. 某分部工程由 A、B 工作组成，其中 A 工作结束 4 天后，B 工作开始。则 A、B 工作之间的搭接关系是（　　）。

A. 从开始到结束　　B. 从结束到结束

C. 从结束到开始　　D. 从开始到开始

72. 某钢筋工程计划用 7 周完成，每周计划和实际累计完成情况如下图所示。关于该工程进度比较结果的说法，正确的是（　　）。

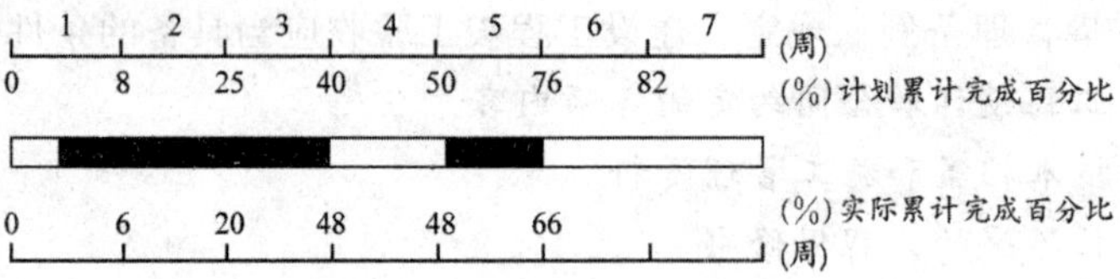

A. 实际开始时间晚于计划开始时间 1 周

B. 第 2 周末实际进度比计划进度提前 5%

C. 第 4 周内计划完成的任务量为 10%

D. 第 5 周内实际任务量比计划任务量拖后 10%

73. 在建设工程实施进度监测过程中，通过实际进度与计划进度的比较，发现进度偏差时，首先需要（　　）。

A. 分析所采取措施的成本

B. 分析该偏差对后续工作及总工期的影响

C. 分析产生进度偏差的原因

D. 采取措施调整进度计划

74. 关于进度偏差对后续工作及总工期影响的说法，正确的是（　　）。

A. 如果工作的进度偏差大于该工作的自由时差，则此进度偏差将对总工期产生影响

B. 如果工作的进度偏差大于该工作的总时差，则进度偏差只会影响总工期，不会影响后续工作

C. 如果出现进度偏差的工作为关键工作，则无论其偏差有多大，都将对后续工作和总工期产生影响

D. 当实际进度偏差影响到后续工作、总工期而需要调整进度计划时，只能通过改变某些工作间的逻辑关系来调整

75. 监理单位受业主委托实施设计进度监控的工作内容是（　　）。

A. 建立健全设计技术经济定额

B. 编制切实可行的设计进度计划

C. 推行限期设计管理模式

D. 落实专门负责设计进度控制的人员

91. 建筑工程检验批质量验收中的主控项目是指对（　　）起决定性作用的检验项目。

A. 节能　　B. 安全

C. 环境保护　　D. 质量评价

E. 主要使用功能

92. 填写建筑工程检验批质量验收记录时，应具有现场验收检查原始记录，该原始记录应由（　）共同签署。

A. 施工单位项目技术负责人

B. 施工单位项目专业质量检查员

C. 施工单位项目专业工长

D. 专业监理工程师

E. 设计单位项目负责人

93. 《建设工程质量管理条例》规定，建设工程竣工验收应当具备的条件包括（　　）。

A. 完成建设工程设计和合同约定的各项内容

B. 有完整的技术档案和施工管理资料

C. 有施工单位签署的工程保修书

D. 有设计、施工、监理单位分别签署的竣工决算书

E. 有工程使用的主要建筑材料、建筑构配件和设备的进场试验报告

94. 工程质量事故处理的基本要求有（　　）。

A. 正确确定事故性质和处理范围　　B. 安全可靠、不留隐患

C. 满足建筑物的功能和使用要求　　D. 技术可行

E. 经济合理

95. 工程质量事故处理方案的辅助决策方法有（　　）。

A. 检查验收　　B. 定期观测

C. 试验验证　　D. 方案比较

E. 专家论证

96. 工程保修阶段监理单位的工作有（　　）。

A. 协调联系　　B. 定期回访

C. 界定责任　　D. 检查验收

E. 资料归档

97. 下列费用中，属于建筑安装工程企业管理费的有（　　）。

A. 施工企业集体福利费

B. 施工现场防暑降温费用

C. 施工现场对构件进行常规破坏性试验费用

D. 混凝土坍落度测试费用

E. 施工现场安全文明施工费用

98. 某进口设备采用装运港船上交货价（FOB），该设备的到岸价除货价外，还应包括（　　）。

A. 进口关税　　B. 边境口岸至工地仓库的运费

C. 国外运费　　D. 国外运输保险费

E. 进口产品增值税

密

封

线

99. 根据《建筑安装工程费用项目组成》（建标〔2013〕44 号），下列费用中，属于规费的有（　　）。

A. 工程排污费

B. 劳动保护费

C. 环境保护费

D. 住房公积金

E. 社会保险费

100. 下列费用中，属于建筑安装工程措施项目费的有（　　）。

A. 已完工程及设备保护费

B. 工程定位复测费

C. 夜间施工增加费

D. 新材料试验费

E. 临时设施费

101. 投资回收期指标的特点包括（　　）。

A. 投资回收期只间接考虑投资回收之前的效果

B. 投资回收期指标容易理解，计算比较简便

C. 投资回收期若大于基准投资回收期，则表明该方案可以接受

D. 投资回收期越长，表明资本周转速度越快

E. 项目投资回收期在一定程度上显示了资本的周转速度

102. 价值工程分析阶段的工作有（　　）。

A. 对象选择

B. 收集整理资料

C. 功能定义

D. 功能整理

E. 功能评价

103. 某工程采用固定总价合同，除设计变更和工程范围变动外，不调整合同价。承包人工程合同总价为 300 万元，按进度节点分三阶段付款，付款比例为 30%、40%、25%。第一阶段施工期间，主要材料计划用量为 300t，预算单价为 2 000 元/t，实际消耗 310t，实际单价为 2 100 元/t，第一阶段结算时，正确的有（　　）。

A. 材料消耗增加不调整合同价款

B. 材料价格上涨不调整合同价款

C. 应结算和支付工程款 90 万元

D. 应结算和支付主要材料消耗增加价款 2 万元

E. 应结算和支付主要材料价差 3.1 万元

104. 发包人在选择合同计价方式时，应考虑的因素有（　　）。

A. 设计工作深度

B. 进度要求的紧迫程度

C. 项目复杂程度

D. 质量要求的高低

E. 施工难易程度

105. 关于合同价款及计价方式的说法，正确的有（　　）。

A. 实行招标的工程合同价款应在中标通知书发出之日起 28 日内由发承包双方约定

B. 招标文件与投标文件合同价款约定不一致的，应以招标文件为准

116. 某工程双代号时标网络计划执行到第 3 周末和第 7 周末时，检查其实际进度如下图前锋线所示，检查结果表明（　　）。

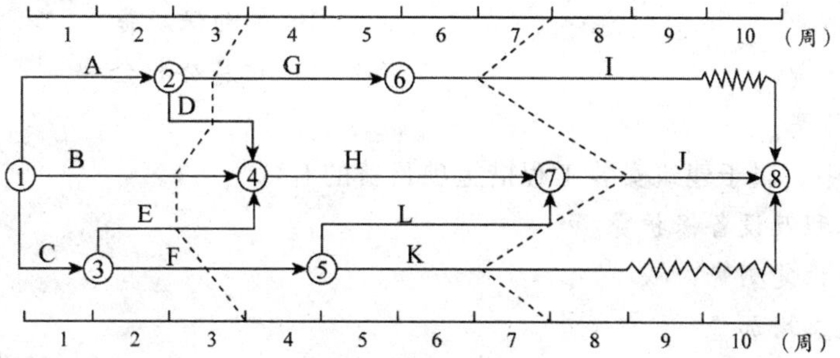

A. 第 3 周末检查时工作 B 拖后 1 周，使总工期延长 1 周

B. 第 3 周末检查时工作 F 拖后 0.5 周，但不影响总工期

C. 第 7 周末检查时工作 I 拖后 1 周，但不影响总工期

D. 第 7 周末检查时工作 J 拖后 1 周，使总工期延长 1 周

E. 第 7 周末检查时工作 K 提前 1 周，总工期预计提前 3 周

117. 建设工程进度调整的系统过程主要有（　　）。

A. 实际进度与计划进度的对比分析

B. 现场实地检查工程进展情况

C. 采取措施调整进度计划

D. 分析偏差产生的原因

E. 确定后续工作和总工期的限制条件

118. 采用缩短某项工作持续时间的方法来调整建设项目进度计划，需要满足的要求有（　　）。

A. 改变非关键线路上有关工作的逻辑关系

B. 优先压缩自由时差大的工作持续时间

C. 有关工作的进度拖延时间不能超过总时差

D. 采用增加资源投入措施

E. 被压缩持续时间的工作位于超过计划工期的非关键线路上

119. 项目监理机构编制的施工进度控制工作细则的内容有（　　）。

A. 施工进度控制目标分解图

B. 施工进度控制人员的职责分工

C. 施工项目开、竣工时间及相互搭接关系

D. 施工进度控制目标实现的风险分析

E. 施工进度控制的具体措施

120. 编制单位工程施工进度计划的步骤包括（　　）。

A. 划分工作项目

B. 确定关键工作和里程碑

C. 确定施工顺序

D. 计算劳动量和机械台班数

E. 落实专业分包商和材料供应商的进场时间

密

封

线

密

封

线

全国监理工程师执业资格考试

2014年《建设工程质量、投资、进度控制》真题

（考试时间180分钟　满分160分）

题号	一	二	总分	统分人签字
得分				

得分	评卷人

一、单项选择题（共80题，每题1分。每题的备选项中，只有1个最符合题意）

1. 工程建设活动中，形成工程实体质量的决定性环节在（　　）阶段。
A. 项目决策　　B. 工程设计
C. 工程施工　　D. 工程竣工验收

2. 工程质量控制按其实施主体不同分为自控主体和监控主体，下列单位中属于自控主体的是（　　）。
A. 设计单位　　B. 咨询单位
C. 监理单位　　D. 建设单位

3. 工程质量控制应坚持（　　）的原则，即工程质量控制应积极主动地对影响质量的各种因素加以控制，而不是消极被动地处理出现的质量问题。
A. 以人为核心　　B. 以预防为主
C. 质量第一　　D. 质量达到标准

4. 法定的国家级检测机构出具的检测报告，在国内具有（　　）的性质。
A. 一般裁定　　B. 权威裁定
C. 最终裁定　　D. 最高裁定

5. 在正常使用条件下，房屋建筑主体结构工程的最低保修期限为（　　）。
A. 建设单位要求的使用年限
B. 设计文件规定的合理使用年限
C. 30年
D. 50年

6. "持续改进"是ISO质量管理体系八项质量管理原则之一，其核心是提高质量管理体系的（　　）。
A. 有效性和效率　　B. 管理水平
C. 科学性　　D. 创造价值能力

28. 施工现场发生工程质量事故后，项目监理机构应及时（　　），并要求施工单位采取措施按相关程序进行处理。

A. 签发监理通知单　　B. 签发工程暂停令

C. 通知设计单位　　D. 报告政府主管部门

29. 对需要返工处理的质量事故，项目监理机构应要求施工单位报送（　　）和经设计等相关单位认可的处理方案，并应对质量事故的处理过程进行跟踪检查。

A. 质量事故调查报告

B. 检测单位的鉴定意见

C. 质量事故状况观测记录

D. 质量事故处理依据

30. 为确保工程质量事故处理效果，凡涉及结构承载力等使用安全和其他重要性能的处理工作，通常还需进行必要的（　　）工作。

A. 方案比较　　B. 试验和检验鉴定

C. 专家论证　　D. 定期观测

31. 承担工程勘察相关服务的监理单位，应协助建设单位编制（　　）和选择工程勘察单位。

A. 勘察任务书　　B. 勘察工作计划

C. 勘察方案　　D. 勘察成果评估报告

32. 在工程设计阶段，通常对专业性较强或有行业专门资质要求的项目，应委托专业设计单位出具深化设计图纸，并经（　　）会签确认后方可实施。

A. 建设单位　　B. 监理单位

C. 总体设计单位　　D. 施工单位

33. 下列费用中，属于工程建设其他费用的是（　　）。

A. 设备及工器具购置费

B. 建设期利息

C. 基本预备费

D. 勘察设计费

34. 下列项目监理机构在施工阶段投资控制的措施中，属于技术措施的是（　　）。

A. 审核承包人编制的施工组织设计

B. 复核工程付款账单，签发付款证书

C. 审核竣工结算

D. 编制施工阶段投资控制工作计划

35. 下列费用中，属于建筑安装工程费中检验试验费的是（　　）。

A. 对构件进行一般鉴定、检查所发生的费用

B. 新材料的试验费

C. 建设单位委托检测机构进行检验的费用

D. 对构件进行破坏性试验的费用

36. 建筑安装工程费中工伤保险费的计算基础是（　　）。

A. 定额直接费　　B. 定额人工费

C. 定额人工费和机械费　　D. 定额人工费和材料费

37. 进口一套机械设备，离岸价（FOB价）为40万美元，国际运费为5万美元，国外运输保险费为1.2万美元，关税率为22%，汇率为1美元=6.10元人民币，则该套机械设备应缴纳的进口关税为（　　）万元人民币。

A. 53.68　　B. 55.29

C. 60.39　　D. 62.00

38. 下列费用中，属于建设单位管理费的是（　　）。

A. 拆迁补偿费　　B. 工程招标费

C. 环境影响评价费　　D. 工程保险费

39. 某建设项目从银行贷款2 000万元，年利率为8%，每季度复利一次，则该贷款的年实际利率为（　　）。

A. 7.76%　　B. 8.00%

C. 8.24%　　D. 8.56%

40. 下列投资方案经济评价指标中，属于偿债能力指标的是（　　）。

A. 资本金净利润率　　B. 投资回收期

C. 利息备付率　　D. 内部收益率

41. 某项目期初投资额为500万元，此后自第1年年末开始每年年末的作业费用为40万元。方案的寿命期为10年，10年后的净残值为零。若基准收益率为10%，则该项目总费用的现值是（　　）万元。

A. 746.14　　B. 834.45

C. 867.58　　D. 900.26

42. 某建设项目，第1～3年每年年末投入建设资金500万元，第4～8年每年年末获得利润800万元，则该项目的静态投资回收期为（　　）年。

A. 3.87　　B. 4.88

C. 4.90　　D. 4.96

43. 价值工程中的全寿命周期费用是指（　　）。

A. 生产过程发生的全部成本

B. 从开始使用至报废过程中发生的费用总和

C. 产品存续期的总成本

D. 生产费用、使用费用及维护费用之和

44. 根据功能重要程度选择价值工程对象的方法称为（　　）。

A. 因素分析法　　B. ABC分析法

C. 强制确定法　　D. 价值指数法

45. 某产品的目标成本为2 000元，该产品某零部件的功能重要性系数是0.32，若现实成本为800元，则该零部件成本需要降低（　　）元。

A. 160　　B. 210

C. 230　　D. 240

46. 下列措施项目中，不作为竞争性费用的是（　　）。

A. 夜间施工增加费　　B. 冬雨期施工增加费

C. 安全文明施工费　　D. 二次搬运费

密　封　线

的工期为（　）天。

A. 21　　B. 24　　C. 26　　D. 27

65. 根据网络计划时间参数计算得出的工期称为（　）。

A. 要求工期　　B. 计划工期

C. 计算工期　　D. 合同工期

66. 工作的总时差是指在不影响（　）的前提下，本工作所具有的机动时间。

A. 本工作最早完成时间

B. 紧后工作最早完成时间

C. 网络计划总工期

D. 紧后工作最早开始时间

67. 当本工作有紧后工作时，其自由时差等于所有紧后工作最早开始时间与本工作（　）。

A. 最早开始时间之差的最大值

B. 最早开始时间之差的最小值

C. 最早完成时间之差的最大值

D. 最早完成时间之差的最小值

68. 某工程双代号网络计划如下图所示，其中 E 工作的最早开始时间和最迟开始时间是（　）。

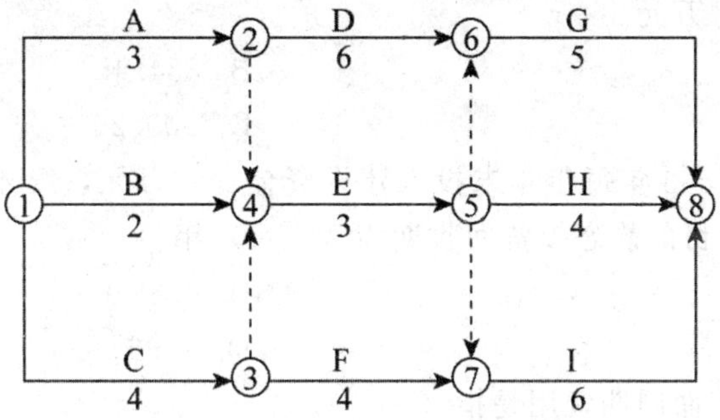

A. 3 和 5　　B. 3 和 6

C. 4 和 5　　D. 4 和 6

69. 网络计划工期优化方法中，通过压缩关键工作的持续时间来达到优化目标的前提是（　）。

A. 计算工期不满足计划工期

B. 不改变各项工作之间的逻辑关系

C. 计划工期不满足计算工期

D. 将关键工作压缩成非关键工作

70. 某工程双代号网络计划如下图所示，其关键工作有（　）。

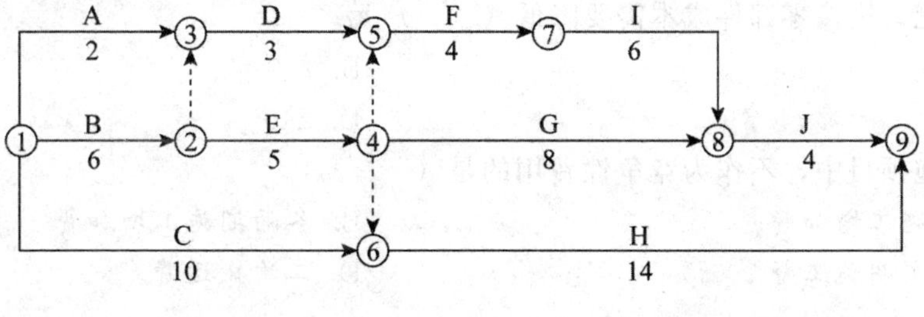

密

封

线

A. 工作B、E、F、I　　B. 工作D、F、I、J

C. 工作B、E、G　　D. 工作C、H

71. 某工程单代号搭接网络计划如下图所示，其中B、D工作的最早开始时间是（　　）。

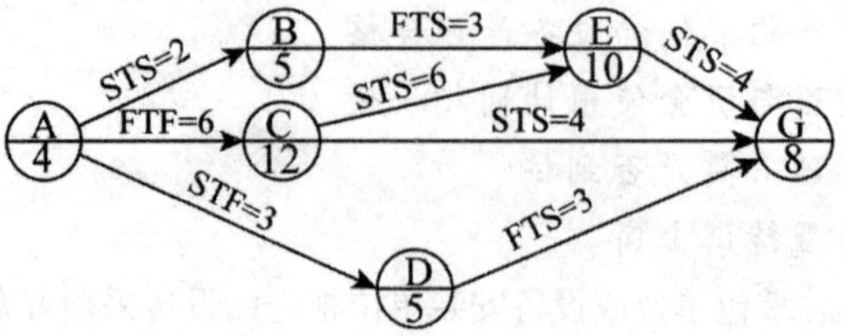

A. 4和4　　B. 6和7

C. 2和0　　D. 2和2

72. 进度计划实施过程中，一旦发现进度偏差，应采取措施对进度计划进行调整，下列工作中属于进度调整系统过程的是（　　）。

A. 对实际进度数据进行加工处理

B. 将实际进度与计划进度进行对比分析

C. 计算进度偏差

D. 分析进度偏差对后续工作和总工期的影响

73. 某工程进度计划执行过程中，发现某工作出现进度偏差，但该偏差未影响总工期，则说明该项工作的进度偏差（　　）。

A. 大于该工作的总时差

B. 小于该工作的总时差

C. 大于该工作的自由时差

D. 小于该工作的自由时差

74. 下列因素中，能影响建设工程设计进度的是（　　）。

A. 选定设计单位

B. 商签设计合同

C. 设计各专业之间的协调配合

D. 施工材料和机械设备的采购

75. 在单位工程施工进度计划编制过程中，需要在计算劳动量和机械台班数之前完成的工作是（　　）。

A. 划分工作项目

B. 落实项目开工日期

C. 确定工作项目的持续时间

D. 编制资源供应计划

76. 项目监理机构对施工总进度计划审查的基本要求是（　　）。

A. 满足施工计划工期

B. 施工材料和设备供应合同已签订

C. 施工顺序的安排符合搭接要求

D. 主要工程项目无遗漏

E. 测量成果

91. 项目监理机构安全监理人员对工程施工进行巡视的主要内容有（　　）。

A. 是否按工程设计文件、工程建设标准和批准的施工方案施工

B. 使用的工程材料、构配件和设备是否合格

C. 实际费用支出是否与资金使用计划相一致

D. 施工现场质量管理人员是否到位

E. 特种作业人员是否持证上岗

92. 项目监理机构在审查总承包单位或设备安装单位报送的设备采购方案时，审查的重点有（　　）。

A. 依据的图纸、规范标准、质量标准、检查及验收程序

B. 采购的基本原则、范围和内容

C. 保证设备质量的具体措施

D. 质量文件要求

E. 供货厂商的生产能力与报价

93. 检验批可根据施工、质量控制和专业验收的需要，按（　　）进行划分。

A. 工程量　　B. 施工段

C. 楼层　　D. 工程特点

E. 变形缝

94. 当分部工程较大或较复杂时，可按（　　）将分部工程划分为若干子分部工程。

A. 材料种类　　B. 专业系统及类别

C. 施工特点　　D. 施工程序

E. 施工工艺

95. 工程质量事故处理完后，项目监理机构应及时向建设单位提交质量事故书面报告，报告的主要内容包括（　　）。

A. 工程及各参建单位名称

B. 事故处理的过程及结果

C. 事故发生后采取的措施及处理方案

D. 质量事故发生的时间、地点、工程部位

E. 对质量事故责任人的处理意见

96. 承担工程设计相关服务的监理单位，应审查设计单位提交的设计成果，并应提出评估报告。评估报告的主要内容包括（　　）。

A. 设计工作概况

B. 设计深度与设计标准的符合情况

C. 设计任务书的完成情况

D. 有关部门的备案情况

E. 存在的问题及建议

97. 下列费用中，属于动态投资的有（　　）。

A. 基本预备费　　B. 建筑安装工程费

C. 设备及工器具购置费　　D. 涨价预备费

E. 建设期利息

密　封　线

98. 下列费用中，属于建筑安装工程人工费的有（　　）。

A. 职工教育经费　　B. 工会经费

C. 高空作业津贴　　D. 节约奖金

E. 探亲假期间工资

99. 下列费用中，属于建筑安装工程规费的有（　　）。

A. 劳动保护费　　B. 住房公积金

C. 工伤保险费　　D. 医疗保险费

E. 工程排污费

100. 建筑安装工程费中的安全文明施工费包括（　　）。

A. 环境保护费　　B. 冬雨期施工增加费

C. 临时设施费　　D. 夜间施工增加费

E. 特殊地区施工增加费

101. 确定基准收益率时，应综合考虑的因素包括（　　）。

A. 投资风险　　B. 资金限制

C. 资金成本　　D. 通货膨胀

E. 投资者意愿

102. 下列方法中，可以用于价值工程方案创造的有（　　）。

A. 功能成本法　　B. 头脑风暴法

C. 哥顿法　　D. 功能指数法

E. 专家意见法

103. 下列方法中，可以用于编制施工图预算的有（　　）。

A. 定额单价法

B. 工程量清单单价法

C. 扩大单价法

D. 实物量法

E. 综合单价法

104. 按照《建设工程工程量清单计价规范》的分类，工程量清单包括（　　）。

A. 投标前工程量清单

B. 中标工程量清单

C. 招标工程量清单

D. 已标价工程量清单

E. 合同工程量清单

105. 根据《建设工程工程量清单计价规范》，其他项目清单内容包括（　　）。

A. 规费　　B. 暂列金额

C. 暂估价　　D. 计日工

E. 总承包服务费

106. 下列费用中，承包人可以获得发包人补偿的有（　　）。

A. 承包人为保证混凝土质量选用高标号水泥而增加的材料费

B. 现场承包人仓库被盗而损失的材料费

116. 工程实际进度偏差影响到总工期时，可采用（　　）等方法调整进度计划。

A. 缩短某些关键工作的持续时间

B. 将顺序作业改为搭接作业

C. 增加劳动力，提高劳动效率

D. 保证资源的供应

E. 将顺序作业改为平行作业

117. 施工阶段进度控制目标体系可按（　　）进行分解。

A. 计划期

B. 年度投资计划

C. 施工阶段

D. 项目组成

E. 设计图纸交付顺序

118. 施工进度控制工作细则是具有实施性和操作性的监理业务文件，其主要内容有（　　）。

A. 年、季和月度工程综合计划

B. 进度控制人员的职责分工

C. 施工进度控制目标分解图

D. 建设单位负责提供的施工条件的时间节点

E. 与进度控制有关各项工作的时间安排及工作流程

119. 调整施工进度计划时，为了缩短某些工作的持续时间，通常可采取的组织措施有（　　）。

A. 实行包工奖励制度

B. 缩短工艺技术间歇时间

C. 增加工作面和增加施工队伍

D. 增加施工机械的数量

E. 改善外部配合条件

120. 在工程延期审批过程中，项目监理机构应完成的工作内容有（　　）。

A. 在合同规定的有效期内提交详细的申述报告

B. 在工程延期事件发生后立即展开调查核实

C. 在最短的时间范围内提交工程延期意向通知

D. 在做出工程延期批准前与相关方进行协商

E. 在工程延期批准后向建设单位提交完整的详情报告

密　封　线

密　封　线

全国监理工程师执业资格考试

《建设工程质量、投资、进度控制》押题模拟卷（一）

（考试时间180分钟　满分160分）

题号	一	二	总分	统分人签字
得分				

得分	评卷人

一、单项选择题（共80题，每题1分。每题的备选项中，只有1个最符合题意）

1. 建设工程质量是指建设工程满足相关标准规定和（　　）的过程。

A. 顾客特殊要求　　B. 合同约定要求

C. 行业默认规则　　D. 全部业主意见

2. 工程满足使用目的的理化性能、结构特性、使用性能、外观性能等，称之为工程的（　　）。

A. 适用性　　B. 耐久性

C. 安全性　　D. 可靠性

3. 在建设项目可行性研究阶段，通过多方案比较从中选择出最佳建设方案，以作为（　　）的依据。

A. 项目设计和施工　　B. 项目决策和设计

C. 项目决策和施工　　D. 项目施工和验收

4. 工程建设不同阶段对工程项目质量起着不同的影响。工程（　　）是决定工程项目质量的关键环节。

A. 勘察质量　　B. 设计质量

C. 施工质量　　D. 竣工验收质量

5. 工程项目建成后，不可能像某些工业产品那样，可以拆卸或解体来检查内在的质量，所以工程质量应重视（　　）的控制。

A. 施工前期　　B. 施工工艺和施工方法

C. 施工准备和施工过程　　D. 竣工验收

6. 工程质量控制按其实施主体不同分为自控主体和监控主体，下列单位中属于监控主体的是（　　）。

A. 施工单位　　B. 勘察单位

C. 设计单位　　D. 监理单位

28. 质量事故技术处理方案应经（　　）同意签认，并报建设单位批准。

A. 质量监督机构　　B. 监理单位

C. 建设行政主管部门　　D. 原设计单位

29. 工程质量事故处理的基本方法包括（　　）。

A. 事故调查及制定事故处理方案

B. 确定事故处理方案及鉴定验收

C. 事故的技术处理及责任处罚

D. 提交处理报告及认定事故责任

30. 某工程隐蔽部位结构混凝土表面裂缝，经检查分析，属于表面养护不够的干缩微裂，但不影响使用及外观，对此质量问题，恰当的处理方式是（　　）。

A. 加固处理　　B. 修补处理

C. 不做处理　　D. 限制使用

31. 工程监理单位应审查勘察单位提交的勘察成果报告，必要时对于各阶段的勘察成果报告组织专家论证或专家审查，并向（　　）提交勘察成果评估报告。

A. 施工单位　　B. 建设单位

C. 设计单位　　D. 质量监督机构

32. 工程质量事故的检测鉴定必须由（　　）进行。

A. 建设单位　　B. 施工单位

C. 项目监理机构　　D. 具有资质的法定检测单位

33. 某工程项目建设其他费用不包括（　　）。

A. 土地使用费　　B. 研究试验费

C. 设备运杂费　　D. 联合试运转费

34. 某建设项目的净现金流量如下表所示，则该项目的静态投资回收期为（　　）年。

年份	1	2	3	4	5
净现金流量（万元）	－200	80	40	60	80

A. 3.33　　B. 4.25

C. 4.33　　D. 4.75

35. 建设工程总投资包括（　　）。

A. 固定资产投资和流动资产投资

B. 工程造价和建设期利息

C. 流动资产投资和建筑安装工程费用

D. 建设投资和流动资产投资

36. 以下不属于规费的是（　　）。

A. 社会保险费　　B. 住房公积金

C. 工程排污费　　D. 财产保险费

37. 下列不属于安全文明施工费的是（　　）。

A. 环境保护费　　B. 文明施工费

C. 夜间施工费　　D. 临时设施费

密　封　线

38. 国际工程项目建筑安装工程费用中，（　　）不属于间接费。

A. 公司总部管理费　　B. 现场管理费

C. 贷款利息　　D. 业务费

39. 进口设备外贸手续费的计算公式为：外贸手续费＝（　　）×人民币外汇牌价×外贸手续费率。

A. 离岸价

B. 离岸价＋国外运费

C. 离岸价＋国外运输保险费

D. 到岸价

40. 铺底流动资金一般按流动资金的（　　）计算。

A. 10％　　B. 20％

C. 30％　　D. 40％

41. 某企业向银行借款，甲银行年利率为10％，每年计息1次；乙银行年利率为9.8％，每季度计息1次，则（　　）。

A. 甲银行实际利率低于乙银行实际利率

B. 甲银行实际利率高于乙银行实际利率

C. 甲、乙两银行的实际利率相同

D. 甲、乙两银行的实际利率不可比

42. 采用强制法对某工程4个分项工程进行价值工程对象的选择，甲工程的功能系数为0.32，成本系数为0.24；乙工程的功能系数为0.45，成本系数为0.36；丙工程的功能系数为0.31，成本系数为0.22；丁工程的功能系数为0.18，成本系数为0.23。根据计算，应优先选择分项工程（　　）为价值工程对象。

A. 甲　　B. 乙

C. 丁　　D. 丙

43. 以讨论、座谈，打破常规形式进行价值工程方案创造的方法是（　　）。

A. 哥顿法　　B. 头脑风暴法

C. 专家检查法　　D. 专家意见法

44. 当设计深度不够，对于投资比较小、比较简单的工程项目，可采用（　　）编制设计概算。

A. 概算定额法　　B. 概算指标法

C. 类似工程预算法　　D. 生产能力指数法

45. 施工图预算的审查方法中，重点审查法是抓住施工图预算中的重点进行审核的方法。其审核的重点不包括（　　）。

A. 补充定额　　B. 计费基础

C. 取费标准　　D. 工程量小的工程

46. 当拟建工程与已完工程的建设条件和工程设计相同时，用已完工程的预算审查拟建工程的同类工程预算的方法是（　　）。

A. 重点审查法　　B. 对比审查法

C. 分组审查法　　D. 标准预算审查法

64. 工程网络计划的费用优化是指寻求（　　）的过程。

A. 资源使用均衡时工程总成本最低

B. 工期固定条件下工程总成本最低

C. 总成本最低时的工期安排

D. 工程总成本固定条件下最短工期安排

65. 由于网络计划的工期取决于关键工作的持续时间，为了进行工期成本优化，必须分析网络计划中（　　）的关系。

A. 各项工作的直接费率与间接费率之间

B. 各项工作的间接费与持续时间之间

C. 各项工作的间接费与最短持续时间之间

D. 各项工作的直接费与持续时间之间

66. 工程网络计划资源优化的目的之一是为了寻求（　　）。

A. 资源有限条件下的最短工期安排

B. 资源均衡使用条件下的最短工期安排

C. 资源使用最少条件下的合理工期安排

D. 工程总成本量最低条件下的资源均衡安排

67. 香蕉曲线比较法的主要作用不包括（　　）。

A. 预测后期工程进展趋势

B. 定期比较工程项目的实际进度与计划进度

C. 按该工作已完成任务量比例进行标定

D. 合理安排工程项目进度计划

68. 某混凝土工程计划累计完成工程量的 S 曲线和每天实际完成工程量如下图和下表所示，则第 4 天下班时刻该工程累计拖欠的工程量为（　　）m^3。

时间（天）	1	2	3	4	……
每天实际完成工程量（m^3）	90	20	80	100	……

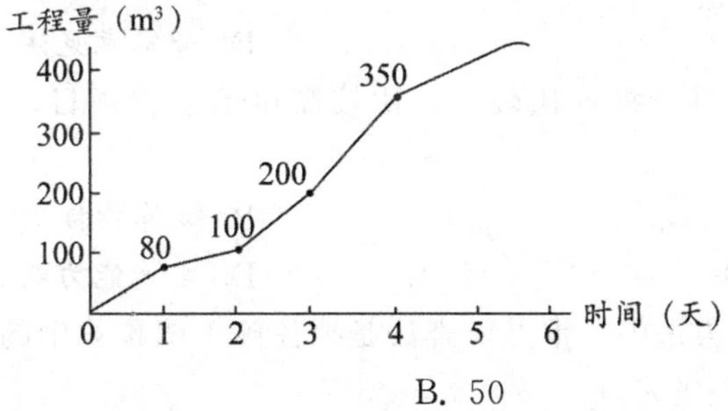

A. 20　　　　B. 50

C. 60　　　　D. 150

69. 在利用 S 曲线比较建设工程实际进度与计划进度时，如果检查日期实际进展点落在计划 S 曲线的右侧，则该实际进展点与计划 S 曲线在纵坐标方向的距离表示该工程（　　）。

A. 实际进度超前的时间　　　　B. 实际超额完成的任务量

C. 实际进度拖后的时间　　　　D. 实际拖欠的任务量

密　封　线

70. 下列方法中，既能比较工作的实际进度与计划进度，又能分析工作的进度偏差对工程总工期影响程度的是（　　）。

A. 匀速进展横道图比较法　　B. S曲线比较法

C. 非匀速进展横道图比较法　　D. 前锋线比较法

71. 某工程网络计划中，已知工作M的持续时间为6天，总时差和自由时差分别为3天和1天；检查中发现该工作实际持续时间为9天，则其对工程的影响是（　　）。

A. 既不影响总工期，也不影响其紧后工作的正常进行

B. 不影响总工期，但使其紧后工作的最早开始时间推迟2天

C. 使其紧后工作的最迟开始时间推迟3天，并使总工期延长1天

D. 使其紧后工作的最早开始时间推迟1天，并使总工期延长3天

72. 当工程网络计划中某项工作的实际进度偏差影响到总工期而需要通过缩短某些工作的持续时间调整进度计划时，这些工作是指（　　）的可被压缩的工作。

A. 关键线路和超过计划工期的非关键线路上

B. 关键线路上资源消耗量比较少

C. 关键线路上持续时间比较长

D. 施工工艺及采用技术比较简单

73. 影响建设工程设计进度的因素是（　　）。

A. 施工条件的影响

B. 各种风险因素的影响

C. 建设意图及要求改变的影响

D. 承包单位自身管理水平的影响

74. 在建设工程施工阶段，承包单位需要将施工进度计划提交给监理工程师审查，审查的目的是为了（　　）。

A. 听取监理工程师的建设性意见

B. 解除承包单位对施工进度计划的责任和义务

C. 请求监理工程师优化施工进度计划

D. 表明承包单位履行施工合同的能力

75. 编制施工总进度计划的依据不包括（　　）。

A. 竣工验收条件　　B. 施工总方案

C. 工程动用时间目标　　D. 合同文件

76. 某工作是由3个性质相同的分项工程合并而成的。各分项工程的工程量和时间定额分别是：$Q_1=2\ 500\text{m}^3$，$Q_2=3\ 000\text{m}^3$，$Q_3=2\ 700\text{m}^3$；$H_1=0.18$ 工日/m^3，$H_2=0.20$ 工日/m^3，$H_3=0.40$ 工日/m^3。该工作的综合时间定额是（　　）工日/m^3。

A. 0.35　　B. 0.33

C. 0.26　　D. 0.21

77. 通过缩短某些工作持续时间的方式调整施工进度计划时，可采取的经济措施是（　　）。

A. 实行包干奖励　　B. 采用更先进的施工方法

C. 增加每天的施工时间　　D. 改善劳动条件

D. 施工质量检验制度

E. 综合施工质量水平评定考核制度

92. 单位工程质量验收合格的规定，包括（　　）。

A. 所含分部工程的质量均应验收合格

B. 质量控制资料应完整

C. 所含分部工程中有关安全、节能、环境保护和主要使用功能等检验资料应完整

D. 观感质量应符合要求

E. 所含分部工程的使用功能均应符合相关规范

93. 根据《建筑工程施工质量验收统一标准》，下列验收层次中包括有观感质量验收项目的是（　　）。

A. 检验批

B. 分项工程

C. 分部工程

D. 隐蔽工程

E. 单位工程

94. 工程质量事故发生后，总监理工程师应签发工程暂停令，同时应要求（　　）。

A. 事故调查组进行调查

B. 施工单位采取必要的措施，防止事故扩大并保护好现场

C. 质量事故发生单位迅速按类别和等级向相应的主管部门上报

D. 施工单位立即上报主管部门并进行事故调查

E. 事故发生单位提交事故调查报告及技术处理方案

95. 工程监理单位受建设单位的委托对工程设计质量管理的主要工作包括（　　）。

A. 起草设计任务书

B. 施工图设计评审

C. 程序性审查和技术性审查

D. 深化设计的协调管理

E. 审查设计单位提交的设计成果，并提出评估报告

96. 根据建设工程费用项目组成，在下列费用中，应列入分部分项工程费中人工费的有（　　）。

A. 生产工人奖金

B. 生产工人补贴

C. 生产工人退休工资

D. 生产工人加班工资

E. 生产职工教育经费

97. 按照造价形成划分的建筑安装工程费用中，措施费包括（　　）。

A. 社会保险费

B. 施工机械经常修理费

C. 临时设施费

D. 环境保护费

E. 工程定位复测费

密　封　线

98. 建设项目费用构成中，引进技术和进口设备其他费包括（　　）。

A. 分期或延期付款利息

B. 进口设备运输保险费

C. 担保费

D. 进口设备检验鉴定费用

E. 国外工程技术人员来华费用

99. 方案经济评价动态指标包括（　　）。

A. 偿债备付率

B. 内部收益率

C. 利息备付率

D. 净年值

E. 净现值

100. 施工图预算对工程造价管理部门的作用体现在（　　）。

A. 是编制招标控制价的基础

B. 是监督检查企业执行定额标准情况的依据

C. 是控制施工成本的依据

D. 是确定合理的工程造价的依据

E. 是测算造价指数的依据

101. 下列属于施工图预算对发包人的作用的有（　　）。

A. 施工图预算是施工图设计阶段确定建设项目造价的依据

B. 施工图预算是编制招标控制价的基础

C. 施工图预算是发包人在施工期间安排建设资金计划和使用建设资金的依据

D. 施工图预算是确定投标报价的依据

E. 施工图预算是承包人进行施工准备的依据

102. 施工图预算审查的方法包括（　　）。

A. 重点审查法

B. "筛选"审查法

C. 综合单价法

D. 对比审查法

E. 全面审查法

103. 在下列材料费用中，承包商可以获得业主补偿的包括（　　）。

A. 由于索赔事项材料实际用量超过计划用量而增加的材料费用

B. 由于客观原因材料价格大幅度上涨而增加的材料费用

C. 由于非承包商责任工程延误导致的材料价格上涨而增加的材料费用

D. 由于现场承包商仓库被盗而损失的材料费用

E. 承包商为保证混凝土质量选用高标号水泥而增加的材料费用

104. 投标人编制投标价格，可采用（　　）。

A. 工料单价法

B. 实物单价法

C. 工程量清单法

D. 综合单价法

C. 实际施工时间与计划施工时间相同

D. 第4天实际停工1天

E. 第5天至第6天实际进度为匀速进展

117. 某工程双代号时标网络计划执行到第3周末和第7周末时，检查其实际进度如下图前锋线所示，检查结果表明（　　）。

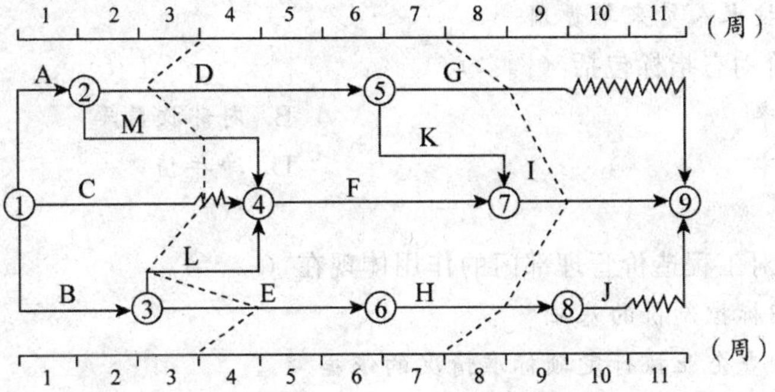

A. 第3周末检查时，工作D拖后1周，但不影响总工期

B. 第3周末检查时，工作L拖后1周，但不影响总工期

C. 第7周末检查时，工作I提前2周，总工期预计缩短2周

D. 第7周末检查时，工作G提前1周，将不影响总工期

E. 第4周至第7周内工作E和工作H的实际进度正常

118. 当工程实际进度偏差影响到总工期而需要调整进度计划时，可采用（　　）等方法改变某些工作的逻辑关系。

A. 提高劳动效率

B. 将顺序进行的工作改为平行作业

C. 将顺序进行的工作改为搭接作业

D. 分段组织流水作业

E. 增加资源投入量

119. 初步施工总进度计划编制完成后，检查总工期是否符合要求，其调整的主要方法有（　　）。

A. 改变各工程的施工顺序

B. 改变某些工程的起止时间

C. 调整辅助工程的工期

D. 调整主导工程的工期

E. 改变主导工程的施工方案

120. 通过缩短某些工作的持续时间来调整进度计划的组织措施有（　　）。

A. 采用更先进的施工机械

B. 增加工作面，组织更多的施工队伍

C. 实施强有力的调度

D. 提高奖金数额

E. 增加每天的施工时间

密

封

线

全国监理工程师执业资格考试

《建设工程质量、投资、进度控制》押题模拟卷（二）

（考试时间 180 分钟　满分 160 分）

题号	一	二	总分	统分人签字
得分				

得分	评卷人

一、单项选择题（共 80 题，每题 1 分。每题的备选项中，只有 1 个最符合题意）

1. 在工程建设的（　　）阶段，需要做到投资、质量、进度三者协调统一。

A. 可行性研究　　　B. 项目决策

C. 勘察设计　　　D. 施工

2. 项目决策阶段对工程质量的影响主要是（　　）。

A. 为工程施工提供直接依据

B. 形成实体质量的决定性环节

C. 保证最终产品的质量

D. 确定工程项目应达到的质量目标和水平

3. 工程质量是在施工单位按合格质量标准自行检查评定的基础上，由（　　）组织有关单位、人员进行检验确认验收。

A. 设计单位　　　B. 建设单位

C. 施工单位　　　D. 项目监理机构

4. 坚持质量标准是监理工程师控制工程质量应遵循的原则之一。下列关于工程质量的说法中，不正确的是（　　）。

A. 不符合质量标准要求的就是不合格，必须返工处理

B. 工程质量标准是评价产品质量的尺度

C. 工程质量标准必须通过监理工程师的确认

D. 工程质量是否合格应通过质量检验并与质量标准对照

5. 我国建设工程质量监督管理的具体实施者是（　　）。

A. 建设行政主管部门　　　B. 工程质量监督机构

C. 监理单位　　　D. 建设单位

26. 根据《建筑工程施工质量验收统一标准》，工程质量验收符合要求的，（　　）应在工程竣工验收报告中签署验收意见。

A. 施工项目经理

B. 总监理工程师

C. 设计单位项目负责人

D. 建设单位法定代表人

27. 根据工程质量事故造成的人员伤亡或者经济损失，工程质量事故分为四个等级，下列不属于特别重大事故的是（　　）。

A. 30人以上死亡

B. 100人以上重伤

C. 1亿元以上间接经济损失

D. 1亿元以上直接经济损失

28. 根据《关于做好房屋建筑和市政基础设施工程质量事故报告和调查处理工作的通知》（建质〔2010〕111号），认定为一般质量事故应符合的条件是（　　）。

A. 3人以下死亡

B. 100人以下重伤

C. 20人以下重伤

D. 造成1 000万元以上5 000万元以下直接经济损失

29. 监理工程师最终确认对工程质量事故的技术处理是否达到了预期的目的，应通过（　　）。

A. 观察和必要的判断

B. 检查和必要的鉴定

C. 分析和必要的验证

D. 回访和必要的跟踪

30. 某工程第三层混凝土现浇楼面的平整偏差达到10mm，其后续作业为找平层和面层的施工，这时应该（　　）。

A. 加固处理

B. 修补处理

C. 不做处理

D. 限制使用

31. 按照现行规定，工程建设过程中建设单位扣留每期工程进度款的（　　）作为工程质量保证金。

A. 3%

B. 5%

C. 8%

D. 10%

32. 某项目的建筑安装工程投资为1 500万元，设备购置费为500万元，基本预备费为100万元，贷款利息为80万元，涨价预备费为100万元，则该项目的静态投资为（　　）万元。

A. 1 550

B. 2 100

C. 2 150

D. 2 180

33. 项目监理机构施工阶段投资控制的主要任务是（　　）。

A. 审查施工图预算

B. 处理费用索赔

C. 编制招标工程标底

D. 组织专家对设计成果进行评审

密 封 线

34. 根据《建筑安装工程费用项目组成》，（　　）不属于材料费的组成内容。

A. 采购及保管费　　B. 运输损耗费

C. 检验试验费　　D. 运杂费

35. 根据《建设工程工程量清单计价规范》，建筑安装工程费用由（　　）、规费和税金构成。

A. 直接费、间接费、其他项目费

B. 分部分项工程费、措施项目费

C. 分部分项工程费、措施项目费、其他项目费

D. 直接费、间接费、利润

36. 建筑安装工程费构成中，地方教育附加属于（　　）。

A. 企业管理费　　B. 规费

C. 措施费　　D. 税金

37. 下列不属于安全文明施工费的是（　　）。

A. 环境保护费　　B. 文明施工费

C. 夜间施工费　　D. 临时设施费

38. 某施工机械预算价格为100万元，估计残值率为3%，折旧年限为10年，年工作台班数为250台班，则该机械的台班折旧费为（　　）元。

A. 297　　B. 388

C. 392　　D. 415

39. 国产标准设备原价一般是指（　　）。

A. 设备出厂价与采购保管费之和

B. 设备购置费

C. 设备出厂价与运杂费之和

D. 设备出厂价

40. 某进口设备按人民币计算，离岸价为500万元，到岸价为650万元，银行财务费为4.5万元，外贸手续费率为1.5%，增值税为145.25万元，无消费税，进口关税率为20%，则进口设备的抵岸价为（　　）万元。

A. 789.5　　B. 889.5

C. 935.5　　D. 939.5

41. 某项目在建设期初的建筑安装工程费为1 500万元，设备、工器具购置费为1 000万元，项目建设期为2年，第1年投资额为1 000万元，第2年投资额为1 500万元，建设期内年平均价格上涨率为5%，则该项目建设期的涨价预备费为（　　）万元。

A. 30.0　　B. 143.5

C. 173.5　　D. 203.8

42. 某建设项目实施到第2年时，由于规范变化导致某分项工程量增加，因此增加的费用应从建设投资中的（　　）支出。

A. 基本预备费

B. 涨价预备费

C. 建设期利息

D. 工程建设其他费用

60. 建设工程设计阶段进度控制的主要任务是（   ）。

A. 出图控制

B. 施工进度控制

C. 设备供应进度控制

D. 材料供应进度控制

61. 影响建设工程进度的不利因素有很多，其中，（   ）是最大的干扰因素。

A. 技术因素　　B. 人为因素

C. 机具因素　　D. 资金因素

62. 影响建设工程进度的业主因素是（   ）。

A. 施工设备不配套

B. 设计对施工的可能性考虑不周

C. 合同签订时遗漏条款

D. 未能及时向材料供应商付款

63. 项目管理的主要任务是在（   ）对项目的目标进行控制。

A. 项目决策阶段　　B. 项目设计阶段

C. 项目实施阶段　　D. 项目验收阶段

64. 下列选项中，不属于流水施工的垂直图表示法的优点是（   ）。

A. 施工过程及其先后顺序表达清楚

B. 时间和空间状况形象直观

C. 编制起来比横道图方便

D. 斜向进度线的斜率可以直观地表示出各施工过程的进展速度

65. 建设工程组织流水施工时，相邻施工过程的流水步距不尽相等，但专业工作队数等于施工过程数且各专业工作队能够在施工段上连续作业的流水施工方式是（   ）。

A. 固定节拍流水施工

B. 加快的成倍节拍流水施工

C. 一般的成倍节拍流水施工

D. 非节奏流水施工

66. 在不影响总工期的前提下，一项工作可以利用的机动时间是指（   ）。

A. 最迟完成时间　　B. 最早完成时间

C. 总时差　　D. 自由时差

67. 当双代号网络计划的计划工期等于计算工期时，以关键节点为完成节点的工作的（   ）。

A. 总时差最小　　B. 自由时差为零

C. 自由时差等于总时差　　D. 时间间隔最小

68. 建设工程进度监测过程中，（   ）是建设工程进度监测的主要环节。

A. 实际进度与计划进度的对比分析

B. 实际进度数据的加工处理

C. 进度计划执行中的跟踪检查

D. 实际进度数据的统计分析

密 封 线

69. 在分析进度偏差对后续工作及总工期的影响时，如果工作的进度偏差大于该工作的自由时差，则此进度偏差将对（　　）产生影响。

A. 工程总工期

B. 后续工作的最迟开始时间

C. 后续工作的最早开始时间

D. 后续工作的关键线路

70. 在工程设计过程中，影响进度的主要因素之一是（　　）。

A. 地下埋藏文物的处理

B. 设计合同的计价方式

C. 设计各专业之间的协调配合程度

D. 施工承发包模式的选择

71. 施工进度计划审核的内容不包括（　　）。

A. 项目是否有遗漏

B. 分期施工是否满足分批动用的需要

C. 施工人员岗位安排是否合理

D. 施工顺序的安排是否符合施工工艺的要求

72. 某项工作的工程量为 $400m^3$，时间定额为 0.8 工日/m^3。如果每天安排 2 个工作班次、每班 10 人去完成该工作，则其持续时间为（　　）天。

A. 16　　B. 20

C. 25　　D. 40

73. 施工进度计划经（　　）审核签认，并报建设单位批准方可实施。

A. 业主现场代表　　B. 总监理工程师

C. 专业监理工程师　　D. 项目经理

74. 在不改变工作之间的先后顺序关系的前提下，通过缩短网络计划中关键线路上工作的持续时间来缩短工期所采取的其他配套措施是（　　）。

A. 增加劳动力　　B. 改善劳动条件

C. 实行包干奖励　　D. 增加工作面

75. 建设工程施工阶段，为加快施工进度可采取的组织措施是（　　）。

A. 提高奖励数量

B. 实施强有力的调度

C. 改进施工工艺和施工技术

D. 增加劳动力和施工机械的数量

76. 施工进度计划调整的技术措施是（　　）。

A. 增加每天的施工时间

B. 实行包干奖励

C. 改进施工工艺

D. 改善外部配合条件

77. 下列事件中，承包单位不可以提出延长工期申请的是（　　）。

A. 不利的外界条件

B. 质量管理组织机构

C. 质量管理制度

D. 施工控制测量成果

E. 专职管理人员和特种作业人员的资格

92. 专业监理工程师审查分包单位资质材料时，应查验（　　）。

A.《施工许可证》

B.《建筑业企业资质证书》

C.《施工组织设计文件》

D.《企业法人营业执照》

E.《安全生产许可证》

93. 下列属于分包单位资格审核应包括的基本内容的有（　　）。

A. 营业执照、企业资质等级证书

B. 安全生产许可文件

C. 类似工程业绩

D. 专职管理人员资格

E. 自有设备维修状况

94. 向生产厂家订购设备前，对合格供货商的评审内容有（　　）。

A. 检验检测手段及试验室资质

B. 经营范围和生产许可证

C. 生产能力和技术水平

D. 企业性质和生产规模

E. 质量管理体系的运行和产品质量状况

95. 室外工程的分部工程包括（　　）。

A. 附属建筑工程

B. 路基工程

C. 道路工程

D. 土石方工程

E. 电气工程

96. 在工程质量验收过程中，发现质量不符合要求时，下列情况中只有（　　）可以进行验收。

A. 返工重做或更换器具、设备检验批

B. 有资质的检测单位鉴定达到设计要求的检验批

C. 经原设计单位核算认可能满足结构安全和使用功能的检验批

D. 经返修或加固，虽改变外形尺寸但是仍能满足安全使用要求

E. 经施工单位项目负责人核算达到设计要求的检验批

97. 下列属于造成工程质量缺陷的最基本因素的有（　　）。

A. 未实施监理

B. 违背建设程序

C. 地质勘察数据失真

密 封 线

密 封 线

D. 施工与管理不到位

E. 自然环境因素

98. 建设工程项目投资的特点包括（ ）。

A. 投资需单独计算

B. 投资数额巨大

C. 投资确定依据复杂

D. 投资差异明显

E. 投资无须动态跟踪调整

99. 世界银行和国际咨询工程师联合会规定建设工程总投资包括（ ）。

A. 应急费

B. 项目间接建设成本

C. 项目直接建设成本

D. 建设成本上升费用

E. 税金

100. 下列选项属于项目间接建设成本的有（ ）。

A. 项目管理费

B. 工艺建筑费

C. 管理系统费

D. 开工试车费

E. 运费和保险费

101. 根据《建筑安装工程费用项目组成》（建标〔2013〕44号），施工机械使用费包括（ ）。

A. 机械操作人员的工资

B. 大型机械设备安拆费

C. 大修理费

D. 燃料动力费

E. 税费

102. 下列材料费的构成中，包含在采购及保管费中的有（ ）。

A. 运杂费

B. 仓储费

C. 工地保管费

D. 运输损耗

E. 仓储损耗

103. 根据《建筑安装工程费用项目组成》（建标〔2013〕44号），企业管理费包括（ ）。

A. 办公费

B. 财务费

C. 房产税

D. 工程排污费

E. 工伤保险费

D. 专业工作队数小于施工过程数

E. 有些施工段之间可能有空闲时间

117. 某分部工程双代号网络计划如下图所示，绘图错误的有（　　）。

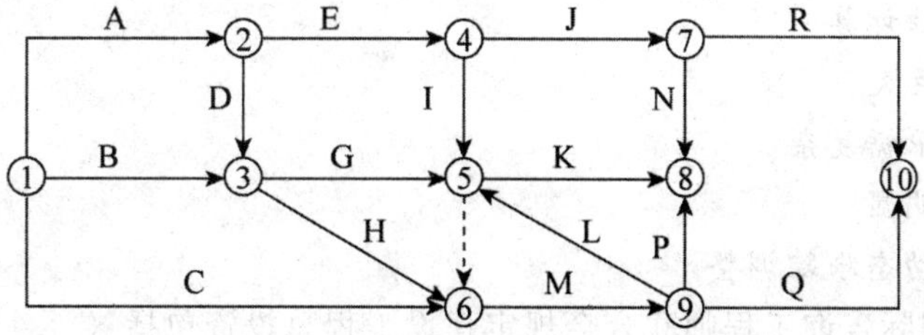

A. 多个起点节点　　B. 存在循环回路

C. 节点编号有误　　D. 多个终点节点

E. 工作代号重复

118. 在工程网络计划中，当计划工期等于计算工期时，关键工作的判定条件有（　　）。

A. 该工作的自由时差最小

B. 该工作的持续时间最长

C. 该工作的总时差为零

D. 该工作的最早开始时间与最迟开始时间相等

E. 该工作与其紧后工作之间的时间间隔为零

119. 某工程双代号网络计划如下图所示，图中已标出每项工作的最早开始时间和最迟开始时间，该计划表明（　　）。

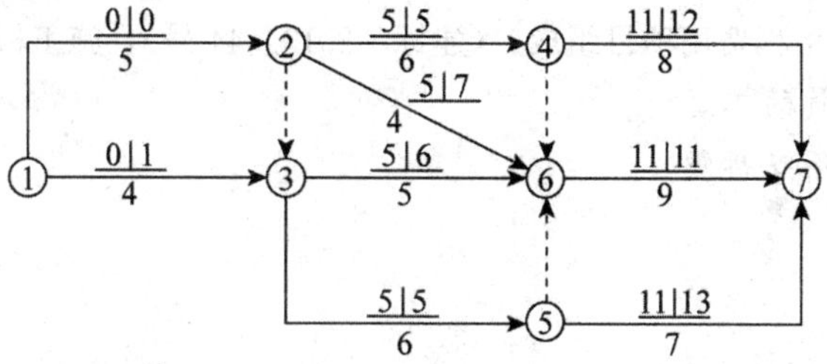

A. 关键线路有2条

B. 工作①—③与工作③—⑥的总时差相等

C. 工作④—⑦与工作⑤—⑦的自由时差相等

D. 工作②—⑥的总时差与自由时差相等

E. 工作③—⑥的总时差与自由时差不等

120. 缩短关键工作的持续时间时，其缩短值的确定必须符合（　　）。

A. 缩短后工作的持续时间不能小于其最短持续时间

B. 缩短后工作的持续时间不能大于其最短持续时间

C. 缩短持续时间的工作不能变成非关键工作

D. 缩短持续时间的工作能变成非关键工作

E. 缩短后对非关键工作无影响

密　封　线

密　　封　　线

全国监理工程师执业资格考试

《建设工程质量、投资、进度控制》押题模拟卷（三）

（考试时间180分钟　满分160分）

题号	一	二	总分	统分人签字
得分				

得分	评卷人

一、单项选择题（共80题，每题1分。每题的备选项中，只有1个最符合题意）

1. 工程建设的（　　）阶段是决定工程质量的关键环节。

A. 项目决策　　B. 设计质量

C. 工程施工　　D. 项目可行性研究

2. 下列机械设备，属于施工过程中使用的机具设备的是（　　）。

A. 通风设备　　B. 测量仪器

C. 空调设备　　D. 电梯、泵机

3. 任何建筑产品在适用、耐久、安全、可靠、经济以及与环境协调性方面都必须达到基本要求。但不同专业的工程，其环境条件、技术经济条件的差异使其质量特点有不同的（　　）。

A. 侧重面　　B. 选择范围

C. 内在界定　　D. 内在关系

4. 监理工程师在工程质量控制过程中，自始至终要把坚持（　　）原则作为工程质量控制的基本原则。

A. 质量第一　　B. 以人为核心

C. 以预防为主　　D. 质量标准

5. 对招投标承发包活动的依法监督和工程合同管理属于（　　）的管理职能。

A. 建设单位　　B. 政府

C. 施工单位　　D. 监理单位

6. 根据《建设工程质量管理条例》，建设工程质量保修书应由（　　）出具。

A. 建设单位向用户

B. 建设单位向建设行政主管部门

C. 承包单位向建设单位

D. 承包单位向监理单位

25. 某城市的广播电视塔属于（　　）。

A. 单位工程　　B. 分部工程

C. 分项工程　　D. 检验批

26. 根据施工质量验收的规定，施工现场质量管理检查记录表应由施工单位填写，然后由（　　）负责检查并做出检查结论。

A. 总监理工程师　　B. 专业监理工程师

C. 现场监理员　　D. 施工单位质量负责人

27. 某工程不符合国家或行业的有关技术标准、设计文件及合同中对质量的要求，该工程属于（　　）。

A. 质量缺陷　　B. 质量问题

C. 质量不合格　　D. 质量事故

28. 工程发生的质量问题，不论是由于哪个单位的原因造成的，通常先由（　　）负责实施处理。

A. 建设单位　　B. 施工单位

C. 设计单位　　D. 监理单位

29. 按国家现行规定，造成直接经济损失 350 万元的工程质量事故，应定为（　　）质量事故。

A. 一般　　B. 较大

C. 重大　　D. 特别重大

30. 工程质量事故发生后，事故调查组已展开工作的，监理工程师应（　　）。

A. 积极参与事故调查　　B. 要求施工单位提供相应证据

C. 回避参与事故调查　　D. 积极协助客观提供相应证据

31. 分阶段设计审查由建设单位组织有关专家或机构进行工程设计评审，其目的是（　　）。

A. 深化设计的协调管理

B. 体现建设单位意图

C. 优选设计方案和设计单位

D. 控制设计成果质量，优化工程设计，提高效益

32. 当工程质量未达到规定的标准和要求，存在的严重质量缺陷，对结构的使用和安全构成重大影响，且又无法通过修补处理的情况下，应（　　）。

A. 加固处理　　B. 不做处理

C. 返工处理　　D. 报废处理

33. 工程设计质量管理中，由（　　）组织有关专家或机构进行工程设计评审。

A. 建设单位　　B. 施工单位

C. 监理单位　　D. 质量监督机构

34. 某项目建筑安装工程费为 1 500 万元，设备及工器具购置费为 2 000 万元，基本预备费为 200 万元，工程建设其他费为 500 万元，基本预备费为 200 万元，铺底流动资金为 100 万元，建设期贷款利息为 120 万元，则该项目的静态投资为（　　）万元。

A. 4 000　　B. 4 200

C. 4 300　　D. 4 420

密　封　线

密 封 线

35. 建设项目投资估算指标编制的基础是（　　）。

A. 预算定额　　B. 概算定额

C. 施工定额　　D. 企业定额

36. 做好工程施工记录，保存各种文件图纸，特别是注有实际施工变更情况的图纸，注意积累素材，为正确处理可能发生的索赔提供依据，这是施工阶段投资控制的（　　）措施。

A. 组织　　B. 经济

C. 技术　　D. 合同

37. 建设单位和承包单位未能就工程变更的费用等方面达成协议时，项目（　　）应提出一个暂定的价格，作为临时支付工程款的依据。

A. 建设单位　　B. 承包单位

C. 监理单位　　D. 设计单位

38. 人工费是指按工资总额构成规定，支付给从事建筑安装工程施工的生产工人和附属生产单位工人的各项费用。下列应计入人工费的是（　　）。

A. 大修理费　　B. 工地保管费

C. 差旅交通费　　D. 劳动竞赛奖

39. 根据《建筑安装工程费用项目组成》，劳动保险和职工福利费应计入（　　）。

A. 企业管理费　　B. 社会保险费

C. 规费　　D. 人工费

40. 根据《建筑安装工程费用项目组成》，对建筑材料、构件和建筑安装物进行一般鉴定和检查所发生的费用，需计入建筑安装工程费中的（　　）。

A. 措施费　　B. 企业管理费

C. 检验试验费　　D. 材料费

41. 根据《建筑安装工程费用项目组成》，施工单位搭建的临时建筑物的费用，应计入建筑安装工程的（　　）。

A. 直接工程　　B. 措施费

C. 间接费　　D. 规费

42. 某施工机械预算价格为5万元，大修周期为5个，残值率为5%，耐用总台班为2 000台班。则该机械的台班折旧费为（　　）元。

A. 4.75　　B. 19

C. 23.75　　D. 25

43. 在国际贸易中，卖方一般不愿意采用的交货方式是（　　）。

A. 内陆交货　　B. 目的地交货

C. 装运港交货　　D. 海上交货

44. 某进口设备按人民币计算，离岸价为850万元，银行财务费为4.5万元，外贸手续费率为1.5%，国外运费为12万元，国外运输保险费为8万元，进口关税率为20%，则该进口设备的进口关税为（　　）万元。

A. 160.00　　B. 164.00

C. 164.90　　D. 174.00

62. 在工程建设中，经济制裁属于进度控制常见因素的（　　）。

A. 政策因素　　B. 社会环境因素

C. 资金因素　　D. 组织管理因素

63. 在施工阶段，为了确保进度控制目标的实现，监理工程师需要编制（　　）。

A. 工程项目总进度计划

B. 监理进度计划

C. 施工作业计划

D. 分部分项工程施工进度计划

64. 横道计划作为控制建设工程进度的方法之一，其局限性是不能（　　）。

A. 反映出工作之间的相互搭接关系

B. 明确反映出各项工作之间错综复杂的相互关系

C. 反映出各项工作的划分

D. 直观地反映出建设工程的施工期限

65. 用以表示流水施工的某施工过程（专业工作队）在单位时间内所完成的工程量的工艺参数是（　　）。

A. 流水步距　　B. 流水强度

C. 流水节拍　　D. 流水施工工期

66. 流水步距的数目取决于（　　）。

A. 总的施工过程数

B. 参加流水的施工过程数

C. 流水节拍

D. 施工段数

67. 某分部工程有 2 个施工过程，各分为 3 个施工段组织流水施工，流水节拍分别为 4 天、4 天、3 天、3 天和 3 天、5 天、4 天、3 天，则流水步距和流水施工工期分别为（　　）天。

A. 3、16　　B. 3、17

C. 5、18　　D. 5、20

68. 某分部工程双代号网络计划如下图所示，图中错误的是（　　）。

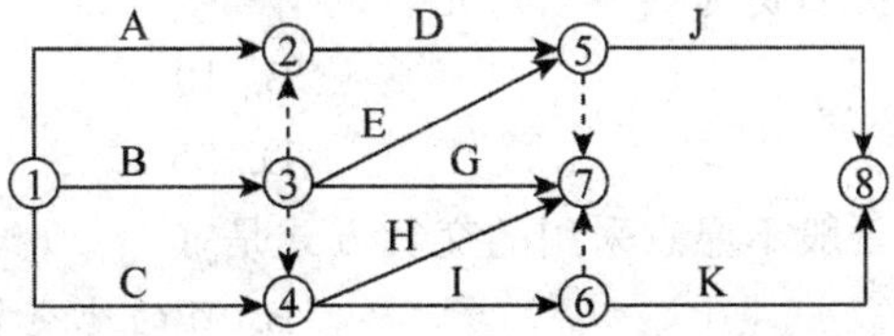

A. 多个起点节点　　B. 存在循环回路

C. 工作代号重复　　D. 节点编号有误

69. 在某工程双代号网络计划中，工作 N 的最早开始时间和最迟开始时间分别为第 20 天和第 25 天，其持续时间为 6 天。该工作有两项紧后工作，它们的最早开始时间分别为第 32 天和第 34 天，则工作 N 的总时差和自由时差分别为（　　）天。

A. 3、0　　B. 3、2

C. 5、0　　D. 5、6

70. 已知某工程双代号网络计划的计划工期等于计算工期，且工作 M 的完成节点为关键节点，则该工作（　　）。

A. 为关键工作　　B. 自由时差等于总时差

C. 自由时差为零　　D. 自由时差小于总时差

71. 某工程单代号网络计划如下图所示，其关键线路有（　　）条。

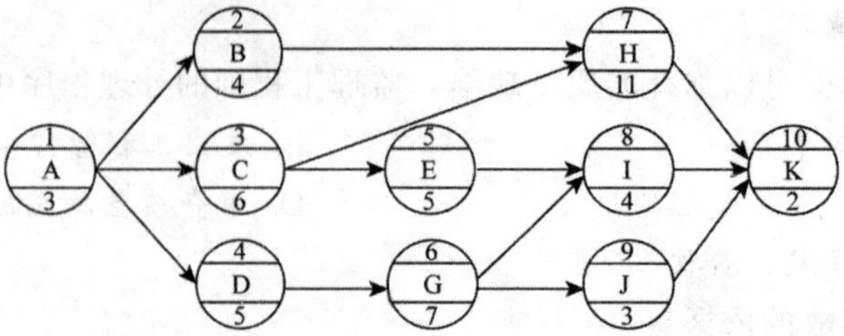

A. 1　　B. 2

C. 3　　D. 4

72. 单代号网络计划中工作与其紧后工作之间的时间间隔应等于（　　）。

A. 其紧后工作的最迟开始时间与该工作的最迟完成时间之差

B. 其紧后工作的最早开始时间与该工作的最早完成时间之差

C. 其紧后工作的最早完成时间与该工作的最早完成时间之差

D. 其紧后工作的最早开始时间与该工作的最早开始时间之差

73. 在某工程单代号搭接网络计划中，关键线路是指（　　）的线路。

A. 相邻两项工作之间的时距之和最大

B. 相邻两项工作之间的时间间隔全部为零

C. 工作的持续时间总和最大

D. 相邻两项工作之间的时距全部为零

74. 监理单位接受建设单位委托进行工程设计监理时，为了有效地控制设计工作进度，应当（　　）。

A. 编制工程设计作业进度计划

B. 审查设计进度计划的合理性和可行性

C. 检查工程设计人员的专业构成情况

D. 编制工程设计阶段进度计划

75. 在施工进度控制过程中，监理工程师的主要工作内容不包括（　　）。

A. 下达工程开工令

B. 监督施工进度计划的实施

C. 组织现场协调会

D. 向承包商提供进度报告

76. 监理工程师实施进度控制的依据是（　　）。

A. 施工部署

B. 技术经济指标

C. 施工进度计划

D. 各项资金需要量计划

E. 质量事故调查中收集的有关数据

92. 基本建设程序是工程项目建设过程及其客观规律的反映，不按建设程序办事是导致工程质量缺陷的重要原因，常见的违背建设程序的事件包括（　　）。

A. 仓促开工　　B. 无图施工

C. 越级施工　　D. 边设计、边施工

E. 技术交底不清

93. 对于返工、返修就可以弥补的质量缺陷，监理工程师的处理程序中包括（　　）。

A. 发出监理通知单　　B. 发出工程暂停令

C. 按规定上报　　D. 审查质量缺陷的处理方案

E. 组织检查、鉴定、验收

94. 处理工程质量事故的依据有（　　）。

A. 质量事故的实况资料　　B. 有关合同及合同文件

C. 有关的经济文件和报表　　D. 有关的技术文件和档案

E. 相关的建设法规

95. 工程设计质量管理的依据包括（　　）。

A. 合同文件

B. 有关工程建设的技术标准

C. 施工组织设计文件

D. 有关工程建设及质量管理方面的城市规划

E. 有关工程建设及质量管理方面的法律、法规

96. 下列属于工程质量事故处理方案的辅助方法的有（　　）。

A. 试验验证　　B. 业主筛选

C. 定期观测　　D. 专家论证

E. 方案比较

97. 投资估算是建设工程（　　）的投资控制目标。

A. 技术设计　　B. 设计方案选择

C. 初步设计　　D. 施工图设计

E. 承包合同价

98. 施工阶段投资控制的目标有（　　）。

A. 投资估算　　B. 投标报价

C. 设计概算　　D. 施工图预算

E. 建安工程承包合同价

99. 监理工程师对施工阶段投资控制的技术措施不包括（　　）。

A. 严格控制设计变更

B. 分解投资控制目标

C. 编制详细的工作流程图

D. 在项目管理班子中落实从投资控制角度进行施工跟踪的人员

E. 对主要施工方案进行分析

密　封　线

100. 建筑安装工程费构成中，属于企业管理费的有（　　）。

A. 管理人员工资

B. 工具用具使用费

C. 加班加点工资

D. 财务费

E. 劳动保护费

101. 强制确定法可用于价值工程活动中的（　　）。

A. 对象选择　　B. 功能评价

C. 功能定义　　D. 方案创新

E. 方案评价

102. 下列属于单位工程设计概算中建筑工程概算的审查内容的有（　　）。

A. 计算的工程量

B. 采用的定额或指标

C. 各项费用

D. 定额基价的换算

E. 材料价格及供销部门手续费

103. 工程量清单编制的依据有（　　）。

A. 拟定的招标文件

B. 建设工程设计文件及相关资料

C. 施工组织设计

D. 施工现场情况、地勘水文资料

E. 工程特点及常规施工方案

104. 下列关于国有资金投资的工程建设项目工程量清单的说法中，符合《建设工程工程量清单计价规范》规定的有（　　）。

A. 是否采用工程清单方式计价由项目业主自主确定

B. 必须按清单规定的方式进行工程价款的调整

C. 必须按清单规定的方式进行竣工结算

D. 必须按清单规定的方式计算索赔金额

E. 必须按清单规定的方式进行价款支付

105. 根据《建设工程工程量清单计价规范》，在投标报价时不得竞争的费用有（　　）。

A. 工程定位复测费

B. 安全文明施工费

C. 工程排污费

D. 总承包服务费

E. 营业税

106. 采用工程量清单计价模式时，不得作为竞争性费用的有（　　）。

A. 安全文明施工费　　B. 其他项目费

C. 规费　　D. 税金

E. 风险费用

A. 第 4 天至第 5 天的实际进度为匀速进展

B. 第 3 天至第 6 天的计划进度为匀速进展

C. 实施过程中实际停工累计 0.5 天

D. 前 4 天实际工作量与计划工作量相同

E. 第 8 天结束时该工作已按计划完成

118. 某分部工程双代号时标网络计划执行到第 2 周周末及第 8 周周末时，检查实际进度后绘制的前锋线如下图所示，图中表明（　　）。

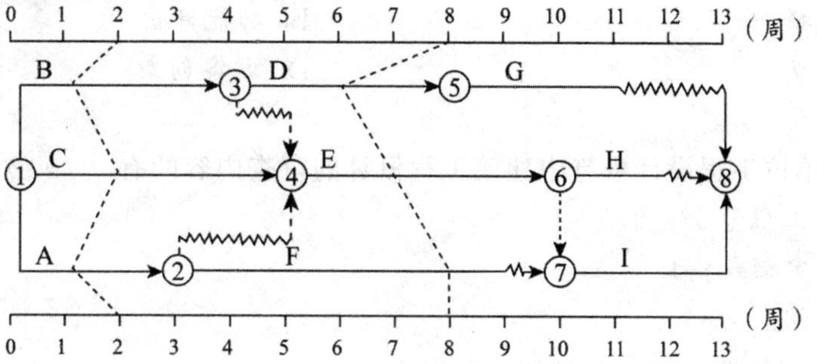

A. 第 2 周周末检查时，工作 A 拖后 1 周，不影响工期

B. 第 2 周周末检查时，工作 B 拖后 1 周，并影响工期 1 周

C. 第 2 周周末检查时，工作 C 拖后 1 周

D. 第 8 周周末检查时，工作 D 拖后 2 周，并影响工期 1 周

E. 第 8 周周末检查时，工作 E 拖后 1 周，并影响工期 1 周

119. 在确定施工进度分解目标时，需要考虑（　　）等方面。

A. 合理安排土建与设备的综合施工

B. 外部协作条件的配合情况

C. 工程项目所在地区地形、地质的限制条件

D. 结合工程特点，由项目参建方主要负责人协商确定施工进度目标

E. 做好资金供应能力、施工力量配备与施工进度的平衡工作

120. 在建设工程施工过程中，监理工程师可采取的施工进度检查方式包括（　　）。

A. 由监理人员定期组织现场施工负责人召开现场会议

B. 定期地收集由承包单位提交的有关进度报表资料

C. 经常地收集由建设单位提交的有关进度报表资料

D. 由驻地监理人员现场跟踪检查建设工程的实际进展情况

E. 由监理工程师定期组织现场施工负责人召开现场会议

密 封 线

全国监理工程师执业资格考试

《建设工程质量、投资、进度控制》押题模拟卷（四）

（考试时间 180 分钟　满分 160 分）

题号	一	二	总分	统分人签字
得分				

得分	评卷人

一、单项选择题（共 80 题，每题 1 分。每题的备选项中，只有 1 个最符合题意）

1. 因设计原因导致质量缺陷的，在工程保修期内的正确做法是（　　）。

A. 施工企业不仅要负责保修，还要承担保修费用

B. 施工企业仅负责保修，由此发生的费用通过建设单位向设计单位索赔

C. 施工企业仅负责保修，由此发生的费用可直接向设计单位索赔

D. 施工企业不负责保修，应由建设单位另行组织维修

2. 保证各种与质量管理体系有关的文件之间的协调，不产生矛盾，保证各自为实现总目标承担好相应的任务，体现监理单位组织编制质量管理体系文件时的（　　）原则。

A. 符合性　　B. 确定性　　C. 相容性　　D. 可操作性

3. 作为一种重要的管理手段和自我改进机制，及时发现问题，采取纠正措施，使体系不断改进是（　　）的目的。

A. 持续改进　　B. 管理评审　　C. 内部审核　　D. 系统评审

4. 施工企业质量管理体系的认证方应为（　　）。

A. 企业最高领导者　　B. 第三方认证机构

C. 企业行政主管部门　　D. 行业管理部门

5. 质量管理体系的管理评审是由（　　）最高管理者关于质量管理体系现状及其对质量方针和目标的适宜性、充分性和有效性所作的正式评价。

A. 建设行政管理部门　　B. 建设单位

C. 质量监督机构　　D. 监理单位

6. 在工程开工前，施工单位必须完成施工组织设计的编制及内部审批工作，填写施工组织设计/（专项）施工方案报审表报送（　　）审查。

A. 专业监理工程师　　B. 总监理工程师

C. 总监理工程师代表　　D. 建设单位技术负责人

31. 在工程质量事故的处理过程中，可能要进行必要的检测鉴定，可进行检测鉴定的单位是（　　）。

A. 总监理工程师指定的检测单位

B. 建设单位指定的检测单位

C. 政府批准的有资质的法定检测单位

D. 监理工程师审查批准的施工单位试验室

32. 目的是要通过搜集、分析已有资料，进行现场踏勘的是（　　）。

A. 详细勘察　　B. 初步勘察

C. 试验勘察　　D. 可行性研究勘察

33. 建设工程投资在整个建设期内需随时进行动态跟踪、调整，直至（　　）后才能真正确定建设工程项目投资。

A. 概算　　B. 预算　　C. 编制估算　　D. 竣工决算

34. 在施工阶段投资控制中，进行工程计量属于（　　）方面的措施。

A. 组织　　B. 经济　　C. 技术　　D. 合同

35. 在世界银行工程造价的构成中，有一项费用有可能发生，有可能不发生，在正常建设条件下可能不动用，只是一种储备。此项费用是（　　）。

A. 不可预见准备金　　B. 未明确项目准备金

C. 建设成本上升费用　　D. 应急费用

36. 根据《建筑安装工程费用项目组成》（建标〔2013〕44号），应列入规费的是（　　）。

A. 工程排污费　　B. 上级单位管理费

C. 大型机械进出场及安拆费　　D. 财务保险费

37. 某施工机械预算价格为200万元，折旧年限为12年，年平均工作220台班，残值率为4%，则该机械台班折旧费为（　　）元。

A. 325.46　　B. 452.63　　C. 643.28　　D. 727.27

38. 国际工程项目建筑安装工程费用中，暂列金额是（　　）的备用金。

A. 招标单位　　B. 施工方　　C. 业主方　　D. 监理单位

39. 某进口设备按人民币计算的到岸价为400万元，进口关税率为10%，增值税率为17%，消费税为5万元，国外运输保险费为4.5万元，则该进口设备应缴纳的增值税额为（　　）万元。

A. 71.06　　B. 71.91　　C. 72.72　　D. 75.65

40. 工程建设其他费用是指从（　　）的整个建设期间，除建筑安装工程费用和设备、工器具购置费以外的费用。

A. 施工到竣工投产

B. 筹建到设计前

C. 设计到竣工投产

D. 工程筹建到工程竣工验收交付使用止

41. 生产单位提前进厂参加施工、设备安装、调试的人员，其工资、工资性补贴等费用应从（　　）中支付。

A. 建筑安装工程费　　B. 设备、工器具购置费

C. 建设单位管理费　　D. 生产准备费

密　封　线

42. 某新建项目，建设期为3年，共向银行贷款1 800万元。其中，第1年贷款600万元，第2年贷款500万元，第3年贷款700万元，年利率为5%。该项目的建设期利息为（　　）万元。

A. 43.25　　B. 45.00　　C. 75.41　　D. 133.66

43. 下列不属于取得国有土地使用费的是（　　）。

A. 土地使用权出让金　　B. 土地补偿费

C. 城市建设配套费　　D. 拆迁补偿与临时安置补助费

44. 某建筑单位新建项目，从银行贷款200万元，贷款期限为6年，6年后一次性还本付息，年贷款复利利率为4%。该笔贷款还本付息总额为（　　）万元。

A. 243.33　　B. 248.00　　C. 252.50　　D. 253.06

45. 某企业年初向银行借款300万元，年利率为3%。银行规定每半年计息一次。则企业第3年年末一次向银行支付复本利和为（　　）万元。

A. 359.43　　B. 328.03　　C. 318.55　　D. 318.00

46. 某项目的建设投资为25 000万元，流动资金为5 000万元，项目资本金为15 000万元。其试运行阶段的年平均净利润为4 500万元，运营阶段的年平均净利润为6 000万元。则其项目资本金净利润率（*ROE*）为（　　）。

A. 20%　　B. 25%　　C. 30%　　D. 40%

47. 关于项目方案净现值与基准收益率关系的说法，正确的是（　　）。

A. 基准收益率越大，净现值越小　　B. 基准收益率越大，净现值越大

C. 基准收益率越小，净现值越小　　D. 两者之间没有关系

48. 某工程有4个设计方案，方案一的功能系数为0.61，成本系数为0.55；方案二的功能系数为0.63，成本系数为0.60；方案三的功能系数为0.62，成本系数为0.57；方案四的功能系数为0.64，成本系数为0.56。根据价值工程原理确定的最优方案为（　　）。

A. 方案一　　B. 方案二　　C. 方案三　　D. 方案四

49. 下列编制设备安装工程概算的算式中，不属于概算指标法的是（　　）。

A. 概算价值＝设备安装工程量×预算单价

B. 概算价值＝单位建筑体积×单位安装工程量

C. 概算价值＝单位安装工程量×概算单价

D. 概算价值＝单位建筑面积×概算单价

50. 施工图预算的编制依据不包括（　　）。

A. 项目的技术复杂程度　　B. 合理的施工组织设计和施工方案

C. 批准的可行性研究报告　　D. 相应预算定额和地区单位估价表

51. 下列哪项不属于施工图预算的编制方法（　　）。

A. 定额单价法　　B. 工程量清单单价法

C. 实物量法　　D. 扩大单价法

52. 关于分部分项工程量清单的说法，正确的是（　　）。

A. 分部分项工程量清单为可调整的开口清单

B. 投标人不必对清单项目逐一计价

C. 投标人可以根据具体情况对清单的列项进行变更和增减

D. 投标人不得对清单中内容不妥或遗漏的部分进行修改

72. 某工程双代号时标网络计划如下图所示，其中工作B的总时差和自由时差(　　)周。

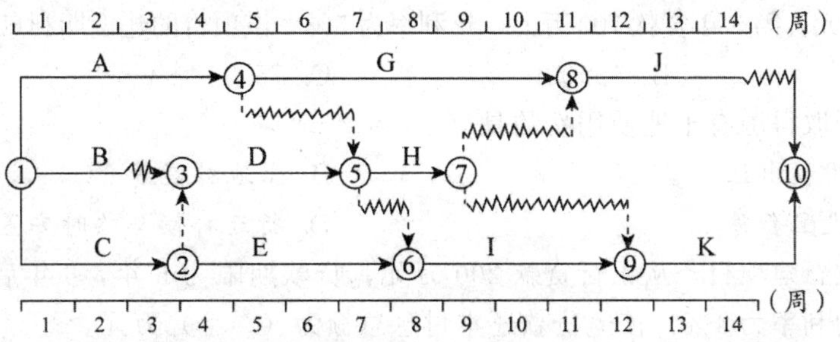

A. 均为1　　B. 分别为2和1　　C. 分别为4和1　　D. 均为4

73. 工程网络计划的费用优化是指寻求（　　）的过程。

A. 资源使用均衡时工程总成本最低

B. 工期固定条件下工程总成本最低

C. 工程总成本最低时工期安排

D. 工程总成本固定条件下最短工期安排

74. 单代号搭接网络的时间参数计算中，若某项中间工作的最早开始时间为负值，则应当（　　）。

A. 将该工作与最后一项工作联系起来　　B. 增大该工作的时间间隔

C. 调整其紧前工作的持续时间　　D. 在该工作与起点节点之间添加虚箭线

75. 在项目实施过程中检查实际进度收集到的数据，经加工整理后直接用横道线平行绘制于原计划的横道线处，进行实际进度与计划进度的比较方法，称为（　　）。

A. 列表比较法　　B. S曲线比较法

C. 横道图比较法　　D. 前锋线比较法

76. 为了使单位工程动用目标具体化，并以时间分界点作为形象进度的控制标志，施工进度应按（　　）分解。

A. 项目组成　　B. 计划期　　C. 施工阶段　　D. 专业项目

77. 下列有关施工顺序的说法，错误的是（　　）。

A. 一般说来，施工顺序受施工工艺和施工组织两方面的制约

B. 同一类工程项目，其施工顺序也难以做到完全相同

C. 不同的工程项目，其施工顺序不同

D. 制约施工顺序的组织关系是由工程本身决定的

78. 通过检查分析，如果出现进度偏差，那么（　　）。

A. 仍按原计划执行　　B. 对原计划整体进行调整

C. 改变工期或施工速度　　D. 应尽量减少变更计划性的调整

79. 监理工程师在审批工程延期时应遵循的原则不包括（　　）。

A. 资金情况　　B. 合同条件　　C. 影响工期　　D. 实际情况

80. 在施工进度控制过程中，如果由于承包单位自身原因造成工期拖延且不按指令改变延期状态时，则监理工程师不可以采用（　　）手段进行处理。

A. 拒绝签署付款凭证　　B. 降低合同价款

C. 误期损失赔偿　　D. 取消承包资格

密　封　线

得分	评卷人

二、多项选择题（共40题，每题2分。每题的备选项中，有2个或2个以上符合题意，至少有1个错项。错选，本题不得分；少选，所选的每个选项得0.5分）

81. 建设单位办理工程竣工验收备案应提交的文件有（　　）。

A. 工程竣工验收报告　　B. 工程竣工验收备案表

C. 监理单位签署的竣工决算书　　D. 施工单位签署的工程质量保修书

E. 公安消防部门出具的认可文件

82. 建筑工程项目申请领取施工许可证应当具备的条件包括（　　）。

A. 建设资金已经落实

B. 已经办理了招标投标核准手续

C. 有满足施工需要的施工图纸及技术资料

D. 按照规定应该委托监理的工程已委托监理

E. 在城市规划区的建设工程，已经取得规划许可证

83. 质量管理体系运行中的工作要点包括（　　）。

A. 确定质量方针和目标　　B. 文件的标识和控制

C. 产品质量的追踪检查　　D. 建立并实行严格的考核制度

E. 物资管理

84. 质量管理体系认证一般要经过（　　）等程序。

A. 递交申请　　B. 签订合同

C. 颁发证书　　D. 监督

E. 持续改进

85. 关于项目质量控制体系的说法，正确的有（　　）。

A. 项目质量控制体系需要第三方认证

B. 项目质量控制体系是一个永久性的质量管理体系

C. 项目质量控制体系既适用于特定监理项目的质量控制，也适用于监理单位的质量管理

D. 项目质量控制体系涉及具体项目监理机构实施监理过程所有的监理活动

E. 项目质量控制体系的控制目标并非某个具体监理单位的质量管理目标

86. 关于质量管理体系认证与认可的说法，正确的有（　　）。

A. 认证是由第三方进行

B. 认可是由授权的机构进行

C. 认可是证明认可对象与认证所依据的标准符合性

D. 认证是证明认证对象具备从事特定任务的能力

E. 认证是书面保证，认可是正式承认

87. 工程质量会受到各种因素的影响，下列属于系统性因素的有（　　）。

A. 使用不同厂家生产的规格、型号相同的材料

B. 机械设备过度磨损

C. 设计中的安全系数过小

D. 施工虽然按规程进行，但规程已更改

E. 施工方法不当

密 封 线

105. 用重点审查法审查施工图预算时，审查的重点有（　　）。
A. 工程量计算规则的正确性
B. 工程量大的分项工程
C. 不具备全面审查条件的工程
D. 各项费用的计取基础
E. 造价较高的各种工程

106. 对单价措施项目，编制措施项目清单时应列出（　　），并按现行计量规范规定，采用对应的工程量计算规则计算其工程量。
A. 项目编码
B. 暂列金额
C. 计日工
D. 项目名称
E. 计量单位

107. 根据《建设工程工程量清单计价规范》，关于计日工的说法，正确的有（　　）。
A. 发包人通知承包人以计日工方式实施的零星工作，承包人应予执行
B. 采用计日工计价的任何一项变更工作，承包人都应将相关报表和凭证送发包人复核
C. 发包人在收到承包人提交现场签证报告后的2d内，应予以确认计日工记录汇总
D. 计日工是承包人完成合同范围内的零星项目按合同约定的单价计价的一种方式
E. 每个支付期末，承包人应向发包人提交本期间所有计日工记录的签证汇总表

108. 根据FIDIC《施工合同条件》，承包人只可要求发包人补偿工期和成本的事项有（　　）。
A. 不可预见的物质条件
B. 发现化石、硬币或有价值的文物
C. 暂停施工
D. 文件有缺陷或技术性错误
E. 因工程师数据差错，放线错误

109. 发包人在确定误期损害赔偿费的标准时，应考虑的因素有（　　）。
A. 发包人的盈利损失
B. 承包人的盈利损失
C. 工程拖期带来的附加监理费
D. 由于工程拖期而引起的贷款利息增加
E. 由于工程拖期不能使用，继续租用原建筑物的租赁费

110. 影响建设工程进度的不利因素有很多，属于组织管理因素的有（　　）。
A. 地下埋藏文物的保护及处理
B. 临时停水、停电
C. 施工安全措施不当
D. 计划安排原因导致相关作业脱节
E. 向有关部门提出各种申请审批手续的延误

111. 进度控制的经济措施包括（　　）。
A. 建设进度信息沟通网络
B. 实施工期提前奖励和延期罚款
C. 及时办理工程预付款支付手续
D. 加强风险管理
E. 及时办理工程进度款手续

112. 影响建设工程进度的不利因素有很多，其中不属于组织管理因素的有（　　）。
A. 资金不到位
B. 临时停水、停电
C. 施工安全措施不当
D. 组织协调不力
E. 合同签订时遗漏条款、表达失当

密　封　线

113. 工程项目建设总进度计划是对工程项目从开始建设至竣工投产全过程的统一部署，其主要内容有（　　）。

A. 投资计划年度分配表

B. 设计总进度计划表

C. 工程项目一览表

D. 年度建设资金平衡表

E. 工程项目进度平衡表

114. 某工程单代号网络计划如下图所示，节点中下方数字为该工作的持续时间，则关键工作包括（　　）。

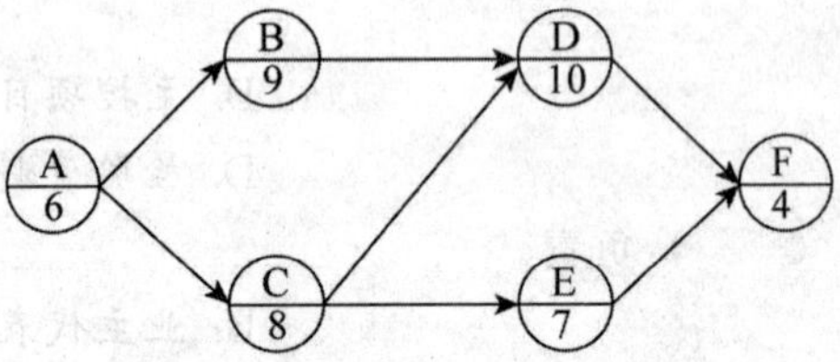

A. 工作 A　　　　B. 工作 B

C. 工作 C　　　　D. 工作 D

E. 工作 E

115. 某工程项目的计划进度和截至第 8 周周末的实际进度如下图所示（虚线表示计划进度，粗实线表示实际进度）。如果各项工作均为匀速进展，则截至第 8 周周末（　　）。

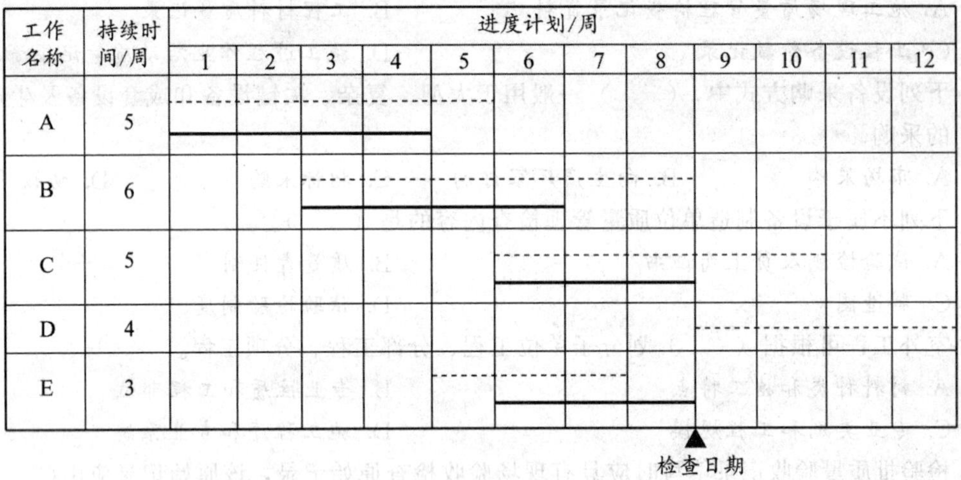

A. 工作 A 已完成

B. 工作 B 的实际进度拖后 2 周

C. 工作 C 的实际进度正常

D. 工作 D 尚未开始

E. 工作 E 的实际进度正常

116. 下列关于实际进度与计划进度的比较方法，说法正确的有（　　）。

A. 横道图比较法主要用于工程项目中某些工作实际进度与计划进度的局部比较

B. S 曲线比较法以横坐标表示时间，纵坐标表示累计完成任务量

9. (　　) 是典型的质量控制动态分析法。

A. 排列图法　　B. 直方图法　　C. 分层法　　D. 控制图法

10. 为保证工程质量，施工单位应在经外观检查合格的每批钢筋中任选两根钢筋，在其上各取一套试样，每套试样各制作两根试件，分别做（　　）的力学性能试验。

A. 冷弯和抗压　　B. 拉伸和抗剪　　C. 冷弯和抗剪　　D. 拉伸和冷弯

11. 水泥进场检验时，下列应判定为废品的是（　　）。

A. 安定性不符合相应规定指标　　B. 终凝时间不符合相应规定指标

C. 烧失量不符合相应规定指标　　D. 强度低于相应强度等级规定指标

12. 在单位工程的质量验收中，对于涉及结构安全和使用功能的重要分部工程应进行（　　）。

A. 见证取样检测　　B. 主控项目的复查

C. 抽样检测　　D. 检验资料的抽查

13. 监理资料的管理应由（　　）负责。

A. 专业监理工程师　　B. 业主代表

C. 总监理工程师　　D. 总监理工程师代表

14. 下列质量记录资料中，属于施工现场质量管理检查记录资料的是（　　）。

A. 施工组织设计、施工方案　　B. 检测及试验报告

C. 设备进场维修记录　　D. 质量自检资料

15. 施工单位质量记录资料包括三方面的内容，其中不包括（　　）。

A. 施工现场质量管理检查记录资料　　B. 工程材料质量记录

C. 工程设备价款记录　　D. 施工过程作业活动质量记录资料

16. 下列设备采购方式中，（　　）一般用于大型、复杂、关键设备和成套设备及生产线设备的采购。

A. 市场采购　　B. 向生产厂家订购　　C. 招标采购　　D. 协议采购

17. 下列不属于设备制造单位质量管理检查内容的是（　　）。

A. 试验检测人员上岗证书　　B. 质量责任制

C. 制造图　　D. 试验检验制度

18. 室外工程可根据（　　）划分子单位工程、分部工程、分项工程。

A. 材料种类和施工特点　　B. 专业性质和工程部位

C. 专业类别和工程规模　　D. 施工程序和专业系统

19. 检验批质量验收记录填写时应具有现场验收检查原始记录，该原始记录应由（　　）和施工单位专业质量检查员、专业工长共同签署，并在单位工程竣工验收前存档备查。

A. 建设单位项目负责人　　B. 监理工程师代表

C. 设计单位技术负责人　　D. 专业监理工程师

20. 观感质量差的分部工程可采取的处理方式是（　　）。

A. 加固处理　　B. 返修处理　　C. 不做处理　　D. 限制使用

21. 单位工程竣工验收应由（　　）组织各参建单位项目负责人进行。

A. 施工单位项目负责人　　B. 建设单位项目负责人

C. 总监理工程师　　D. 专业监理工程师

密　封　线

22. 对于经过返修或加固的分部、分项工程，可按技术处理方案和协商文件进行验收的前提是（　　）。

A. 不改变结构的外形尺寸
B. 不造成永久性缺陷
C. 不影响主要功能和正常使用寿命
D. 不影响安全和主要使用功能

23. 某建设工程项目施工过程中，由于质量事故导致工程结构受到破坏，造成6 000万元的直接经济损失，这一事故属于（　　）。

A. 一般事故　　B. 较大事故　　C. 重大事故　　D. 特别重大事故

24. 工程质量缺陷的处理方案需经过（　　）审查，由施工单位处理，处理结果应重新进行验收。

A. 建设单位
B. 监理单位
C. 设计单位
D. 工程质量监督机构

25. 发生工程质量事故后，下一步处理程序应当是（　　）。

A. 总监理工程师征得建设单位同意后，签发工程暂停令
B. 施工单位进行质量事故调查
C. 项目监理机构审查施工单位报送的质量事故调查报告
D. 施工单位实施处理，项目监理机构跟踪调查

26. 质量事故技术处理方案核签后，监理工程师应对技术处理过程进行（　　）。

A. 平行检查　　B. 见证取样　　C. 抽检　　D. 跟踪检查

27. 工程质量事故处理方案的类型有返工处理、不做处理和（　　）。

A. 修补处理
B. 实验验证后处理
C. 定期观察处理
D. 专家论证后处理

28. （　　）应对地基基础处理与加固、不良地质现象的防治工程进行岩土工程计算与评价，以满足施工图设计的要求。

A. 可行性研究勘察　　B. 选址勘察　　C. 初步勘察　　D. 详细勘察

29. 下列不属于建设工程项目投资的特点是（　　）。

A. 建设工程项目投资数额巨大
B. 建设工程项目投资差异明显
C. 建设工程项目投资不需要单独计算
D. 建设工程项目投资确定依据复杂

30. 在国外项目管理咨询公司中，工程师的根本任务是进行（　　）。

A. 控制进度　　B. 控制质量　　C. 控制投资　　D. 项目管理

31. 监理公司对建设工程项目投资的控制应贯穿于（　　）。

A. 建设全过程　　B. 施工阶段　　C. 设计阶段　　D. 决策阶段

32. 建筑安装工程费用组成中，（　　）不属于规费。

A. 养老保险费　　B. 失业保险费　　C. 工伤保险费　　D. 劳动保护费

33. 在按费用构成要素划分的建筑安装工程费构成中，教育费附加属于（　　）。

A. 规费　　B. 措施费　　C. 直接费　　D. 税金

34. 关于进口设备交货类别中买卖双方应承担的风险，下列表述正确的是（　　）。

A. 内陆交货类由卖方承担交货前的一切费用和风险
B. 目的地交货类对买卖双方的风险做了合理均摊
C. 装运港船上交货价是由卖方承担海运风险
D. 采用装运港船上交货价时，由卖方负担货物装船后的一切风险

56. 当承包人对于清单项目中规定购买的仪器设备不能一次购进时，监理工程师可以采用（　　）进行计量支付。

A. 均摊法　　B. 凭证法

C. 估价法　　D. 分解计量法

57. 下列业主造成的（　　）情况下，承包方不可以提出利润索赔。

A. 工程变更

B. 业主未能提供现场

C. 暂停施工

D. 文件有缺陷或技术性错误

58. 对于投资偏差的原因，不属于业主原因的是（　　）。

A. 投资规划不当　　B. 建设手续不全

C. 未及时提供场地　　D. 图纸提供不及时

59. 建设项目总进度目标是在（　　）项目定义时确定的。

A. 项目决策阶段　　B. 项目设计阶段

C. 项目实施阶段　　D. 项目验收阶段

60. 建设单位工程项目年度计划的（　　）将确定年度施工项目的投资额和年末形象进度，并阐明建设条件的落实情况。

A. 年度计划项目表

B. 年度设备平衡表

C. 年度竣工投产交付使用计划表

D. 年度建设资金平衡表

61. 某分部工程由 4 个施工过程组成，分为 3 个施工段组织流水施工，其流水节拍（单位：天）如下表所示，则流水施工工期为（　　）天。

施工过程	施工段		
	①	②	③
Ⅰ	3	4	3
Ⅱ	3	5	4
Ⅲ	4	3	4
Ⅳ	3	5	4

A. 25　　B. 24

C. 23　　D. 22

62. 建设工程组织流水施工时，用来表达流水施工在施工工艺方面进展状态的参数之一是（　　）。

A. 施工段　　B. 流水强度

C. 流水节拍　　D. 工作面

63. 某道路工程划分为 3 个施工过程、5 个施工段进行施工。各施工过程的流水节拍分别为 6 天、4 天、4 天。如果组织加快的成倍节拍流水施工，则流水施工工期为（　　）天。

A. 26　　B. 24

C. 22　　D. 20

密

封

线

64. 某分部工程双代号网络计划如下图所示，图中错误的是（　　）。

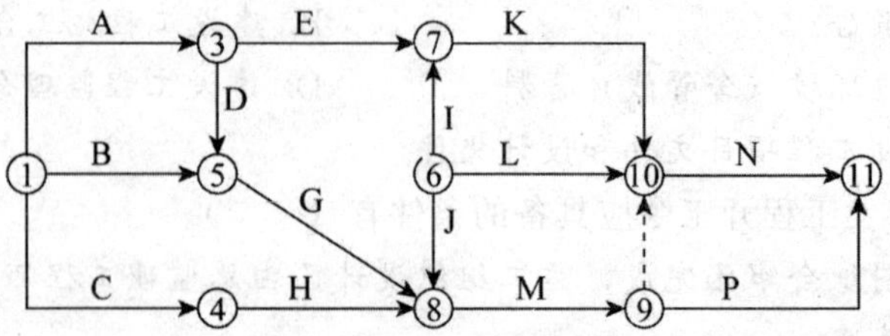

A. 存在循环回路

B. 节点编号有误

C. 存在多个起点节点

D. 存在多个终点节点

65. 关于自由时差和总时差，下列说法错误的是（　　）。

A. 自由时差为零，总时差必定为零

B. 总时差为零，自由时差必定为零

C. 在不影响总工期的前提下，工作的机动时间为总时差

D. 在不影响紧后工作最早开始时间的前提下，工作的机动时间为自由时差

66. 某工程双代号网络计划如下图所示，其关键线路有（　　）条。

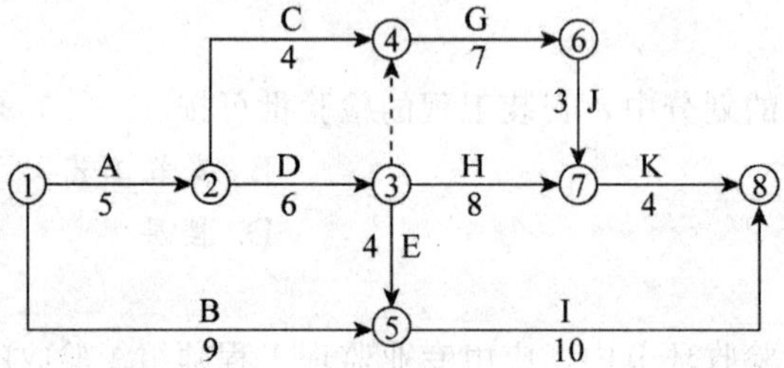

A. 1　　B. 2

C. 3　　D. 4

67. 某工程网络计划中工作C的持续时间为6天，其两项紧前工作的最早完成时间分别为第8天和第10天，则工作C的最早完成时间为第（　　）天。

A. 8　　B. 10

C. 16　　D. 18

68. 在某工程网络计划中，工作M的最早开始时间和最迟开始时间分别为第12天和第16天，其持续时间为5天。工作M有3项紧后工作，它们的最早开始时间分别为第21天、第24天和第28天，则工作M的自由时差为（　　）天。

A. 1　　B. 3

C. 4　　D. 8

69. 关于工程网络计划关键工作的说法，正确的是（　　）。

A. 单代号搭接网络计划中关键工作与其紧后工作之间的搭接时距最长

B. 单代号网络计划中关键工作与其紧后工作之间的时间间隔为零

C. 工程网络计划中关键工作的自由时差与总时差全部为零

D. 双代号网络计划中关键工作两端的节点必为关键节点

密　封　线

86. 施工方案审查的依据包括（　　）。

A. 可行性研究报告

B. 建设工程施工合同文件

C. 工程场地周边环境（含管线）资料

D. 建设工程监理合同

E. 经批准的建设工程项目文件和设计文件

87. 总监理工程师签发工程开工令应具备的条件有（　　）。

A. 设计交底和图纸会审已完成，施工组织设计已由总监理工程师签认

B. 建设资金已落实

C. 管理及施工人员已到位，施工机械具备使用条件，主要工程材料已落实

D. 施工单位现场质量、安全生产管理体系已建立

E. 进场道路及水、电、通信等已满足开工要求

88. 质量记录资料包括（　　）。

A. 施工现场质量管理检查记录资料

B. 施工过程作业活动质量记录资料

C. 工程材料质量记录

D. 工程洽商记录文件

E. 技术、安全交底记录文件

89. 设备制造过程的质量控制中，制造过程的监督和检验主要是（　　）。

A. 加工作业条件的控制

B. 工序产品的检查与控制

C. 不合格零件的处理

D. 设计变更

E. 运输方案审查

90. 施工质量验收层次的划分中，安装工程的检验批可按（　　）来划分。

A. 设计系统

B. 安装工艺

C. 主要工种

D. 楼层

E. 设备组别

91. 下列施工过程质量验收环节中，应由专业监理工程师组织验收的有（　　）。

A. 分部工程

B. 分项工程

C. 单项工程

D. 检验批

E. 单位工程

92. 在工程质量验收时，主控项目是指建筑工程中对（　　）起决定性作用的检验项目。

A. 工程效益

B. 工程安全

C. 环境保护

D. 节能

E. 工程规模

93. 分部工程质量验收合格的规定包括（　　）。

A. 所含分项工程的质量均应验收合格

B. 质量控制资料应完整

C. 有关安全、节能、环境保护和主要使用功能的抽样检验结果应符合相应规定

D. 观感质量应符合要求

E. 所含分部工程内的分项工程的质量评定均为优

94. 工程勘察工作划分的阶段有（　　）。

A. 可行性研究阶段

B. 初步勘察

C. 详细勘察

D. 具体勘察

密　封　线

E. 施工勘察

95. 建设工程的静态投资部分包括（　　）。

A. 基本预备费　　B. 涨价预备费

C. 建筑安装工程费　　D. 铺底流动资金

E. 工程建设其他费

96. 国外项目监理机构在建设工程投资控制的主要任务中，工料测量师在立约后阶段对投资控制的工作任务包括（　　）。

A. 为拟建项目获得当局批准而向业主提供必要的报告

B. 对拟建项目做出初步的经济评价

C. 审核承包人的索赔

D. 制定工程变更清单

E. 审核工程竣工结算

97. 在立约前阶段，工料测量师的主要任务包括（　　）。

A. 对不同的设计及材料进行成本分析　　B. 针对各种拟建方案制定初步估算

C. 对建设项目做出初步的经济评价　　D. 审核承包人的索赔

E. 制定工程变更清单

98. 根据《建筑安装工程费用项目组成》(建标〔2013〕44号)，应计入社会保险费的有（　　）。

A. 失业保险费　　B. 财产保险费

C. 劳动保护费　　D. 医疗保险费

E. 工伤保险费

99. 根据《建筑安装工程费用项目组成》(建标〔2013〕44号)，建筑安装工程措施项目费包括（　　）。

A. 脚手架工程费　　B. 夜间施工增加费

C. 经常修理费　　D. 大型机械设备进出场及安拆费

E. 已完工程及设备保护费

100. 下列属于进口设备装运港交货价的有（　　）。

A. 到岸价　　B. 离岸价

C. 船边交货价　　D. 运费在内价

E. 完税后交货价

101. 关于基准收益率的说法，正确的有（　　）。

A. 测定基准收益率不需要考虑通货膨胀因素

B. 测定基准收益率应考虑资金成本因素

C. 基准收益率是企业、行业可接受的方案最低标准的收益水平

D. 基准收益率表明投资决策者对项目资金时间价值的估价

E. 测定基准收益率不需要考虑投资风险

102. 关于价值工程方法的说法，正确的有（　　）。

A. 价值工程的核心是对产品进行功能分析

B. 价值工程是寻求用最低的寿命周期成本，可靠地实现使用者所需功能的管理技术

C. 价值工程的目标是以最低的寿命周期成本，实现产品必须具备的功能

D. 价值工程将产品价值、功能和成本作为一个整体同时考虑

密　封　线

116. 某工程双代号网络计划中各项工作的最早开始时间和最迟开始时间如下图所示，该计划表明（　　）。

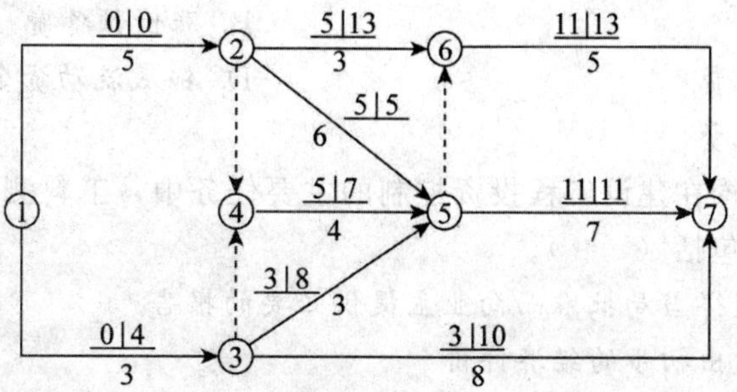

A. 工作②—⑥与工作③—⑤的自由时差相等

B. 工作④—⑤与工作⑥—⑦的总时差相等

C. 工作③—⑦的总时差与自由时差相等

D. 工作①—②与工作①—③的自由时差相等

E. 工作①—③的总时差与自由时差相等

117. 网络计划的工期优化时，在确定缩短持续时间的关键工作时，宜选择（　　）。

A. 有多项紧前工作的工作

B. 缩短持续时间而对质量和安全影响不大的工作

C. 有充足备用资源的工作

D. 缩短持续时间所增加的费用最少的工作

E. 单位时间消耗资源量大的工作

118. 在实际进度与计划进度的比较方法中，常用的方法有（　　）比较法。

A. 横道图　　B. S 曲线

C. 香蕉曲线　　D. 前锋线

E. 控制图

119. 施工进度控制工作细则是指监理工程师具体开展建设工程施工进度控制实务工作的文件，其主要内容包括（　　）。

A. 建筑材料进场安排

B. 进度控制目标分解图

C. 进度控制工作流程

D. 进度控制目标实现的风险分析

E. 进度控制的方法

120. 在施工进度计划的调整过程中，压缩关键工作持续时间的技术措施有（　　）。

A. 增加劳动力和施工机械的数量

B. 改进施工工艺和施工技术

C. 采用更先进的施工机械

D. 改善外部配合条件

E. 采用工程分包方式

参考答案及解析

2017 年《建设工程质量、投资、进度控制》真题（精选）

一、单项选择题

注： 20～27、50～57、60、65～69、71～80 题暂缺。

1. C 【解析】工程施工是形成实体质量的决定性环节。

2. A 【解析】建设单位应当自工程竣工验收合格起 15 日内，向工程所在地的县级以上地方人民政府建设行政主管部门备案。

3. D 【解析】涉及建筑主体和承重结构变动的装修工程，建设单位应在施工前委托原设计单位或者相应资质等级的设计单位提出设计方案，经原审查机构审批后方可施工。

4. D 【解析】设计单位提供的设计文件应当符合国家规定的设计深度要求，注明工程合理使用年限。

5. B 【解析】持续改进的核心是提高有效性和效率，实现质量目标。

6. C 【解析】质量方针是由组织的最高管理者正式发布的该组织总的质量宗旨和方向。

7. B 【解析】工程项目质量控制系统是一个一次性的质量控制工作体系，不同于监理单位的质量管理体系。

8. C 【解析】均值用来描述数据分布集中趋势；极差反映的是数据分散状况；标准偏差反映的是数据变异程度；变异系数反映的是数据的相对离散波动程度。

9. B 【解析】分层法又叫分类法，是将调查收集的原始数据，根据不同的目的和要求，按某一性质进行分组、整理的分析方法。

10. C 【解析】出现孤岛型直方图的原因是原材料发生变化，或者临时他人顶班作业造成的。

11. A 【解析】负相关类型相关图是指散布点形成由左向右向下的一条直线带。

12. C 【解析】监理人员应熟悉工程设计文件，并应参加建设单位主持的图纸会审会议，建设单位应及时主持召开图纸会审会议，组织项目监理机构、施工单位等相关人员进行图纸会审。

13. B 【解析】项目监理机构应审查施工单位报审的施工组织设计，符合要求时，应由总监理工程师签认后报建设单位。

14. B 【解析】总监理工程师应在开工日期 7 天前向施工单位发出工程开工令。

15. D 【解析】分包工程开工前，项目监理机构应审核施工单位报送的分包单位资格报审表及有关资料，专业监理工程师进行审核并提出审查意见，符合要求后，应由总监理工程师审批并签署意见。

16. B 【解析】凡采用新工艺、新技术、新材料的工程，事先应进行试验，并应有权威性技术部门的技术鉴定书及有关的质量数据、指标，在此基础上制定相应的质量标准和施工工艺规程，以此作为判断与控制质量的依据。

17. A 【解析】项目监理机构发现下列情形之一时，总监理工程师应及时签发工程暂停令：①建设单位要求暂停施工且工程需要暂停施工的；②施工单位未经批准擅自施工或拒绝项目监理机构管理的；③施工单位未按审查通过的工程设计文件施工的；④施工单位违反工程建设强制性标准的；⑤施工存在重大质量、安全事故隐患或发生质量、安全事故的。

18. B 【解析】项目监理机构应根据工程特点和施工单位报送的施工组织设计，将影响工程主体结构安全的、完工后无法检测其质量的或返工会造成较大损失的部位及其施工过程作为旁站的关键部位、关键工序，安排监理人员进行旁站，并应及时记录旁站情况。

程部位确定；②当分部工程较大或较复杂时，可按材料种类、施工特点、施工程序、专业系统及类别将分部工程划分为若干子分部工程。

99. BCD 【解析】进口设备采用装运港船上交货时，买方的责任有：负责租船或订舱，支付运费，并将船期、船名通知卖方；承担货物装船后的一切费用和风险；负责办理保险及支付保险费，办理在目的港的进口和收货手续；接受卖方提供的有关装运单据，并按合同规定支付货款。

100. ABD 【解析】进口设备抵岸价＝货价＋国外运费＋国外运输保险费＋银行财务费＋外贸手续费＋进口关税＋增值税＋消费税。其中货价＝离岸价×人民币外汇牌价。

101. ABD 【解析】价值工程的目标是以最低的寿命周期成本，实现产品必须具备的功能，简而言之就是以提高对象的价值为目标，故选项C错误。价值工程将产品价值、功能和成本作为一个整体同时考虑。也就是说，价值工程中对价值、功能、成本的考虑，不是片面和孤立的，而是在确保产品功能的基础上综合考虑生产成本和使用成本，兼顾生产者和用户的利益，从而创造出总体价值最高的产品，故选项E错误。

102. BCD 【解析】设备安装工程概算编制的基本方法有：①预算单价法；②扩大单价法；③概算指标法。

103. BDE 【解析】工程量清单适用于建设工程发承包及实施阶段的计价活动，包括工程量清单的编制、招标控制价的编制、投标报价的编制、工程合同价款的约定、工程施工过程中计量与合同价款的支付、索赔与现场签证、竣工结算的办理和合同价款争议的解决以及工程造价鉴定等活动。

104. ABC 【解析】选项D，计日工应按照招标工程量清单列出的项目和估算的数量，自主确定综合单价并计算计日工金额。选项E，总承包服务费应根据招标工程量列出的专业工程暂估价内容和供应材料、设备情况，按照招标人提出协调、配合与服务要求和施工现场管理需要自主确定。

105. BE 【解析】出现合同价款调减事项（不含工程量偏差、施工索赔）后的14天内，发包人应向承包人提交合同价款调减报告并附相关资料，故选项A错误。发（承）包人应在收到承（发）包人合同价款调增（减）报告及相关资料之日起14天内对其核实，予以确认的应书面通知承（发）包人，故选项C、D错误。

107. DE 【解析】发包人向承包人的索赔包括：①工期延误索赔；②质量不满足合同要求索赔；③承包人不履行的保险费用索赔；④对超额利润的索赔；⑤发包人合理终止合同或承包人不正当地放弃工程的索赔。

108. CDE 【解析】赢得值法的四个评价指标有：投资偏差、进度偏差、投资绩效指数和进度绩效指数。

109. BCD 【解析】在设计阶段和施工阶段，监理工程师不仅要审查设计单位和施工单位提交的进度计划，更要编制监理进度计划，以确保进度控制目标的实现。

110. ABD 【解析】工程项目建设总进度计划中表格部分包括：工程项目一览表、工程项目总进度计划、投资计划年度分配表和工程项目进度平衡表。

111. ACE 【解析】加快的成倍节拍流水施工的特点如下：①同一施工过程在其各个施工段上的流水节拍均相等；不同施工过程的流水节拍不等，但其值为倍数关系；②相邻专业工作队的流水步距相等，且等于流水节拍的最大公约数；③专业工作队数大于施工过程数，即有的施工过程只成立一个专业工作队，而对于流水节拍大的施工过程，可按其倍数增加相应专业工作队数目；④各个专业工作队在施工段上能够连续作业，施工段之间没有空闲时间。

116. CD 【解析】网络计划工期优化的基本方法是在不改变网络计划中各项工作之间逻辑关系的前提下，通过压缩关键工作的持续时间来达到优化目标，故选项A错误。在工期优化过程中，按照经济合理的原则，不能将关键工作压缩成非关键工作，故选项B错误。不针对非关键路线进行调整，故选项E错误。

119. ABCE 【解析】编制施工进度控制工作细则的主要内容包括：①施工进度控制目标分解图；②施工进度控制的主要工作内容和深度；③进度控制人员的职责分工；④与进度控制有关各项工作的时间安排及工作流程；⑤进度控制的方法（包括进度检查周期、数据采集方式、进度报表格式、统计分析方法等）；⑥进度控制的具体措施（包括组织措施、技术措施、经济措施、合同措施等）；⑦施工进度控制

密 封 线

目标实现的风险分析；⑧尚待解决的有关问题。

120. ABDE 【解析】进度计划检查的主要内容包括：①各工作项目的施工顺序、平行搭接和技术间歇是否合理；②总工期是否满足合同规定；③主要工种的工人是否能满足连续、均衡施工的要求；④主要机具、材料等的利用是否均衡和充分。

2016年《建设工程质量、投资、进度控制》真题

一、单项选择题

1. B 【解析】项目决策阶段对工程质量的影响主要是确定工程项目应达到的质量目标和水平。
2. D 【解析】工程项目建成后不可能像一般工业产品那样依靠终检来判断产品质量，或将产品拆卸、解体来检查其内在质量，或对不合格零部件进行更换。而工程项目的终检（竣工验收）无法进行工程内在质量的检验，发现隐蔽的质量缺陷。
3. A 【解析】工程质量检验机构出具的检测报告经建设单位或工程监理单位确认后，由施工单位归档。
4. B 【解析】设计单位提供的设计文件应当符合国家规定的设计深度要求，注明工程合理使用年限。设计文件中选用的材料、构配件和设备，应当注明规格、型号、性能等技术指标，其质量必须符合国家规定的标准。
5. D 【解析】质量管理原则包括：①以顾客为关注焦点；②领导作用；③全员参与；④过程方法；⑤管理的系统方法；⑥持续改进；⑦基于事实的决策方法；⑧与供方互利的关系。“将互相关联的过程作为系统加以识别、理解和管理，有助于组织提高实现目标的有效性和效率”体现了管理的系统方法。
6. B 【解析】质量方针必须通过质量目标的执行和实现才能得到落实，质量目标的建立为组织的运作提供了具体的要求，质量目标应以质量方针为框架具体展开。
7. C 【解析】《卓越绩效评价准则》与ISO 9000质量管理体系的不同点包括：导向不同、驱动力不同、评价方式不同、关注点不同、目标不同、责任人不同、对组织的要求不同。
8. A 【解析】描述数据离散趋势的特征值包括极差、标准偏差、变异系数。
9. A 【解析】排列图是由两个纵坐标、一个横坐标、几个连起来的直方形和一条曲线所组成的。横坐标通常按累计频率划分为（0%～80%）、（80%～90%）、（90%～100%）三部分，与其对应的影响因素分别为A、B、C三类。A类为主要因素，B类为次要因素，C类为一般因素。
10. B 【解析】相关图又称散布图，在质量控制中它是用来显示两种质量数据之间关系的一种图形。
11. D 【解析】钢筋的强度和最大力下总伸长率的实测值应符合下列规定：①钢筋的抗拉强度实测值与屈服强度实测值的比值不应小于1.25；②钢筋的屈服强度实测值与强度标准值的比值不应大于1.30；③钢筋的最大力下总伸长率不应小于9%。
12. C 【解析】如果拟采用的新工艺、新技术、新材料不符合现行强制性标准规定，则应当由拟采用单位提请建设单位组织专题技术论证，报批准标准的建设行政主管部门或者国务院有关主管部门审定。
13. C 【解析】图纸会审由施工单位整理会议纪要，与会各方会签。
14. B 【解析】施工单位编制的施工组织设计经施工单位技术负责人审核签认后，与施工组织设计报审表一并报送项目监理机构。
15. C 【解析】项目监理机构收到施工单位报送的施工控制测量成果报验表后，由专业监理工程师审查。
16. C 【解析】项目监理机构收到施工单位报送的《工程材料、构配件、设备报审表》后，应审查施工单位报送的用于工程的材料、构配件、设备的质量证明文件，并应按有关规定、建设工程监理合同约定，对用于工程的材料进行见证取样。
17. A 【解析】联合检查由施工单位提出申请，项目监理机构组织，建设单位主持。
18. C 【解析】由建设单位采购的主要设备由建设单位、施工单位、项目监理机构进行开箱检查，并由三方在开箱检查记录上签字。

是相对偏差；选项 D，当进度偏差为正值时，表示进度提前，实际进度快于计划进度。

57. C 【解析】建设单位编制（也可委托监理单位编制）的进度计划包括工程项目前期工作计划、工程项目建设总进度计划和工程项目年度计划。工程项目建设总进度计划中包括工程项目总进度计划。选项 A、B 属于设计单位的计划系统；选项 D 属于施工单位的计划系统。

58. A 【解析】大型建设项目总进度目标论证的核心工作是通过编制总进度纲要论证总进度目标实现的可能性。

59. B 【解析】横道图形象、直观，且易于编制和理解，因而长期以来广泛应用于建设工程进度控制之中。选项 A，不能明确地反映出各项工作之间错综复杂的相互关系；选项 C，在横道计划的执行过程中，对其进行调整十分繁琐和费时；选项 D，不能明确地反映出影响工期的关键工作和关键线路。

60. D 【解析】平行施工方式具有以下特点：①充分地利用工作面进行施工，工期短；②如果每一个施工对象均按专业成立工作队，则劳动力及施工机具等资源无法均衡使用；③如果由一个工作队完成一个施工对象的全部施工任务，则不能实现专业化施工，不利于提高劳动生产率；④单位时间内投入的劳动力、施工机具、材料等资源量成倍地增加，不利于资源供应的组织；⑤施工现场的组织管理比较复杂。

61. B 【解析】流水步距等于流水节拍的最大公约数，即［6，4，8］＝2（天）；根据公式 $b_j=t_j/K$，可知 $b_1=6/2=3$，$b_2=4/2=2$，$b_3=8/2=4$，则 $n'=\Sigma b_j=3+2+4=9$；由此可得出该分部工程的流水施工工期 $T=(m+n'-1)K=(4+9-1)\times 2=24$（天）。

62. C 【解析】计算流水步距的基本步骤是：①求各施工过程流水节拍的累加数列；②错位相减求得差数列；③在差数列中取最大值求得流水步距。

63. D 【解析】两个施工过程流水节拍的累加数列中，施工过程Ⅰ：3，8，13；施工过程Ⅱ：4，8，13。错位相减求得差数列如下：

$$
\begin{array}{rrrrr}
 & 3 & 8 & 13 & \\
- & & 4 & 8 & 13 \\
\hline
 & 3 & 4 & 5 & -13
\end{array}
$$

则两个施工过程之间的流水步距 $K_{\text{Ⅰ,Ⅱ}}=\max\{3,4,5,-13\}=5$（天）。

64. B 【解析】在双代号网络图中，有时存在虚箭线，虚箭线不代表实际工作，称为虚工作。虚工作既不消耗时间，也不消耗资源。

65. A 【解析】工作的最迟完成时间应等于其紧后工作最迟开始时间的最小值，则工作 M 的最迟完成时间＝$\min\{21,18,15\}=15$（天）；工作的最迟开始时间等于工作的最迟完成时间减去工作的持续时间，即工作 M 的最迟开始时间＝15－4＝11（天）。

66. C 【解析】工作的最早开始时间应等于其紧前工作最早完成时间的最大值。工作 E 的紧前工作有工作 B 和工作 D，工作 B 的最早开始时间为 7，最早完成时间＝7＋3＝10。工作 D 的紧前工作有工作 B 和工作 C，工作 C 的最早开始时间为 7，最早完成时间＝7＋6＝13；工作 D 的最早开始时间＝13，最早完成时间＝13＋4＝17。所以工作 E 的最早开始时间＝$\max\{10,17\}=17$。

67. B 【解析】开始节点和完成节点均为关键节点的工作，不一定是关键工作。以关键节点为完成节点的工作，其总时差和自由时差必然相等。当两个关键节点间有多项工作，且工作间的非关键节点无其他内向箭线和外向箭线时，则两个关键节点间各项工作的总时差均相等。关键节点必然处在关键线路上，但由关键节点组成的线路不一定是关键线路。

68. C 【解析】总时差最小的工作为关键工作。

69. A 【解析】选择压缩对象时宜在关键工作中考虑下列因素：①缩短持续时间对质量和安全影响不大的工作；②有充足备用资源的工作；③缩短持续时间所需增加的费用最少的工作。

70. D 【解析】选项 B，当需要缩短关键工作的持续时间时，缩短后工作的持续时间不能小于其最短持续时间；选项 A、C，费用优化的基本思路：不断地在网络计划中找出直接费用率（或组合直接费用率）最小的关键工作，缩短其持续时间，同时考虑间接费随工期缩短而减少的数值，最后求得工程总成本最

低时的最优工期安排或按要求工期求得最低成本的计划安排。

71. B 【解析】从搭接网络计划的终点节点开始，逆着箭线方向依次找出相邻两项工作之间时间间隔为零的线路就是关键线路。

72. A 【解析】香蕉曲线是以工作按最早开始时间安排进度和按最迟开始时间安排进度分别绘制的两条S曲线组合而成的。

73. B 【解析】当某项工作实际进度拖延的时间超过其总时差而需要对进度计划进行调整时，除需考虑总工期的限制条件外，还应考虑网络计划中后续工作的限制条件。

74. C 【解析】进度监测的系统过程包括：①进度计划执行中的跟踪检查（定期收集进度报表资料，现场实地检查工程进展情况，定期召开现场会议）；②实际进度数据的加工处理；③实际进度与计划进度的对比分析。

75. D 【解析】对于设计进度的监控应实施动态控制。在设计工作开始之前，首先应由监理工程师审查设计单位所编制的进度计划的合理性和可行性。在进度计划实施过程中，监理工程师应定期检查设计工作的实际完成情况，并与计划进度进行比较分析。

76. B 【解析】确定施工进度控制目标的主要依据有：建设工程总进度目标对施工工期的要求；工期定额、类似工程项目的实际进度；工程难易程度和工程条件的落实情况等。

77. A 【解析】如果监理工程师在审查施工进度计划的过程中发现问题，则应及时向承包单位提出书面修改意见（也称整改通知书），并协助承包单位修改。

78. D 【解析】施工总进度计划应安排全工地性的流水作业。全工地性的流水作业安排应以工程量大、工期长的单位工程为主导，组织若干条流水线，并以此带动其他工程。

79. C 【解析】缩短某些工作持续时间的组织措施包括：①增加工作面，组织更多的施工队伍；②增加每天的施工时间（如采用三班制等）；③增加劳动力和施工机械的数量。

80. A 【解析】确定建设工程各计划期需求量的主要依据是已分解的各年度施工进度计划，按季、月作业计划确定相应时段的需求量。

二、多项选择题

81. ACE 【解析】环境条件包括工程技术环境、工程作业环境、工程管理环境；工程作业环境包括施工环境作业面大小、防护设施、通风照明和通信条件等。

82. BCE 【解析】工程质量监督机构的主要任务包括：①根据政府主管部门的委托，受理建设工程项目的质量监督；②制定质量监督工作方案，确定负责该项工程的质量监督工程师和助理质量监督师；③检查施工现场工程建设各方主体的质量行为；④检查建设工程实体质量；⑤监督工程质量验收；⑥向委托部门报送工程质量监督报告；⑦对预制建筑构件和商品混凝土的质量进行监督；⑧政府主管部门委托的工程质量监督管理的其他工作。

83. ABD 【解析】与监理服务“产品”有关的质量记录，如监理旁站记录、材料设备验收记录、纠正预防措施记录、不合格品处理记录等。

84. ACE 【解析】计量型抽样检验的质量特性有重量、强度、几何尺寸、标高、位移等。

85. ABD 【解析】钢材进场时，主要检测项目拉力试验，包括屈服点或屈服强度、抗拉强度、伸长率（断后伸长率 A，最大力总伸长率 A_{gt}）；冷弯试验；反复弯曲试验。

86. BCDE 【解析】在工程开始前，施工单位须做好施工准备工作，待开工条件具备时，应向项目监理机构报送工程开工报审表及相关资料。专业监理工程师重点审查施工单位的施工组织设计是否已由总监理工程师签认，是否已建立相应的现场质量、安全生产管理体系，管理及施工人员是否已到位，主要施工机械是否已具备使用条件，主要工程材料是否已落实到位。设计交底和图纸会审是否已完成；进场道路及水、电、通信等是否已满足开工要求。

87. ABDE 【解析】试验室的检查应包括下列内容：①试验室的资质等级及试验范围；②法定计量部门对试验设备出具的计量检定证明；③试验室管理制度；④试验人员的资格证书。

88. CD 【解析】项目监理机构收到施工单位报送的施工控制测量成果报验表后，由专业监理工程师审查。

⑦、①→②→③→④→⑥→⑦。

115. CE 【解析】工作的总时差等于其紧后工作的总时差加本工作与该紧后工作之间的时间间隔所得之和的最小值，即工作B的总时差＝min｛0＋1，1＋0，2＋0｝＝1（天），故选项A错误；工作E的紧前工作只有工作B，则其最早开始时间为第3天，故选项B错误；工作D为关键工作，总时差为0，故选项C正确；工作的自由时差就是该工作箭线中波形线的水平投影长度，工作I的自由时差为0，故选项D错误；工作G的总时差为2天，故选项E正确。

116. ADE 【解析】多级网络计划系统是指由处于不同层级且相互有关联的若干网络计划所组成的系统。在该系统中，处于不同层级的网络计划既可以进行分解，成为若干独立的网络计划；也可以进行综合，形成一个多级网络计划系统。多级网络计划系统的编制必须采用自顶向下、分级编制的方法。编制多级网络计划系统，要保证实施建设工程所需资源的连续性和资源需用量的均衡性。

117. ACE 【解析】选项B，在第2周末实际进度为40%，计划进度为35%，超前5%的任务量；选项D，在第5周内实际进度为80%－70%＝10%，计划进度＝80%－75%＝5%，超前5%的任务量。

118. ACE 【解析】第20天检查时，工作A进度正常，不影响总工期；工作B提前10天，工作B为关键工作，总工期将提前10天；工作C拖后10天，其总时差为20天，不影响总工期。第60天检查时，工作D提前10天，工作D为关键工作，将使总工期提前10天；工作E拖后10天，工作E为关键工作，将使总工期拖后10天。

119. ABC 【解析】施工进度控制工作细则的内容包括：①施工进度控制目标分解图；②施工进度控制的主要工作内容和深度；③进度控制人员的职责分工；④与进度控制有关各项工作的时间安排及工作流程；⑤进度控制的方法（包括进度检查周期、数据采集方式、进度报表格式、统计分析方法等）；⑥进度控制的具体措施（包括组织措施、技术措施、经济措施及合同措施等）；⑦施工进度控制目标实现的风险分析；⑧尚待解决的有关问题。

120. ABCE 【解析】确定各单位工程的开竣工时间和相互搭接关系主要应考虑以下几点：①同一时期施工的项目不宜过多，以避免人力、物力过于分散。②尽量做到均衡施工，以使劳动力、施工机械和主要材料的供应在整个工期范围内达到均衡。③尽量提前建设可供工程施工使用的永久性工程，以节省临时工程费用。④急需和关键的工程先施工，以保证工程项目如期交工。对于某些技术复杂、施工周期较长、施工困难较多的工程，也应安排提前施工，以利于整个工程项目按期交付使用。⑤施工顺序必须与主要生产系统投入生产的先后次序相吻合。同时还要安排好配套工程的施工时间，以保证建成的工程能迅速投入生产或交付使用。⑥应注意季节对施工顺序的影响，使施工季节不导致工期拖延，不影响工程质量。⑦安排一部分附属工程或零星项目作为后备项目，用以调整主要项目的施工进度。⑧注意主要工种和主要施工机械能连续施工。

2015年《建设工程质量、投资、进度控制》真题

一、单项选择题

1. B 【解析】可靠性是指工程在规定的时间和规定的条件下完成规定功能的能力。

2. C 【解析】工程质量控制按其实施主体不同，分为自控主体和监控主体。政府、建设单位、工程监理单位属于监控主体；勘察设计单位、施工单位属于自控主体。

3. D 【解析】国务院建设行政主管部门对全国的建设工程质量实施统一监督管理。

4. A 【解析】建设工程开工前，建设单位应当按照国家有关规定向工程所在地县级以上人民政府建设行政主管部门申请领取施工许可证。

5. B 【解析】建设工程承包单位在向建设单位提交工程竣工验收报告时，应向建设单位出具工程质量保修书，质量保修书中应明确建设工程保修范围、保修期限和保修责任等。

6. C 【解析】有效决策是建立在数据和信息分析的基础上。

7. A 【解析】质量手册是监理单位内部质量管理的纲领性文件和行动准则，应阐明监理单位的质量方针和

密 封 线

质量目标，并描述其质量管理体系的文件。

8. D 【解析】多阶段抽样又称多级抽样。采用多阶段抽样，当总体很大时，很难一次抽样完成预定的目标。多阶段抽样是将各种单阶段抽样方法结合使用，通过多次随机抽样来实现的抽样方法。

9. C 【解析】通过直方图的观察与分析，可了解产品质量的波动情况，掌握质量特性的分布规律，以便对质量状况进行分析判断。同时可通过质量数据特征值的计算，估算施工生产过程总体的不合格品率，评价过程能力等。

10. B 【解析】控制图是用样本数据来分析判断生产过程是否处于稳定状态的有效工具。

11. C 【解析】高应变动测是指采用锤冲击桩顶，使桩周土产生塑性变形，实测桩顶附近所受力和速度随时间变化的规律，通过应力波理论分析得到桩土体系的有关参数，适用于检测基桩的竖向抗压承载力和桩身完整性。

12. A 【解析】在施工质量验收过程中，涉及结构安全的试块、试件以及有关材料，应按规定进行见证取样检测；对涉及结构安全和使用功能的重要分部工程，应进行抽样检测。承担见证取样检测及有关结构安全检测的单位应具有相应资质。

13. B 【解析】工程开工前，建设单位应组织并主持召开工程设计技术交底会。

14. D 【解析】通常情况下，施工方案应由项目技术负责人组织编制，并经施工单位技术负责人审批签字后提交项目监理机构。

15. B 【解析】分包工程开工前，项目监理机构应审核施工单位报送的分包单位资格报审表及有关资料，专业监理工程师进行审核并提出审查意见，符合要求后，应由总监理工程师审批并签署意见。

16. D 【解析】质量合格的材料、构配件进场后，到其使用或安装时通常要经过一定的时间间隔。在此时间里，专业监理工程师应对施工单位在材料、半成品、构配件的存放、保管及使用期限等实行监控。

17. B 【解析】发现施工单位有违反工程建设强制性标准行为的，应责令施工单位立即整改；发现其施工活动已经或者可能危及工程质量的，应当及时向专业监理工程师或总监理工程师报告，由总监理工程师下达暂停令，指令施工单位整改。

18. D 【解析】对于施工单位提出的试验室，专业监理工程师要进行实地考察。试验室一般是和施工单位没有行政隶属关系的第三方。

19. A 【解析】在工程质量控制方面，项目监理机构发现施工存在质量问题的，或施工单位采用不适当的施工工艺，或施工不当，造成工程质量不合格的，应及时签发监理通知单。

20. C 【解析】设备采购方案要根据建设项目的总体计划和相关设计文件的要求编制，使采购的设备符合设计文件要求。设备采购方案最终应获得建设单位的批准。

21. B 【解析】对某些设备（如制造周期长的设备），可采用巡回监控的方式。在设备制造过程中，监造人员要定期及不定期地到制造现场，检查了解设备制造过程的质量状况，做好相应记录，发现问题及时处理。这种质量监控方式属于巡回监控。

22. D 【解析】室外工程可根据专业类别和工程规模划分为子单位工程、分部工程和分项工程。室外设施、附属建筑及室外环境工程均属于单位工程。

23. A 【解析】对于项目监理机构提出检查要求的重要工序，应经专业监理工程师检查认可，才能进行下道工序施工。

24. D 【解析】分项工程应由专业监理工程师组织施工单位项目专业技术负责人等进行验收。

25. B 【解析】项目监理机构应编写工程质量评估报告，并应经总监理工程师和工程监理单位技术负责人审核签字后报建设单位。

26. A 【解析】工程施工质量验收时不符合要求的应按下列方法进行处理：①经返工或返修的检验批，应重新进行验收；②经有资质的检测机构检测鉴定能够达到设计要求的检验批，应予以验收；③经有资质的检测机构检测鉴定达不到设计要求，但经原设计单位核算认可能够满足安全和使用功能的检验批，可予以验收；④经返修或加固处理的分项、分部工程，满足安全及使用功能要求时，可按技术处理方案和协商文件的要求予以验收；⑤经返修或加固处理仍不能满足安全或重要使用要求的分部工程及单位工

56. D 【解析】已完工作实际投资＝已完成工作量×实际单价＝3 000×28＝84 000（元），故选项 A 错误；已完工作预算投资＝已完成工作量×预算单价＝3 000×25＝75 000（元），故选项 B 错误；计划工作预算投资＝计划工作量×预算单价＝2 500×25＝62 500（元），进度偏差＝已完工作预算投资－计划工作预算投资＝75 000－62 500＝12 500（元），表示进度提前，实际进度快于计划进度，故选项 C 错误；投资绩效指数＝已完工作预算投资/已完工作实际投资＝75 000/84 000＝0.89＜1，表示投资超支，即实际投资高于预算投资，故选项 D 正确。

57. A 【解析】进度控制的组织措施主要包括：①建立进度控制目标体系，明确建设工程现场监理组织机构中进度控制人员及其职责分工；②建立工程进度报告制度及进度信息沟通网络；③建立进度计划审核制度和进度计划实施中的检查分析制度；④建立进度协调会议制度，包括协调会议举行的时间、地点，协调会议的参加人员等；⑤建立图纸审查、工程变更和设计变更管理制度。

58. C 【解析】工程项目建设总进度计划是编报工程建设年度计划的依据，其主要内容包括文字和表格两部分。表格部分包括工程项目一览表、工程项目总进度计划、投资计划年度分配表、工程项目进度平衡表。

59. C 【解析】工作 B 的总时差为 2 天，则该施工机械在施工现场的闲置时间＝［11－（2＋3＋2）］－2＝2（天）。

60. A 【解析】由于建造类施工过程占有施工对象的空间，直接影响工期的长短，因此，必须列入施工进度计划，并且大多作为主导的施工过程或关键工作。运输类与制备类施工过程一般不占有施工对象的工作面，故一般不列入流水施工进度计划之中。只有当其占有施工对象的工作面，影响工期时，才列入施工进度计划之中。

61. B 【解析】流水步距的大小取决于相邻两个施工过程（或专业工作队）在各个施工段上的流水节拍及流水施工的组织方式。

62. C 【解析】根据题意，流水步距＝［4，8，2，4］＝2（天），专业工作队的数量＝4/2＋8/2＋2/2＋4/2＝9（个）。

63. A 【解析】4 个施工过程流水节拍的累加数列中，施工过程Ⅰ：4，7，9；施工过程Ⅱ：3，5，7；施工过程Ⅲ：2，5，8；施工过程Ⅳ：3，6，10。错位相减求得差数列如下：

Ⅰ与Ⅱ：

$$\begin{array}{rrrrr} & 4 & 7 & 9 & \\ - & & 3 & 5 & 7 \\ \hline & 4 & 4 & 4 & -7 \end{array}$$

Ⅱ与Ⅲ：

$$\begin{array}{rrrrr} & 4 & 7 & 9 & \\ - & & 3 & 5 & 7 \\ \hline & 4 & 4 & 4 & -7 \end{array}$$

Ⅲ与Ⅳ：

$$\begin{array}{rrrrr} & 2 & 5 & 8 & \\ - & & 3 & 6 & 10 \\ \hline & 2 & 2 & 2 & -10 \end{array}$$

在数列中取最大值，即：$K_{\text{Ⅰ},\text{Ⅱ}}$＝max｛4，4，4，－7｝＝4（天）；$K_{\text{Ⅱ},\text{Ⅲ}}$＝max｛3，3，2，－8｝＝3（天）；$K_{\text{Ⅲ},\text{Ⅳ}}$＝max｛2，2，2，－10｝＝2（天）。则流水施工工期 T＝4＋3＋2＋（3＋3＋4）＝19（天）。

64. B 【解析】选项 A，关键线路上的工作一定是关键工作，但关键工作不一定出现在关键线路上；选项 C，在网络计划中，总时差最小的工作为关键工作；选项 D，关键工作两端的节点必为关键节点，但两端为关键节点的工作不一定是关键工作。

65. D 【解析】工作最早开始时间等于各紧前工作的最早完成时间的最大值。工作 B 的最早完成时间＝7＋5＝12（天），工作 C 的最早完成时间＝6＋10＝16（天），则工作 D 的最早开始时间＝max｛12，16｝＝16（天）。

66. D 【解析】工作的总时差等于该工作最迟完成时间与最早完成时间之差，或该工作最迟开始时间与最早开始时间之差。题中网络计划的计划工期为 20 天，工作 G 的最迟开始时间＝20－3＝17（天），工作 F 的最迟开始时间＝17－5＝12（天），工作 D 的最迟开始时间＝12－2＝10（天），工作 D 的最早开始时间为 8 天，则工作 D 的总时差＝10－8＝2（天）。工作的最早开始时间应等于其紧前工作最早完成时间的最大值，工作 F 的紧前工作有 C、D 两项工作，所以工作 F 的最早开始时间＝max｛8＋2，8＋4｝＝12（天），工作 D 的最早完成时间＝8＋2＝10（天）。对于有紧后工作的工作，其自由时差等于本工作之紧后工作最早开始

时间减本工作最早完成时间所得之差的最小值，则工作D的自由时差=12－10=2（天）。

67. B 【解析】在双代号网络计划中，当计划工期等于计算工期时，以关键节点为完成节点的工作，其总时差和自由时差必然相等。

68. D 【解析】工作A的最早开始时间为0，最早完成时间为4；工作B的最早开始时间为4，最早完成时间为4＋12=16；工作C的最早开始时间为4，最早完成时间为4＋10=14；工作D的最早开始时间为14，最早完成时间为14＋11=25；工作E的最早开始时间为4，最早完成时间为4＋5=9；工作F的紧前工作包括工作C、E，其最早开始时间=max｛14，9｝=14，工作F的最早完成时间=14＋4=18；工作H的最早开始时间=max｛16，25，18｝=25。由此可以判断出关键线路为：A→C→D→H。

69. B 【解析】工程总费用由直接费和间接费组成。如果施工方案一定，则工期不同，直接费也不同，直接费会随着工期的缩短而增加。间接费包括企业经营管理费用，一般会随着工期的缩短而减少。

70. D 【解析】在通常情况下，网络计划的资源优化分为两种，即"资源有限，工期最短"的优化和"工期固定，资源均衡"的优化。前者是通过调整计划安排，在满足资源限制条件下，使工期延长最少的过程；而后者是通过调整计划安排，在工期保持不变的条件下，使资源需用量尽可能均衡的过程。

71. C 【解析】A工作结束4天后，B工作开始，说明A、B工作是从结束到开始的搭接关系。

72. C 【解析】选项A，实际开始时间晚于计划开始时间0.5周；选项B，第2周末实际进度比计划进度拖后=25%－20%=5%；选项D，第5周内实际任务量=66%－48%=18%，计划任务量=76%－50%=26%，实际任务量拖后计划任务量8%。

73. C 【解析】通过实际进度与计划进度的比较，发现进度偏差时，为了采取有效措施调整进度计划，必须深入现场进行调查，分析产生进度偏差的原因。

74. C 【解析】选项A，如果工作的进度偏差大于该工作的自由时差，则此进度偏差将对其后续工作产生影响，此时应根据后续工作的限制条件确定调整方法；选项B，如果工作的进度偏差大于该工作的总时差，则此进度偏差必将影响其后续工作和总工期，必须采取相应的调整措施；选项D，当实际进度偏差影响到后续工作、总工期而需要调整进度计划时，其调整方法主要有改变某些工作间的逻辑关系和缩短某些工作的持续时间。

75. D 【解析】监理单位受业主的委托进行工程设计监理时，应落实项目监理班子中专门负责设计进度控制的人员，按合同要求对设计工作进度进行严格监控。在设计工作开始之前，首先应由监理工程师审查设计单位所编制的进度计划的合理性和可行性。在进度计划实施过程中，监理工程师应定期检查设计工作的实际完成情况，并与计划进度进行比较分析。

76. C 【解析】监理工程师控制物资供应进度的工作内容包括：①协助业主进行物资供应的决策；②组织物资供应招标工作（包括组织编制物资供应招标文件）；③编制、审核和控制物资供应计划。

77. C 【解析】施工进度计划审查应包括下列基本内容：①施工进度计划应符合施工合同中工期的约定。施工单位编制的施工总进度计划必须符合施工合同约定的工期要求，满足施工总工期的目标要求，阶段性进度计划必须与总进度计划目标相一致。将施工总进度计划分解成阶段性施工进度计划是为了确保总进度计划的完成。因此，阶段性进度计划更应具有可操作性。②施工进度计划中主要工程项目无遗漏，应满足分批投入试运、分批动用的需要，阶段性施工进度计划应满足总进度控制目标的要求。③施工顺序的安排应符合施工工艺要求。④施工人员、工程材料、施工机械等资源供应计划应满足施工进度计划的需要。⑤施工进度计划应符合建设单位提供的资金、施工图纸、施工场地、物资等施工条件。

78. D 【解析】缩短某些工作持续时间采取的技术措施包括：①改进施工工艺和施工技术，缩短工艺技术间歇时间；②采用更先进的施工方法，以减少施工过程的数量；③采用更先进的施工机械。选项A、B属于其他配套措施；选项C属于组织措施。

79. A 【解析】当承包单位的施工进度拖后而又不采取积极措施时，监理工程师可以采取拒绝签署付款凭证的手段制约承包单位。

80. A 【解析】物资需求计划一般包括一次性需求计划和各计划期需求计划，编制需求计划的关键是确定需求量。

②非承包人责任工效降低增加的机械、仪器仪表使用费；③由于发包人或监理工程师原因导致机械、仪器仪表停工的窝工费。

109. ADE 【解析】总进度纲要的主要内容包括：①项目实施的总体部署；②总进度规划；③各子系统进度规划；④确定里程碑事件的计划进度目标；⑤总进度目标实现的条件和应采取的措施等。

110. BCE 【解析】工程项目年度计划主要包括文字和表格两部分内容。表格部分包括年度计划项目表、年度竣工投产交付使用计划表、年度建设资金平衡表、年度设备平衡表。

111. ABC 【解析】同一施工过程的流水节拍，主要由所采用的施工方法、施工机械以及在工作面允许的前提下投入施工的工人数、机械台数和采用的工作班次等因素确定。

112. AB 【解析】依次施工方式具有以下特点：①没有充分地利用工作面进行施工，工期长；②如果按专业成立工作队，则各专业队不能连续作业，有时间间歇，劳动力及施工机具等资源无法均衡使用；③如果由一个工作队完成全部施工任务，则不能实现专业化施工，不利于提高劳动生产率和工程质量；④单位时间内投入的劳动力、施工机具、材料等资源量较少，有利于资源供应的组织；⑤施工现场的组织、管理比较简单。

113. ADE 【解析】选项 A，⑦、⑧两个终点节点；选项 D，节点编号有误③→②；选项 E，存在循环回路③→④→⑥→③。

114. BCD 【解析】题中关键线路为①→②→⑤→⑧、①→②→④→⑦→⑧，关键工作包括①—②、②—⑤、④—⑦、⑤—⑧、⑦—⑧，故选项 A、E 错误。

115. ABD 【解析】关键工作可能有多个紧前工作，但不一定都是关键工作，故选项 C 错误；关键工作不仅组成关键线路，也可能是非关键线路上的工作，故选项 E 错误。

116. AC 【解析】第 3 周末检查时工作 B 拖后 1 周，工作 B 为关键工作，其总时差为 0，故使总工期延长 1 周；工作 F 拖后 0.5 周，其总时差为 0，故使总工期延长 0.5 周。第 7 周末检查时工作 I 拖后 1 周，其总时差为 1，故不影响总工期；工作 J 提前 1 周；工作 K 拖后 1 周。

117. CDE 【解析】进度调整的系统过程包括：①分析进度偏差产生的原因；②分析进度偏差对后续工作和总工期的影响；③确定后续工作和总工期的限制条件；④采取措施调整进度计划；⑤实施调整后的进度计划。

118. DE 【解析】选项 A，采用缩短某些工作的持续时间的方法，不能改变工程项目中各项工作之间的逻辑关系；选项 B，在缩短持续时间的工作选择中，应当优先考虑缩短持续时间对质量和安全影响不大的工作、有充足备用资源的工作、缩短持续时间所需增加的费用最少的工作；选项 C，某项工作进度拖延的时间超过其总时差时，可以采用缩短持续时间的方法调整进度计划。

119. ABDE 【解析】施工进度控制工作细则的主要内容包括：①施工进度控制目标分解图；②施工进度控制的主要工作内容和深度；③进度控制人员的职责分工；④与进度控制有关各项工作的时间安排及工作流程；⑤进度控制的方法（包括进度检查周期、数据采集方式、进度报表格式、统计分析方法等）；⑥进度控制的具体措施（包括组织措施、技术措施、经济措施及合同措施等）；⑦施工进度控制目标实现的风险分析；⑧尚待解决的有关问题。

120. ACD 【解析】单位工程施工进度计划编制程序：收集编制依据→划分工作项目→确定施工顺序→计算工程量→计算劳动量和机械台班数→确定工作项目的持续时间→绘制施工进度计划图→施工进度计划的检查与调整→编制正式施工进度计划。

2014 年《建设工程质量、投资、进度控制》真题

一、单项选择题

1. C 【解析】工程建设的不同阶段，对工程项目质量的形成起着不同的作用和影响。项目决策阶段对工程质量的影响主要是确定工程项目应达到的质量目标和水平。工程设计质量是决定工程质量的关键环节。在一定程度上，工程施工是形成实体质量的决定性环节。

2. A 【解析】工程质量控制按其实施主体不同，分为自控主体和监控主体。建设单位、咨询单位、工程监理单位都属于监控主体；勘察设计单位、施工单位属于自控主体。

3. B 【解析】项目监理机构在工程质量控制过程中，应坚持以预防为主的原则，即工程质量控制应该是积极主动的，应事先对影响质量的各种因素加以控制，而不能是消极被动的，等出现质量问题再进行处理，已造成不必要的损失。

4. C 【解析】工程质量检测机构是对建设工程、建筑构件、制品及现场所用的有关建筑材料、设备质量进行检测的法定单位。在建设行政主管部门领导和标准化管理部门指导下开展检测工作，其出具的检测报告具有法定效力。法定的国家级检测机构出具的检测报告，在国内为最终裁定，在国外具有代表国家的性质。

5. B 【解析】在正常使用条件下，建设工程的最低保修期限为：①基础设施工程、房屋建筑工程的地基基础和主体结构工程为设计文件规定的该工程的合理使用年限；②屋面防水工程、有防水要求的卫生间、房间和外墙面的防渗漏为5年；③供热与供冷系统为2个采暖期、供冷期；④电气管线、给排水管道、设备安装和装修工程为2年。

6. A 【解析】ISO质量管理体系的质量管理原则中，持续改进的核心是提高有效性和效率，实现质量目标；组织持续改进管理的重点应关注变化或更新所产生结果的有效性和效率，唯有如此，才能保证质量目标的实现。

7. A 【解析】工程监理单位的质量管理体系文件中，选项B属于质量计划；选项C、D属于质量记录。

8. D 【解析】标准差值小说明分布集中程度高，离散程度小，均值对总体（样本）的代表性好；标准差的平方是方差，有鲜明的数理统计特征，能确切说明数据分布的离散程度和波动规律，是最常用的反映数据变异程度的特征值。

9. D 【解析】一次抽样检验是最简单的计数检验方案，通常用（N，n，C）表示。即从批量为N的交验产品中随机抽取n件进行检验，并且预先规定一个合格判定数C。如果发现n中有d件不合格品，当$d \leqslant C$时，则判定该批产品合格；当$d > C$时，则判定该批产品不合格。

10. A 【解析】因果分析图法是利用因果分析图来系统整理分析某个质量问题（结果）与其产生原因之间关系的有效工具。相关图又称散布图，在质量控制中它是用来显示两种质量数据之间关系的一种图形。排列图法是利用排列图寻找影响质量主次因素的一种有效方法。直方图法是将收集到的质量数据进行分组整理，绘制成频数分布直方图，用以描述质量分布状态的一种分析方法。

11. D 【解析】当混凝土拌合物的坍落度大于220mm时，用钢尺测量混凝土扩展后最终的最大直径和最小直径，当二者的差小于50mm时，用其算术平均值作为坍落扩展度值；当最大最小差大于50mm时，试验结果无效。

12. A 【解析】监理人员应熟悉工程设计文件，并应参加建设单位主持的图纸会审会议，建设单位应及时主持召开图纸会审会议，组织项目监理机构、施工单位等相关人员进行图纸会审，并整理成会审问题清单，由建设单位在设计交底前约定的时间内提交设计单位。图纸会审由施工单位整理会议纪要，与会各方会签。

13. B 【解析】在工程开始前，施工单位须做好施工准备工作，待开工条件具备时，应向项目监理机构报送工程开工报审表及相关资料。专业监理工程师重点审查施工单位的施工组织设计是否已由总监理工程师签认，是否已建立相应的现场质量、安全生产管理体系，管理及施工人员是否已到位，主要施工机械是否已具备使用条件，主要工程材料是否已落实到位，设计交底和图纸会审是否已完成，进场道路及水、电、通信等是否已满足开工要求。审查合格后，则由总监理工程师签署审核意见，并报建设单位批准后，总监理工程师签发开工令。否则，施工单位应进一步做好施工准备，待条件具备时，再次报送工程开工报审表。

14. C 【解析】按照单位工程施工总进度计划，施工单位已完成施工合同所约定的所有工程量，并完成自检工作，工程验收资料已整理完毕，应填报单位工程竣工验收报审表，报送项目监理机构竣工验收。总监理工程师组织专业监理工程师进行竣工预验收，并签署验收意见。

47. A 【解析】其他项目清单内容包括暂列金额、暂估价、计日工和总承包服务费。

48. D 【解析】可调总价合同与固定总价合同的不同之处在于，它对合同实施中出现的风险做了分摊，发包方承担了通货膨胀的风险，而承包方承担合同实施中实物工程量、成本和工期因素等的其他风险。

49. A 【解析】关于单价合同的计量程序，《建设工程施工合同（示范文本）》中约定，监理人应在收到承包人提交的工程量报告后 7 天内完成对承包人提交的工程量报表的审核并报送发包人，以确定当月实际完成的工程量。

50. D 【解析】招标工程以投标截止日前 28 天、非招标工程以合同签订前 28 天为基准日，其后因国家的法律、法规、规章和政策发生变化引起工程造价增减变化的，发承包双方应当按照省级或行业建设主管部门或其授权的工程造价管理机构据此发布的规定调整合同价款。但因承包人原因导致工期延误的，按上述规定的调整时间，在合同工程原定竣工时间之后，合同价款调增的不予调整，合同价款调减的予以调整。

51. C 【解析】根据题意，360/300＝1.2，偏差为 20%，300×（1＋15%）＝345（元/m^3）。由于 360 元/m^3 大于 345 元/m^3，该设计变更后的综合单价应调整为 345 元/m^3。该分项工程的结算款＝1 000×1.15×360＋（1 200－1 000×1.15）×345＝431 250（元）。

52. B 【解析】结算的价款＝6×［（1－70%）＋（70%×20%×110/100＋70%×40%×95/100＋70%×40%×103/100）］≈6.05（万元）。

53. C 【解析】当承包人投标报价中材料单价低于基准单价：施工期间材料单价涨幅以基准单价为基础超过合同约定的风险幅度值时，或材料单价跌幅以投标报价为基础超过合同约定的风险幅度值时，其超过部分按实调整。

54. A 【解析】因不可抗力事件导致的人员伤亡、财产损失及其费用增加，发承包双方应按以下原则分别承担并调整合同价款和工期：①合同工程本身的损害、因工程损害导致第三方人员伤亡和财产损失，以及运至施工场地用于施工的材料和待安装的设备的损害，由发包人承担；②发包人、承包人人员伤亡由其所在单位负责，并承担相应费用；③承包人的施工机械设备损坏及停工损失，应由承包人承担；④停工期间，承包人应发包人要求留在施工场地的必要的管理人员及保卫人员的费用应由发包人承担；⑤工程所需清理、修复费用，应由发包人承担。项目监理机构应批准的补偿金额＝16＋4＝20（万元）。

55. D 【解析】索赔费用的计算方法有实际费用法、总费用法、修正的总费用法。实际费用法是施工索赔时最常用的一种方法。

56. D 【解析】进度偏差（*SV*）＝已完工作预算投资（*BCWP*）－计划工作预算投资（*BCWS*）＝100－110＝－10（万元）。当 *SV* 为负值时，表示进度延误，实际进度落后于计划进度；当 *SV* 为正值时，表示进度提前，实际进度快于计划进度。故该工程的进度偏差为延误 10 万元。

57. B 【解析】影响工程进度的组织管理因素包括：向有关部门提出各种申请审批手续的延误；合同签订时遗漏条款、表达失当；计划安排不周密，组织协调不力，导致停工待料、相关作业脱节；领导不力，指挥失当，使参加工程建设的各个单位、各个专业、各个施工过程之间交接、配合上发生矛盾等。选项 A 属于社会环境因素；选项 C 属于勘察设计因素；选项 D 属于材料、设备因素。

58. C 【解析】建设项目总进度目标指的是整个项目的进度目标，它是在项目决策阶段项目定义时确定的，项目管理的主要任务是在项目的实施阶段对项目的目标进行控制。在进行建设项目总进度目标控制前，首先应分析和论证目标实现的可能性。

59. B 【解析】设计单位的计划系统包括：设计总进度计划、阶段性设计进度计划和设计作业进度计划。

60. C 【解析】横道图形象、直观，且易于编制和理解，因而长期以来广泛应用于建设工程进度控制之中。利用横道图表示工程进度计划，也存在一些缺点，表现在：①不能明确地反映出各项工作之间错综复杂的相互关系；②不能明确地反映出影响工期的关键工作和关键线路，也就无法反映出整个工程项目的关键所在；③不能反映出工作所具有的机动时间，看不到计划的潜力所在，无法进行最合理的组织和指挥；④不能反映工程费用与工期之间的关系，因而不便于缩短工期和降低工程成本。

61. D 【解析】建设工程进度计划编制程序中，计划准备阶段应完成的工作包括：①调查研究；②确定进

密

封

线

度计划目标。选项 A、C 属于绘制网络图阶段应完成的工作；选项 B 属于计算时间参数及确定关键线路阶段应完成的工作。

62. B 【解析】依次施工方式没有充分地利用工作面进行施工，工期长；平行施工方式充分地利用工作面进行施工，工期短；流水施工方式尽可能地利用工作面进行施工，工期比较短。

63. B 【解析】流水强度是指流水施工的某施工过程（专业工作队）在单位时间内所完成的工程量。

64. C 【解析】$T=(m+n-1)t+\sum G+\sum Z-\sum C$。其中，$n$ 表示施工过程数目；m 表示施工段数目；t 表示流水节拍；Z 表示组织间歇；G 表示工艺间歇；C 表示提前插入时间。则该分部工程的工期＝$(6+4-1)\times 3+0+0-1=26$（天）。

65. C 【解析】计算工期是根据网络计划时间参数计算而得到的工期；要求工期是任务委托人所提出的指令性工期；计划工期是指根据要求工期和计算工期所确定的作为实施目标的工期。

66. C 【解析】工作的总时差是指在不影响总工期的前提下，本工作可以利用的机动时间；工作的自由时差是指在不影响其紧后工作最早开始时间的前提下，本工作可以利用的机动时间。

67. D 【解析】对于有紧后工作的工作，其自由时差等于本工作之紧后工作最早开始时间减本工作最早完成时间所得之差的最小值；对于无紧后工作的工作，也就是以网络计划终点节点为完成节点的工作，其自由时差等于计划工期与本工作最早完成时间之差。

68. C 【解析】以网络计划起点节点为开始节点的工作，当未规定其最早开始时间时，其最早开始时间为零；其他工作的最早开始时间应等于其紧前工作最早完成时间的最大值。工作的最迟开始时间 $LS_{i-j}=LF_{i-j}-D_{i-j}$，故工作 E 的最早开始时间＝max｛$EF_A$，$EF_B$，$EF_C$｝＝max｛3，2，4｝＝4。题中关键线路为 A→D→G 和 C→F→I，计算工期为 14，工作 E 的最迟完成时间为 8，则工作 E 的最迟开始时间＝8－3＝5。

69. B 【解析】网络计划工期优化的基本方法是在不改变网络计划中各项工作之间逻辑关系的前提下，通过压缩关键工作的持续时间来达到优化目标。

70. A 【解析】工作的持续时间总和最大的线路为关键线路，关键线路上的工作为关键工作。题中关键线路为①→②→④→⑤→⑦→⑧→⑨和①→②→④→⑥→⑨，所以关键工作有工作 B、E、F、I。

71. C 【解析】工作最早开始时间和最早完成时间的计算应从网络计划的起点节点开始，顺着箭线方向依次进行。单代号搭接网络计划中的起点节点的最早开始时间为零，最早完成时间应等于其最早开始时间与持续时间之和。其他工作的最早开始时间和最早完成时间应根据时距进行计算。当某项工作的最早开始时间出现负值时，应将该工作与起点节点用虚箭线相连后，重新计算该工作的最早开始时间和最早完成时间。下图所示的相邻时距为 FTS 时，$ES_j=EF_i+FTS_{i,j}$；相邻时距为 STS 时，$ES_j=ES_i+STS_{i,j}$；相邻时距为 FTF 时，$EF_j=EF_i+FTF_{i,j}$；相邻时距为 STF 时，$EF_j=ES_i+STF_{i,j}$，$EF_j=ES_j+D_j$，$ES_j=EF_j-D_j$。工作 B 的最早开始时间＝$ES_A+STS_{A,B}=0+2=2$；工作 A 与工作 D 之间的时距为 STF，所以 $EF_D=ES_A+STF_{A,D}=0+3=3$，$ES_D=EF_D-D_D=3-5=-2$。工作 D 的最早开始时间出现负值，显然是不合理的，所以工作 D 的最早开始时间 $ES_D=0$，$EF_D=0+5=5$。

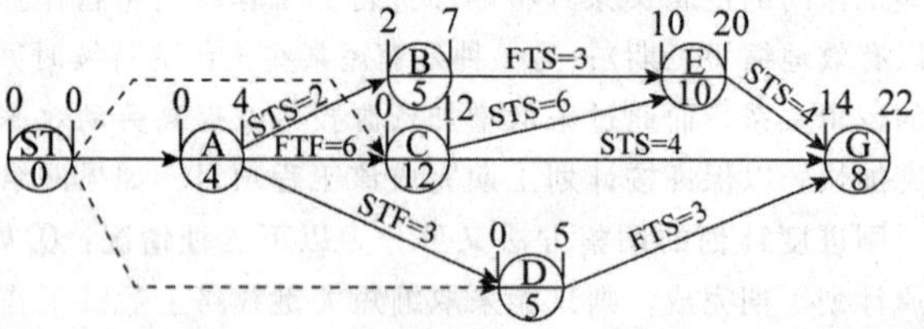

72. D 【解析】进度调整的系统过程包括：分析进度偏差产生的原因；分析进度偏差对后续工作和总工期的影响；确定后续工作和总工期的限制条件；采取措施调整进度计划；实施调整后的进度计划。

73. B 【解析】如果工作的进度偏差大于该工作的总时差，则此进度偏差必将影响其后续工作和总工期，必须采取相应的调整措施；如果工作的进度偏差未超过该工作的总时差，则此进度偏差不影响总工期。

74. C 【解析】影响设计进度的因素主要有：建设意图及要求改变的影响；设计审批时间的影响；设计各专业之间协调配合的影响；工程变更的影响；材料代用、设备选用失误的影响。

105. BCDE 【解析】其他项目清单内容包括暂列金额、暂估价、计日工和总承包服务费。

106. CD 【解析】材料费的索赔包括：①由于索赔事项材料实际用量超过计划用量而增加的材料费；②由于客观原因材料价格大幅度上涨；③由于非承包人责任工程延误导致的材料价格上涨和超期储存费用。选项 A 并不是发包人要求承包人选用高标号的水泥，不能补偿；选项 B 属于承包人应该承担的风险，所以不能索赔；选项 E 已经包含在措施费中了，所以不能索赔。

107. BD 【解析】监理人一般只对以下三方面的工程项目进行计量：①工程量清单中的全部项目；②合同文件中规定的项目；③工程变更项目。因承包人原因造成的超出合同工程范围施工或返工的工程量，发包人不予计量。

108. ACE 【解析】发包人向承包人的索赔包括：工期延误索赔；质量不满足合同要求索赔；承包人不履行的保险费用索赔；对超额利润的索赔；发包人合理终止合同或承包人不正当地放弃工程的索赔。

109. ADE 【解析】总进度纲要的主要内容包括：①项目实施的总体部署；②总进度规划；③各子系统进度规划；④确定里程碑事件的计划进度目标；⑤总进度目标实现的条件和应采取的措施等。

110. CD 【解析】建设工程进度控制的技术措施包括：①审查承包商提交的进度计划，使承包商能在合理的状态下施工；②编制进度控制工作细则，指导监理人员实施进度控制；③采用网络计划技术及其他科学适用的计划方法，并结合电子计算机的应用，对建设工程进度实施动态控制。

111. CDE 【解析】时间参数是表达流水施工在时间安排上所处状态的参数，主要包括流水节拍、流水步距和流水施工工期等。

112. BCE 【解析】非节奏流水施工的特点有：①各施工过程在各施工段的流水节拍不全相等；②相邻施工过程的流水步距不尽相等；③专业工作队数等于施工过程数；④各专业工作队能够在施工段上连续作业，但有的施工段之间可能有空闲时间。

113. BE 【解析】题中存在⑩、⑫两个终点节点；从⑥→⑫箭线上引出工作。

114. ACE 【解析】题中关键线路为 A→D→G→I、A→D→G→J，所以工作 G 为关键工作，工作 F 为非关键工作。在双代号时标网络计划中，以终点节点为完成节点的工作，其总时差应等于计划工期与本工作最早完成时间之差，其他工作的总时差等于其紧后工作的总时差加本工作与该紧后工作之间的时间间隔所得之和的最小值，故工作 E 的总时差＝min｛0＋2，2＋1｝＝2（天），工作 B 的总时差＝min｛0＋1，2＋0，2＋2｝＝1（天）；工作 C 的总时差为 2 天。

115. ACDE 【解析】由题图可知，第 1 月计划累计完成 10%，实际累计完成 8%，实际进度拖后 2%；第 2 月计划累计完成 30%－10%＝20%，实际累计完成 35%－8%＝27%，当月超前 27%－20%＝7%；第 3 月计划累计完成 40%－30%＝10%，实际累计完成 50%－35%＝15%，当月超前 15%－10%＝5%；第 4 月计划累计完成 70%－40%＝30%，实际累计完成 75%－50%＝25%，当月拖后 30%－25%＝5%；到 4 月底计划累计完成 70%，实际累计完成 75%，超前 5%。

116. BCE 【解析】当实际进度偏差影响到后续工作、总工期而需要调整进度计划时，其调整方法主要有两种：一种是改变某些工作间的逻辑关系（将顺序进行的工作改为平行作业、搭接作业，以及分段组织流水作业等，都可以有效地缩短工期）；另一种是缩短某些工作的持续时间，这种方法是不改变工程项目中各项工作之间的逻辑关系，而通过采取增加资源投入、提高劳动效率等措施来缩短某些工作的持续时间，使工程进度加快，以保证按计划工期完成该工程项目。如果网络计划中某项工作进度拖延的时间超过其总时差，则进度计划的调整方法又可分为以下三种情况：①如果项目总工期不允许拖延，工程项目必须按照原计划工期完成，则只能采取缩短关键线路上后续工作持续时间的方法来达到调整计划的目的；②如果项目总工期允许拖延，则此时只需以实际数据取代原计划数据，并重新绘制实际进度检查日期之后的简化网络计划即可；③项目总工期允许拖延的时间有限，以总工期的限制时间作为规定工期，对检查日期之后尚未实施的网络计划进行工期优化，即通过缩短关键线路上后续工作持续时间的方法来使总工期满足规定工期的要求。

117. ACD 【解析】施工进度控制目标体系的分解包括：按项目组成分解，确定各单位工程开工及动用日期；按承包单位分解，明确分工条件和承包责任；按施工阶段分解，划定进度控制分界点；按计划期

密

封

线

密

封

线

分解，组织综合施工。

118. BCE 【解析】施工进度控制工作细则是在建设工程监理规划的指导下，由项目监理班子中进度控制部门的监理工程师负责编制的更具有实施性和操作性的监理业务文件。其主要内容包括：①施工进度控制目标分解图；②施工进度控制的主要工作内容和深度；③进度控制人员的职责分工；④与进度控制有关各项工作的时间安排及工作流程；⑤进度控制的方法；⑥进度控制的具体措施；⑦施工进度控制目标实现的风险分析；⑧尚待解决的有关问题。

119. CD 【解析】缩短某些工作的持续时间，所采取的组织措施包括：①增加工作面，组织更多的施工队伍；②增加每天的施工时间（如采用三班制等）；③增加劳动力和施工机械的数量。

120. CD 【解析】承包单位应在合同规定的有效期内向监理工程师提交详细的申述报告，故选项 A 错误；当工程延期事件发生后，承包单位应在合同规定的有效期内以书面形式通知监理工程师（工程延期意向通知），以便于监理工程师尽早了解所发生的事件，及时做出一些减少延期损失的决定，故选项 B 错误；待延期事件结束后，承包单位应在合同规定的期限内向监理工程师提交最终的详情报告，故选项 E 错误。

《建设工程质量、投资、进度控制》押题模拟卷（一）

一、单项选择题

1. B 【解析】建设工程质量简称工程质量，是指建设工程满足相关标准规定和合同约定要求的程度，包括其在安全、使用功能及其在耐久性能、节能与环境保护等方面所有明示和隐含的固有特性。

2. A 【解析】建设工程质量的适用性，是指工程满足使用目的的各种性能，包括理化性能、结构性能、使用性能、外观性能。

3. B 【解析】项目可行性研究是在可行的情况下，通过多方案比较从中选择出最佳建设方案，作为项目决策和设计的依据。

4. B 【解析】工程设计质量是决定工程质量的关键环节。

5. C 【解析】由于工程项目具有终检的局限性，故应当重视事前和事中的控制，即应当重视施工准备和施工过程的控制。

6. D 【解析】工程质量控制按其实施主体不同，分为自控主体和监控主体。监控主体主要包括政府、建设单位和工程监理单位。

7. D 【解析】在工程质量控制的原则中，坚持以预防为主原则是指工程质量控制应该是积极主动的，应事先对影响质量的各种因素加以控制，而不能是消极被动的，等出现质量问题再进行处理，已造成不必要的损失。所以，要重点做好质量的事先控制和事中控制，以预防为主，加强过程和中间产品的质量检查和控制。

8. A 【解析】施工图审查合格的，审查机构应当向建设单位出具审查合格书，并将经审查机构盖章的全套施工图交还建设单位。审查合格书应当有各专业的审查人员签字，经法定代表人签发，并加盖审查机构公章。审查机构应当在5个工作日内将审查情况报工程所在地县级以上地方人民政府建设主管部门备案。

9. B 【解析】在正常使用条件下，建设工程的最低保修期限为：①基础设施工程、房屋建筑工程的地基基础和主体结构工程为设计文件规定的该工程的合理使用年限；②屋面防水工程、有防水要求的卫生间、房间和外墙面的防渗漏为5年；③供热与供冷系统为2个采暖期、供冷期；④电气管线、给排水管道、设备安装和装修工程为2年。

10. B 【解析】监理单位质量目标的制定要突出监理工作服务性、公平性和科学性的要求，并且注意保证目标是可以定性或定量进行测量的，如使用建设单位满意率、合同履约率等能反映工作质量的可测量的指标作为质量目标的组成部分。

11. B 【解析】因果分析图法是利用因果分析图来系统整理分析某个质量问题（结果）与其产生原因之间关系的有效工具。因果分析图也称特性要因图，又因其形状常被称为树枝图或鱼刺图。

的风险内容和范围，投标人应将其考虑到综合单价中，故选项 B、C 错误。

51. A 【解析】固定总价合同的适用范围有：①工程范围清楚明确，工程图纸完整、详细、清楚，报价的工程量应准确而不是估计数字；②工程量小、工期短，在工程过程中环境因素变化小，工程条件稳定；③工程结构、技术简单，风险小，报价估算方便；④投标期相对宽裕，承包商可以详细进行现场调查，复核工程量，分析招标文件，拟定计划；⑤合同条件完备，双方的权利和义务关系十分清楚。

52. B 【解析】单价合同分为固定单价合同和可调单价合同。其中固定单价合同又包括估算工程量单价合同和纯单价合同。

53. C 【解析】实行招标的工程合同价款应在中标通知书发出之日起 30 天内，由发承包双方依据招标文件和中标人的投标文件在书面合同中约定。

54. B 【解析】已签约合同价中的暂列金额由发包人掌握使用。发包人按照合同的规定做出支付后，如有剩余，则暂列金额余额归发包人所有。

55. B 【解析】发包人或监理工程师原因导致机械、仪器仪表停工的窝工费的计算，若是租赁设备，则一般按实际租金和调进调出费的分摊计算；若是承包人自有设备，则一般按台班折旧费计算，而不能按台班费计算，因台班费中包括设备使用费。

56. A 【解析】《建设工程施工合同（示范文本）》通用条款规定，发承包双方都应在知道或应当知道索赔事件发生后 28 天内，向监理人递交索赔意向通知书，并明确规定，如当事人未在 28 天内对索赔事项提出书面的索赔通知，则视为该项索赔的权利已经丧失。

57. A 【解析】发包人在竣工结算支付证书签发后或者在收到承包人提交的竣工结算款支付申请 7 天后 56 天内仍不支付的，承包人可以与发包人协议将该工程折价，也可直接申请法院将该工程依法拍卖，承包人就该工程折价或者拍卖的价款优先受偿。

58. C 【解析】10 月份该土方工程的进度偏差＝已完成工作量×预算单价－计划工作量×预算单价＝1.2×12－1.5×12＝－3.6（万元）。

59. C 【解析】进度控制的技术措施主要包括：①审查承包商提交的进度计划，使承包商能在合理的状态下施工；②编制进度控制工作细则，指导监理人员实施进度控制；③采用网络计划技术及其他科学适用的计划方法，并结合电子计算机的应用，对建设工程进度实施动态控制。选项 A 属于经济措施；选项 B 属于组织措施；选项 D 属于合同措施。

60. B 【解析】流水施工单位时间内投入的劳动力、施工机具、材料等资源量较为均衡，有利于资源供应的组织；依次施工单位时间内投入的劳动力、施工机具、材料等资源量较少，有利于资源供应的组织。

61. C 【解析】按照固定节拍流水施工，则流水节拍 $t=T/(m+n-1)=44/(5+3-1)=6.3$（天），取整为 6 天。其中，$T$——流水施工工期；$m$——施工段数目；$n$——施工过程数目。

62. D 【解析】工作的总时差等于该工作最迟完成时间与最早完成时间之差，或该工作最迟开始时间与最早开始时间之差，故 J 工作的总时差＝20－6－max｛8，10，12｝＝2（天）。

63. B 【解析】总时差等于其紧后工作的总时差加本工作与该紧后工作之间的时间间隔所得之和的最小值，故工作 E 的总时差＝min｛0＋2，3＋0，0＋1｝＝1（周）。

64. C 【解析】费用优化又称工期成本优化，是指寻求工程总成本最低时的工期安排，或按要求工期寻求最低成本的计划安排的过程。

65. D 【解析】由于网络计划的工期取决于关键工作的持续时间，为了进行工期成本优化，必须分析网络计划中各项工作的直接费与持续时间之间的关系，它是网络计划工期成本优化的基础。

66. A 【解析】网络计划的资源优化分为两种，即“资源有限，工期最短”的优化和“工期固定，资源均衡”的优化。前者是通过调整计划安排，在满足资源限制条件下，使工期延长最少的过程；而后者是通过调整计划安排，在工期保持不变的条件下，使资源需用量尽可能均衡的过程。

67. C 【解析】香蕉曲线比较法的主要作用有：①合理安排工程项目进度计划；②定期比较工程项目的实际进度与计划进度；③预测后期工程进展趋势。

68. C 【解析】根据题意可知，第 4 天累计实际完成的工程量＝90＋20＋80＋100＝290（m^3），根据 S 曲线

可得第4天计划累计完成的工程量为350m^3，故第4天该工程累计拖欠的工程量＝350－290＝60（m^3）。

69. D 【解析】如果工程实际进展点落在S计划曲线右侧，则表明此时实际进度拖后。而实际进展点与计划S曲线在纵坐标方向的距离表示该工程实际拖欠的任务量。

70. D 【解析】前锋线比较法就是通过实际进度前锋线与原进度计划中各工作箭线交点的位置来判断工作实际进度与计划进度的偏差，进而判定该偏差对后续工作及总工期影响程度的一种方法。

71. B 【解析】根据题意，可判断出工作M与原计划相比延误3天，由于总时差为3天，故不影响总工期，而对于工作M的紧后工作，因为自由时差为1天，所以会使其紧后工作的最早开始时间推迟2天。

72. A 【解析】缩短某些工作的持续时间是通过采取增加资源投入、提高劳动效率等措施来缩短某些工作的持续时间，使工程进度加快，以保证按计划工期完成该工程项目。这些被压缩持续时间的工作是位于关键线路和超过计划工期的非关键线路上的工作。同时，这些工作又是其持续时间可被压缩的工作。

73. C 【解析】影响建设工程设计进度的因素有：①建设意图及要求改变的影响；②设计审批时间的影响；③设计各专业之间协调配合的影响；④工程变更的影响；⑤材料代用、设备选用失误的影响。

74. A 【解析】承包单位之所以将施工进度计划提交给监理工程师审查，是为了听取监理工程师的建设性意见。

75. A 【解析】编制施工总进度计划的依据有：施工总方案；资源供应条件；各类定额资料；合同文件；工程项目建设总进度计划；工程动用时间目标；建设地区自然条件及有关技术经济资料等。

76. C 【解析】该工作的综合时间定额＝$(Q_1H_1+Q_2H_2+Q_3H_3)/(Q_1+Q_2+Q_3)$＝（2 500×0.18＋3 000×0.2＋2 700×0.4）/（2 500＋3 000＋2 700）＝0.26（工日/m^3）。

77. A 【解析】缩短某些工作的持续时间时采取的经济措施包括：①实行包干奖励；②提高奖金数额；③对所采取的技术措施给予相应的经济补偿。选项B属于技术措施，选项C属于组织措施，选项D属于其他配套措施。

78. B 【解析】物资需求计划的编制依据主要有施工图纸、预算文件、工程合同、项目总进度计划和各分包工程提交的材料需求计划等，故选项A错误；物资需求计划的主要作用是确认需求，施工过程中所涉及的大量建筑材料、制品、机具和设备，确定其需求的品种、型号、规格、数量和时间，故选项C错误；负责物资供应的监理人员应具有编制物资供应计划的能力，故选项D错误。

79. A 【解析】监理工程师控制物资供应进度工作的基本内容包括：①协助业主进行物资供应的决策；②组织物资供应招标工作；③编制、审核和控制物资供应计划。

80. A 【解析】建设工程施工进度的工作内容主要有：①编制施工进度控制工作细则；②编制或审核施工进度计划；③按年、季、月编制工程综合计划；④下达工程开工令；⑤协助承包单位实施进度计划；⑥监督施工进度计划的实施；⑦组织现场协调会；⑧签发工程进度款支付凭证；⑨审批工程延期；⑩向业主提供进度报告；⑪督促承包单位整理技术资料；⑫签署工程竣工报验单，提交质量评估报告；⑬整理工程进度资料；⑭工程移交。

二、多项选择题

81. ABCD 【解析】建设工程质量的特性主要表现在适用性、耐久性、安全性、可靠性、经济性、节能性、与环境的协调性7个方面。

82. ADE 【解析】环境条件是指对工程质量特性起重要作用的环境因素，包括：①工程技术环境；②工程作业环境；③工程管理环境；④周边环境。

83. ABCE 【解析】政府监督管理职能包括：①建立和完善工程质量管理法规；②建立和落实工程质量责任制；③建设活动主体资格的管理；④工程承发包管理；⑤工程建设程序管理。

84. BCD 【解析】建设单位在工程开工前，负责办理有关施工图设计文件审查、工程施工许可证和工程质量监督手续，组织设计和施工单位认真进行设计交底。

85. BCDE 【解析】为了确保质量目标的实现，ISO质量管理体系明确了以下八项质量管理原则：以顾客为关注焦点、领导作用、全员参与、过程方法、管理的系统方法、持续改进、基于事实的决策方法。领导作用是指“领导者建立组织统一的质量宗旨和方向，他们应当创造并保持能使员工充分参与实现组织

施工对象的全部施工任务，则不能实现专业化施工，不利于提高劳动生产率；④单位时间内投入的劳动力、施工机具、材料等资源量成倍增加，不利于资源供应的组织；⑤施工现场的组织管理比较复杂。

114. BCD 【解析】流水步距的大小取决于相邻两个施工过程（或专业工作队）在各个施工段上的流水节拍及流水施工的组织方式，故选项A错误；由于一项建设工程往往包含许多流水组，故流水施工工期一般不是整个工程的总工期，故选项E错误。

115. BCD 【解析】在单代号网络计划中，总时差最小的工作为关键工作，将这些关键工作相连，并保证相邻两项关键工作之间的时间间隔为零而构成的线路就是关键线路；在双代号时标网络计划中，凡自始至终不出现波形线的线路即为关键线路；在双代号网络计划中，所有线路中总持续时间最长的线路即为关键线路。

116. ACDE 【解析】根据题中图示可知，前3天实际进度为16%，计划进度为15%，均为匀速进展；第4天实际停工1天；第5天实际进度为15%（63%－48%），第6天实际进度为15%（78%－63%），均为匀速进展；第6天计划完成工作量为10%（80%－70%），计划完成工作量小于实际完成工作量。

117. CDE 【解析】第3周末检查时，工作D拖后1周，影响工期1周；工作L拖后1周，影响工期1周。第7周末检查时，工作I提前2周，I在关键线路上，总工期缩短2周；工作G提前1周，总时差为2周，将不影响总工期。第4周至第7周内工作E和工作H的实际进度正常。

118. BCD 【解析】当工程项目实施中产生的进度偏差影响到总工期，且有关工作的逻辑关系允许改变时，可以改变关键线路和超过计划工期的非关键线路上的有关工作之间的逻辑关系，达到缩短工期的目的。例如，将顺序进行的工作改为平行作业、搭接作业，以及分段组织流水作业等，都可以有效地缩短工期。

119. BD 【解析】初步施工总进度计划编制完成后，如果出现问题，则应进行调整。调整的主要方法是改变某些工程的起止时间或调整主导工程的工期。

120. BE 【解析】调整进度计划的组织措施包括：①增加工作面，组织更多的施工队伍；②增加每天的施工时间（如采用三班制等）；③增加劳动力和施工机械的数量。

《建设工程质量、投资、进度控制》押题模拟卷（二）

一、单项选择题

1. B 【解析】项目决策阶段是通过项目可行性研究和项目评估，对项目的建设方案做出决策，使项目的建设充分反映业主的意愿，并与地区环境相适应，做到投资、质量、进度三者协调统一。

2. D 【解析】项目决策阶段是通过项目可行性研究和项目评估，对项目的建设方案做出决策，使项目的建设充分反映业主的意愿，并与地区环境相适应，做到投资、质量、进度三者协调统一。所以，项目决策阶段对工程质量的影响主要是确定工程项目应达到的质量目标和水平。

3. D 【解析】工程质量是在施工单位按合格质量标准自行检查评定的基础上，由项目监理机构组织有关单位、人员进行检验确认验收。

4. C 【解析】质量标准是评价产品质量的尺度，工程质量是否符合合同规定的质量标准要求，应通过质量检验并与质量标准对照。符合质量标准要求的才是合格，不符合质量标准要求的就是不合格，必须返工处理。

5. A 【解析】工程质量监督管理由建设行政主管部门或其他有关部门委托的工程质量监督机构具体实施。

6. B 【解析】在正常使用条件下，建设工程的最低保修期限为：①基础设施工程、房屋建筑工程的地基基础和主体结构工程为设计文件规定的该工程的合理使用年限；②屋面防水工程、有防水要求的卫生间、房间和外墙面的防渗漏为5年；③供热与供冷系统为2个采暖期、供冷期；④电气管线、给排水管道、设备安装和装修工程为2年。

7. C 【解析】建设单位在工程开工前，负责办理有关施工图设计文件审查、工程施工许可证和工程质量监督手续，组织设计和施工单位认真进行设计交底。

密 封 线

8. A 【解析】实行总分包的工程，分包单位应按照分包合同约定对其分包工程的质量向总承包单位负责，总承包单位对分包工程的质量承担连带责任。

9. A 【解析】持续改进的核心是提高有效性和效率，实现质量目标。

10. A 【解析】程序文件是质量手册的支持性文件，是实施质量管理体系要素的描述，它对所需要的各个职能部门的活动规定了所需要的方法，在质量手册和作业文件间起承上启下的作用。

11. A 【解析】工程项目质量控制系统与质量管理体系相比，有几点不同点，其中作用的时效不同表现为项目质量控制系统与监理项目相融合，是项目监理机构一次性的质量工作系统，并非监理单位永久性的质量管理体系。

12. D 【解析】监理旁站人员应要求施工单位认真执行“三检制”（自检、互检、专检）。

13. B 【解析】分层随机抽样是将总体分割成互不重叠的子总体（层），在每层中独立地按给定的样本量进行简单随机抽样的方法。

14. B 【解析】当采用计数抽样检验中的一次抽样检验方案实际抽检时，合格判定数为 C，检验出的不合格品数为 d，当 $d>C$ 时，判定为不合格批，拒绝该检验批；反之，判断该批产品合格。

15. A 【解析】折齿型直方图是由于分组组数不当或者组距确定不当出现的直方图。

16. A 【解析】质量控制图的主要用途有：①过程分析，即分析生产过程是否稳定；②过程控制，即控制生产过程质量状态。

17. C 【解析】由建设单位采购的主要设备由建设单位、施工单位、项目监理机构进行开箱检查，并由三方在开箱检查记录上签字。

18. D 【解析】总监理工程师组织建设单位、施工单位等共同协商确定工程变更费用及工期变化，会签工程变更单。

19. B 【解析】设备可采取市场采购、向制造厂商订货或招标采购等方式进行采购。市场采购方式主要用于标准设备的采购。

20. B 【解析】设备制造的质量控制方式包括驻厂监造、巡回监控和定点监控。

21. C 【解析】具备独立施工条件并能形成独立使用功能的建筑物及构筑物为一个单位工程。

22. C 【解析】工程施工前，应由施工单位制定分项工程和检验批的划分方案，并由项目监理机构审核。对于《建筑工程施工质量验收统一标准》及相关专业验收规范未涵盖的分项工程和检验批，可由建设单位组织监理、施工等单位协商确定。

23. C 【解析】选项 A、B 属于给水排水子单位工程的分部工程，选项 D 属于供热子单位工程的分部工程。

24. D 【解析】主控项目是对检验批的基本质量起决定性影响的检验项目，是保证工程安全和使用功能的重要检验项目，因此要求主控项目必须全部符合有关专业验收规范的规定。

25. B 【解析】单位工程质量竣工验收记录由施工单位填写，验收结论由监理单位填写。综合验收结论由参加验收各方共同商定，由建设单位填写，并应对工程质量是否符合设计和规范要求及总体质量水平作出评价。

26. B 【解析】建设单位收到工程竣工报告后，应由建设单位项目负责人组织监理、施工、设计、勘察等单位项目负责人进行单位工程验收。工程质量符合要求的，总监理工程师应在工程竣工验收报告中签署验收意见。

27. C 【解析】特别重大事故是指造成 30 人以上死亡，或者 100 人以上重伤，或者 1 亿元以上直接经济损失的事故。

28. A 【解析】一般事故是指造成 3 人以下死亡，或者 10 人以下重伤，或者 100 万元以上 1 000 万元以下直接经济损失的事故。

29. B 【解析】质量事故的技术处理是否达到了预期目的，消除了工程质量不合格和工程质量缺陷，是否仍留有隐患，项目监理机构应通过组织检查和必要的鉴定，对此进行验收并予以最终确认。

30. C 【解析】通常不用专门处理的情况有：①不影响结构安全和正常使用；②有些质量缺陷，经过后续工序可以弥补；③经法定检测单位鉴定合格；④出现的质量缺陷，经检测鉴定达不到设计要求，但经原

密 封 线

产生影响，此时应根据后续工作的限制条件确定调整方法。

70. C 【解析】影响设计进度的因素主要有：①建设意图及要求改变的影响；②设计审批时间的影响；③设计各专业之间协调配合的影响；④工程变更的影响；⑤材料代用、设备选用失误的影响。

71. C 【解析】施工进度计划审核的部分内容有：①进度安排是否符合工程项目建设总进度计划中总目标和分目标的要求，是否符合施工合同中开工、竣工日期的规定；②施工总进度计划中的项目是否有遗漏，分期施工是否满足分批动用的需要和配套动用的要求；③施工顺序的安排是否符合施工工艺的要求等。

72. A 【解析】工作项目的持续时间 $D=P/(R\cdot B)$，其中，P——工作项目所需要的劳动量或机械台班数，R——每班安排的工人数或施工机械台数，B——每天工作班数。该项工作的持续时间$=400\times0.8/(2\times10)=16$（天）。

73. B 【解析】施工进度计划经总监理工程师审核签认，并报建设单位批准方可实施。

74. B 【解析】缩短某些工作持续时间的其他配套措施包括：①改善外部配合条件；②改善劳动条件；③实施强有力的调度等。

75. D 【解析】施工进度计划调整时，缩短某些工作的持续时间的组织措施有：①增加工作面，组织更多的施工队伍；②增加每天的施工时间（如采用三班制等）；③增加劳动力和施工机械的数量。

76. C 【解析】施工进度计划调整的技术措施有：①改进施工工艺和施工技术，缩短工艺技术间歇时间；②采用更先进的施工方法，以减少施工过程的数量；③采用更先进的施工机械。选项 A 属于组织措施；选项 B 属于经济措施；选项 D 属于其他配套措施。

77. D 【解析】由于以下原因导致工程拖期，承包单位有权提出延长工期的申请，监理工程师应按合同规定，批准工程延期时间：①监理工程师发出工程变更指令而导致工程量增加；②合同所涉及的任何可能造成工程延期的原因，如延期交图、工程暂停、对合格工程的剥离检查及不利的外界条件等；③异常恶劣的气候条件；④由业主造成的任何延误、干扰或障碍，如未及时提供施工场地、未及时付款等；⑤除承包单位自身以外的其他任何原因。

78. C 【解析】延期事件的工程部位，无论其是否处在施工进度计划的关键线路上，只有当所延长的时间超过其相应的总时差而影响到工期时，才能批准工程延期，故选项 C 错误。

79. A 【解析】编制、审核和控制物资供应计划的工作内容包括：①编制物资供应计划；②审核物资供应计划；③监督检查订货情况，协助办理有关事宜；④控制物资供应计划的实施。

80. C 【解析】如果某工作尚需作业天数超过其最迟完成时间尚有的天数，就会影响总工期，其值为二者之差。工作 A 尚需作业天数为 6 天，该工作到计划最迟完成时间尚有 5 天，说明该工作拖后，超过了总时差 1 天，影响总工期 1 天。

二、多项选择题

81. ABCD 【解析】建设工程（产品）及其生产的特点包括：一是产品的固定性，生产的流动性；二是产品多样性，生产的单件性；三是产品形体庞大、高投入、生产周期长、具有风险性；四是产品的社会性，生产的外部约束性。

82. ABD 【解析】监理工程师在质量控制中应遵循的原则有：①坚持质量第一的原则；②坚持以人为核心的原则；③坚持以预防为主的原则；④以合同为依据，坚持质量标准的原则；⑤坚持科学、公平、守法的职业道德规范。

83. BDE 【解析】选项 A 属于设计单位的质量责任；选项 C 属于施工单位的质量责任。

84. BCD 【解析】工程项目竣工后，建设单位应及时组织设计、施工、工程监理等有关单位进行施工验收，未经验收备案或验收备案不合格的，不得交付使用。

85. ABC 【解析】ISO 质量管理体系的质量管理原则中，质量管理的系统方法的基本内容包括：①设定目标；②识别、理解和管理过程体系；③目标展开，落实职责权限和相互关系；④确定关键、重要过程，优化排列过程；⑤系统分析，综合权衡，优化决策；⑥监视过程，控制过程，预防不合格；⑦评审改进，提高有效性和效率。

86. ABCE 【解析】监理单位组织编制质量管理体系文件时应遵循符合性、确定性、相容性、可操作性、系统性、独立性的原则。

87. ABCD 【解析】总监理工程师应组织专业监理工程师审查施工单位报送的工程开工报审表及相关资料，同时具备下列条件时，应由总监理工程师签署审查意见，并应报建设单位批准后，总监理工程师签发工程开工令：①设计交底和图纸会审已完成；②施工组织设计已由总监理工程师签认；③施工单位现场质量、安全生产管理体系已建立，管理及施工人员已到位，施工机械具备使用条件，主要工程材料已落实；④进场道路及水、电、通信等已满足开工要求。

88. ABE 【解析】卓越绩效管理模式的实质为：①强调“大质量”观；②关注竞争力提升；③提供了先进的管理方法；④聚焦于经营结果；⑤是一个成熟度标准。

89. ABD 【解析】排列图可以形象、直观地反映主次因素。其主要应用有：①按不合格点的分类，可以分析出造成质量问题的薄弱环节；②按生产作业分类，可以找出生产不合格品最多的关键过程；③按生产班组或单位分类，可以分析比较各单位技术水平和质量管理水平；④将采取提高质量措施前后的排列图对比，可以分析措施是否有效；⑤此外还可以用于成本费用分析、安全问题分析等。

90. ADE 【解析】项目监理机构在审批施工方案时，应检查施工单位的内部审批程序是否完善、签章是否齐全，重点核对审批人是否为施工单位技术负责人。

91. BCE 【解析】工程开工前，项目监理机构应审查施工单位现场的质量管理组织机构、管理制度及专职管理人员和特种作业人员的资格。

92. BDE 【解析】专业监理工程师审查分包单位资质材料时，应查验《建筑业企业资质证书》《企业法人营业执照》，以及《安全生产许可证》。

93. ABCD 【解析】分包单位资格审核应包括的基本内容：营业执照、企业资质等级证书、安全生产许可文件、类似工程业绩、专职管理人员和特种作业人员的资格。

94. ABCE 【解析】对供货厂商进行初选的内容包括：①供货厂商的资质，供货厂商的营业执照、生产许可证、经营范围是否涵盖了拟采购设备，对需要承担设计并制造专用设备的供货厂商或承担制造并安装设备的供货厂商，还应审查是否具有设计资格证书或安装资格证书；②设备供货能力，包括企业的生产能力、装备条件、技术水平、工艺水平、人员组成、生产管理、质量的稳定性、财务状况的好坏、售后服务的优劣及企业的信誉，检测手段、人员素质、生产计划调度和文明生产的情况、工艺规程执行情况、质量管理体系运行情况、原材料和配套零部件及元器件采购渠道；③近几年供应、生产、制造类似设备的情况，目前正在生产的设备情况、生产制造设备情况、产品质量状况；④过去几年的资金平衡表和资产负债表；⑤需要另行分包采购的原材料、配套零部件及元器件的情况；⑥各种检验检测手段及试验室资质；⑦企业的各项生产、质量、技术、管理制度的执行情况。

95. BD 【解析】室外工程的分部工程包括：路基、基层、面层、广场与停车场、人行道、人行地道、挡土墙、附属构筑物、土石方、支护、车棚、围墙、大门、建筑小品、亭台、水景、连廊、花坛、场坪绿化和景观桥。

96. ABCD 【解析】工程施工质量不符合要求时的处理：①经返工或返修检验批，应重新进行验收；②经有资质的检测单位鉴定达到设计要求的检验批，应予以验收；③经有资质的检测单位检测鉴定达不到设计要求，但经原设计单位核算认可能满足结构安全和使用功能的检验批，可予以验收；④经返修或加固的分项、分部工程，满足安全及使用要求的功能，可按技术处理方案和协商文件的要求进行验收；⑤通过返修或加固仍不能满足安全使用要求的分部工程、单位工程，严禁验收；⑥工程质量控制资料应齐全完整，当部分资料缺失时，应委托有资质的检测单位按有关标准进行相应的实体检测或抽样试验。

97. BCDE 【解析】造成工程质量缺陷的最基本因素包括：①违背基本建设程序；②违反法律法规；③地质勘察数据失真；④设计差错；⑤施工与管理不到位；⑥操作工人素质差；⑦使用不合格的原材料、构配件及设备；⑧自然环境因素；⑨盲目抢工；⑩使用不当。

98. ABCD 【解析】建设工程项目投资的特点有：①建设工程项目投资数额巨大；②建设工程项目投资差异明显；③建设工程项目投资需单独计算；④建设工程项目投资确定依据复杂；⑤建设工程项目投资确

9. C 【解析】在施工中，施工单位必须按照工程设计要求、施工技术规范标准和合同约定，对建筑材料、构配件、设备和商品混凝土进行检验，不得偷工减料，不使用不符合设计和强制性技术标准要求的产品，不使用未经检验和试验或检验和试验不合格的产品。

10. B 【解析】质量方针是指由组织的最高管理者正式发布的该组织总的质量宗旨和方向。

11. D 【解析】认证与认可的区别包括：①认证是由第三方进行，认可是由授权的机构进行；②认证是书面保证，认可是正式承认；③认证是证明认证对象与认证所依据的标准符合性，认可是证明认可对象具备从事特定任务的能力。

12. D 【解析】工程项目质量控制系统与质量管理体系的作用的时效不同，表现为：项目质量控制系统是项目监理机构一次性的质量工作系统，并非监理单位永久性的质量管理体系。

13. B 【解析】工程存在质量问题的，应要求施工单位及时整改；工程质量合格的，总监理工程师应签认单位工程竣工验收报审表。

14. A 【解析】在实际生产中，影响因素的微小变化具有随机发生的特点，是不可避免、难以测量和控制的，或者是在经济上不值得消除，它们大量存在但对质量的影响很小，属于允许偏差、允许位移范畴，引起的是正常波动，一般不会因此造成废品，生产过程正常稳定。

15. A 【解析】简单随机抽样广泛用于原材料、构配件的进货检验和分项工程、分部工程、单位工程完工后的检验。

16. A 【解析】分层法是质量控制统计分析方法中最基本的一种方法。

17. D 【解析】多阶段抽样又称多级抽样。多阶段抽样是将各种单阶段抽样方法结合使用，通过多次随机抽样来实现的抽样方法。如将总体分为 R 群，从中随机抽取 r 群，而后在选中的 r 群中的 M 个个体中随机抽取 m 个个体。

18. B 【解析】绘制因果分析图应注意两方面的问题：集思广益和制订对策。

19. A 【解析】控制图是用样本数据来分析判断生产过程是否处于稳定状态的有效工具。

20. D 【解析】B 在 T 中间，质量分布中心 $\overline{X}$ 与质量标准中心 M 重合，实际数据分布与质量标准相比较两边还有一定余地。这样的生产过程质量是很理想的，说明生产过程处于正常的稳定状态。在这种情况下生产出来的产品可认为全都是合格品。B——实际质量特性分布范围；T——质量标准要求界限。

21. A 【解析】当在水泥使用中对质量有怀疑或水泥出厂超过 3 个月时，应进行复验，并按复验结果使用。

22. C 【解析】钢筋焊接接头的基本力学性能试验方法包括拉伸试验、抗剪试验和弯曲试验三种。

23. D 【解析】项目监理机构在质量控制中，可依据有关材料或半成品等的取样、试验等方面的技术标准或规程。例如，木材的物理力学试验方法、钢材的机械及工艺试验取样法、水泥安定性检验方法等。

24. B 【解析】总承包单位或设备安装单位负责采购的设备，采购前应向项目监理机构提交设备采购方案，按程序审查同意后方可实施。对设备采购方案的审查，重点应包括以下内容：采购的基本原则、范围和内容，依据的图纸、规范和标准、质量标准、检查及验收程序，质量文件要求，以及保证设备质量的具体措施等。

25. A 【解析】具备独立施工条件并能形成独立使用功能的建筑物及构筑物为一个单位工程，如一所学校中的一栋教学楼、某城市的广播电视塔等。

26. A 【解析】施工现场质量管理检查记录表应由施工单位填写，由总监理工程师进行检查并做出检查结论。

27. A 【解析】工程质量缺陷是指工程不符合国家或行业的有关技术标准、设计文件及合同中对质量的要求。

28. B 【解析】发生工程质量缺陷后，项目监理机构签发监理通知单，责成施工单位进行处理。施工单位进行质量缺陷调查，分析质量缺陷产生的原因，并提出经设计等相关单位认可的处理方案。

29. A 【解析】一般事故是指造成 3 人以下死亡，或者 10 人以下重伤，或者 100 万元以上 1 000 万元以下直接经济损失的事故。

30. D 【解析】项目监理机构要求施工单位进行质量事故调查、分析质量事故产生的原因，并提交质量事

密

封

线

故调查报告。对于由质量事故调查组处理的，项目监理机构应积极配合，客观地提供相应证据。

31. D 【解析】分阶段设计审查由建设单位组织有关专家或机构进行工程设计评审，其目的是控制设计成果质量，优化工程设计，提高效益。

32. C 【解析】当工程质量未达到规定的标准和要求，存在的严重质量缺陷，对结构的使用和安全构成重大影响，且又无法通过修补处理的情况下，可对工程进行返工处理。

33. A 【解析】由建设单位组织有关专家或机构进行工程设计评审，其目的是控制设计成果质量，优化工程设计，提高效益。

34. B 【解析】静态投资部分由建筑安装工程费、设备及工器具购置费、工程建设其他费和基本预备费构成。该项目的静态投资＝1 500＋2 000＋500＋200＝4 200（万元）。

35. B 【解析】预算定额是概算定额（指标）编制的基础，概算定额（指标）又是估算指标编制的基础。

36. D 【解析】施工阶段投资控制的合同措施包括：①做好工程施工记录，保存各种文件图纸，特别是注有实际施工变更情况的图纸，注意积累素材，为正确处理可能发生的索赔提供依据，参与处理索赔事宜；②参与合同修改、补充工作，着重考虑它对投资控制的影响。

37. C 【解析】建设单位和施工单位未能就工程变更的费用等方面达成协议时，项目监理机构可提出一个暂定的价格并经建设单位同意，作为临时支付工程款的依据。

38. D 【解析】人工费包括：①计时工资或计件工资；②奖金，如节约奖、劳动竞赛奖；③津贴补贴，如流动施工津贴、特殊地区施工津贴、高温（寒）作业临时津贴、高空作业津贴；④加班加点工资；⑤特殊情况下支付的工资，如婚丧假、事假、探亲假等。

39. A 【解析】按照费用构成要素划分，建筑安装工程费由人工费、材料费、施工机具使用费、企业管理费、利润、规费和税金组成。其中社会保险费属于规费，劳动保险和职工福利费属于企业管理费。

40. C 【解析】检验试验费是指施工企业按照有关标准规定，对建筑材料、构件和建筑安装物进行一般鉴定、检查所发生的费用，包括自设试验室进行试验所耗用的材料等费用。

41. B 【解析】临时设施费属于措施费中的安全文明施工费。

42. C 【解析】台班折旧费＝机械预算价格×（1－残值率）/耐用总台班数＝50 000×（1－5％）/2 000＝23.75（元）。

43. B 【解析】目的地交货价对卖方来说承担的风险较大，在国际贸易中卖方一般不愿意采用这类交货方式。

44. D 【解析】该进口设备的进口关税＝（离岸价＋国外运费＋国外运输保险费）×人民币外汇牌价×进口关税率＝（850＋12＋8）×20％＝174（万元）。

45. B 【解析】根据涨价预备费 $PC=\sum_{t=1}^{n} I_t\,[(1+f)^t-1]$，第 1 年的涨价预备费＝2 000×50％×［(1＋10％)－1］＝100（万元），第 2 年的涨价预备费＝2 000×50％×［(1＋10％)^2－1］＝210（万元），总的涨价预备费＝100＋210＝310（万元）。

46. A 【解析】$F=P(1+i)^n=500\times(1+7\%/4)^{4\times4}=659.97$（万元）。式中，$F$——本利和，$P$——本金，$i$——利率，$n$——计息期数。

47. B 【解析】根据 $P=F\times(1+i)^{-n}$，现应存入银行的资金＝$150\times(1+4\%)^{-2}=138.68$（万元）。

48. C 【解析】投资收益率是指方案达到设计生产能力后一个正常生产年份的年净收益总额与方案投资总额的比率。

49. B 【解析】项目平均资本金净利润率 $ROE=NP/EC\times100\%$＝600/［(3 000＋1 500)×50％］×100％＝26.67％。

50. B 【解析】设计概算是在初步设计或扩大初步设计阶段，按照设计要求概略地计算拟建工程从立项开始到交付使用为止全过程所发生的建设费用的文件。

51. D 【解析】扩大单位估价表是确定单位工程中各扩大分部分项工程或完整的结构构件所需全部材料费、人工费、施工机具使用费之和的文件。

87. ACDE 【解析】实施见证取样应满足的要求：①试验室要具有相应的资质并进行备案、认可；②负责见证取样的专业监理工程师要具有材料、试验等方面的专业知识，并经培训考核合格，且要取得见证人员培训合格证书；③施工单位从事取样的人员一般应是试验室人员或专职质检人员担任；④试验室出具的报告一式两份，分别由施工单位和项目监理机构保存，并作为归档材料，是工序产品质量评定的重要依据；⑤见证取样的频率，国家或地方主管部门有规定的执行相关规定，施工承包合同中如有明确规定的执行施工承包合同的规定；⑥见证取样和送检的资料必须真实，完整，符合相应规定。

88. ACDE 【解析】设备由建设单位直接采购的，监理工程师要协助编制设备采购方案。设备由总包单位或设备安装单位采购的，监理工程师要对总承包单位或安装单位编制的采购方案进行审查，故选项 B 错误。

89. BCDE 【解析】采取巡回监控方式实施设备监造时，质量控制的主要任务有：监督管理制造厂商不断完善质量管理体系，审查设备制造生产计划和工艺方案，监督检查主要材料进厂使用的质量控制，复核专职质检人员质量检验的准确性、可靠性。

90. ABCD 【解析】单位工程质量验收合格应符合下列规定：①所含分部工程的质量均应验收合格；②质量控制资料应完整；③所含分部工程中有关安全、节能、环境保护和主要使用功能的检验资料应完整；④主要使用功能的抽查结果应符合相关专业质量验收规范的规定；⑤观感质量应符合要求。

91. ABDE 【解析】质量事故调查报告的内容包括：①质量事故发生的时间、地点、工程部位；②质量事故发生的简要经过，造成工程损失状况，伤亡人数和直接经济损失的初步估计；③质量事故发展的情况；④事故原因的初步判断；⑤质量事故调查中收集的有关数据和资料；⑥涉及人员和主要责任者的情况。

92. ABD 【解析】违背基本建设程序包括未搞清地质情况就仓促开工，边设计，边施工，无图施工，不经竣工验收就交付使用等。

93. ADE 【解析】对已发生的质量缺陷，项目监理机构应按下列程序进行处理：①发生工程质量缺陷后，项目监理机构签发监理通知单；②施工单位进行质量缺陷调查，分析质量缺陷产生的原因，并提出经设计等相关单位认可的处理方案；③项目监理机构审查施工单位报送的质量缺陷处理方案，并签署意见；④施工单位按审查合格的处理方案实施处理，项目监理机构对处理过程进行跟踪检查，对处理结果进行验收；⑤项目监理机构应根据施工单位报送的监理通知回复单对质量缺陷处理情况进行复查，并提出复查意见；⑥处理记录整理归档。

94. ABDE 【解析】进行工程质量事故处理的主要依据包括：①相关法律法规；②有关合同及合同文件；③质量事故的实况资料；④有关的工程技术文件、资料和档案。

95. ABDE 【解析】工程设计质量管理的依据包括：①有关工程建设及质量管理方面的法律、法规，城市规划，国家规定的建设工程勘察、设计深度要求；②有关工程建设的技术标准；③项目批准文件，如项目可行性研究报告、项目评估报告及选址报告；④体现建设单位建设意图的设计规划大纲、纲要和合同文件；⑤反映项目建设过程中和建成后所需要的有关技术、资源、经济、社会协作等方面的协议、数据和资料。

96. ACDE 【解析】工程质量事故处理方案的辅助决策方法包括试验验证、定期观测、专家论证、方案比较。

97. BC 【解析】投资估算应是建设工程设计方案选择和进行初步设计的投资控制目标；设计概算应是进行技术设计和施工图设计的投资控制目标；施工图预算或建安工程承包合同价则应是施工阶段投资控制的目标。

98. DE 【解析】施工阶段投资控制的目标是施工图预算或建安工程承包合同价。选项 A 是建设工程设计方案选择和进行初步设计的投资控制目标；选项 C 是进行技术设计和施工图设计的投资控制目标。

99. BCD 【解析】施工阶段投资控制的技术措施主要包括：①对设计变更进行技术经济比较，严格控制设计变更；②继续寻找通过设计挖潜节约投资的可能性；③审核承包商编制的施工组织设计，对主要施工方案进行技术经济分析。选项 B 属于经济措施；选项 C、D 属于组织措施。

100. ABDE 【解析】企业管理费包括：管理人员工资、办公费、差旅交通费、固定资产使用费、工具用具使用费、劳动保险和职工福利费、劳动保护费、检验试验费、工会经费、职工教育经费、财产保险费、财务费、税金、其他。加班加点工资属于人工费。

101. ABE 【解析】强制确定法是以功能重要程度作为选择价值工程对象的一种分析方法。此方法的原理广泛，价值工程中也可以运用于功能评价和方案评价。

102. ABC 【解析】建筑工程概算的审查内容包括：①工程量审查；②采用的定额或指标的审查；③材料预算价格的审查；④各项费用的审查。

103. ABDE 【解析】工程量清单编制的依据有：①现行计价规范和相关工程的国家计量规范；②国家或省级、行业建设主管部门颁发的计价定额和办法；③建设工程设计文件及相关资料；④与建设工程项目有关的标准、规范、技术资料；⑤拟定的招标文件；⑥施工现场情况、地勘水文资料、工程特点及常规施工方案等；⑦其他相关资料。

104. BCDE 【解析】使用国有资金投资的工程建设项目，必须采用工程量清单方式计价。对于非国有资金的工程建设项目，是否采用工程量清单方式计价由项目业主自主确定。

105. BCE 【解析】根据《建设工程工程量清单计价规范》，企业在投标报价时，安全文明施工费（包括安全施工、文明施工、环境保护、临时设施等费用）、规费和税金不得作为竞争性的费用。选项 C 属于规费；选项 E 属于税金。

106. ACD 【解析】措施项目中的安全文明施工费应按照国家或省级、行业建设主管部门的规定计算，不得作为竞争性费用。规费和税金必须按国家或省级、行业建设主管部门的规定计算，也不得作为竞争性费用。

107. ABDE 【解析】按照酬金的计算方式不同，成本加酬金合同可分为成本加固定百分比酬金、成本加固定金额酬金、成本加奖罚、最高限额成本加固定最大酬金四种形式。

108. ABCD 【解析】赢得值法的四个评价指标包括：投资偏差、进度偏差、投资绩效指数、进度绩效指数。

109. AC 【解析】工程项目年度计划是依据工程项目建设总进度计划和批准的设计文件进行编制的。

110. AD 【解析】工艺参数主要是用以表达流水施工在施工工艺方面进展状态的参数，通常包括施工过程和流水强度两个参数。

111. ACDE 【解析】划分施工段的原则有：①同一专业工作队在各个施工段上的劳动量应大致相等，相差幅度不宜超过 10%～15%。②每个施工段内要有足够的工作面，以保证相应数量的工人、主要施工机械的生产效率，满足合理劳动组织的要求。③施工段的界限应尽可能与结构界限（如沉降缝、伸缩缝等）相吻合，或设在对建筑结构整体性影响小的部位，以保证建筑结构的整体性。④施工段的数目要满足合理组织流水施工的要求。施工段数目过多，会降低施工速度，延长工期；施工段过少，不利于充分利用工作面，可能造成窝工。⑤对于多层建筑物、构筑物或需要分层施工的工程，应既分施工段，又分施工层，各专业工作队依次完成第一施工层中各施工段任务后，再转入第二施工层的施工段上作业，依此类推，以确保相应专业队在施工段与施工层之间，组织连续、均衡、有节奏地流水施工。

112. BCD 【解析】题中关键线路为①→③→④→⑤→⑥→⑧→⑩，工作④—⑥为非关键工作，$TF_{②-⑤}=10-4-2=4$，$TF_{⑤-⑨}=17-10-4=3$；$FF_{⑦-⑧}=16-10-3=3$，$FF_{③-⑦}=10-5-3=2$。

113. ACE 【解析】先分别计算各工作的最早开始时间和最早结束时间，然后再计算相邻两项工作之间的时间间隔。从终点节点开始，逆着箭线的方向依次找出相邻两项工作之间时间间隔为零的线路就是关键线路，关键线路上的工作即为关键工作。题中关键线路为 A→C→E→G，故关键工作为工作 A、工作 C、工作 E。

114. ABC 【解析】双代号时标网络计划必须以水平时间坐标为尺度表示工作时间。以实箭线表示工作，实箭线的水平投影长度表示该工作的持续时间；以虚箭线表示虚工作。以波形线表示工作与其紧后工作之间的时间间隔，以终点节点为完成节点的工作除外，当计划工期等于计算工期时，这些工作箭线中波形线的水平投影长度表示其自由时差。

32. D 【解析】可行性研究勘察，又称选址勘察，其目的是要通过搜集、分析已有资料，进行现场踏勘。必要时，进行工程地质测绘和少量勘探工作，对拟选场址的稳定性和适宜性作出岩土工程评价，进行技术经济论证和方案比较，满足确定场地方案的要求。

33. D 【解析】建设工程投资在整个建设期内都属于不确定的，需随时进行动态跟踪、调整，直至竣工决算后才能真正确定建设工程项目投资。

34. B 【解析】在施工阶段投资控制中，经济措施包括：①编制资金使用计划，确定、分解投资控制目标；对工程项目造价目标进行风险分析，并制定防范性对策。②进行工程计量。③复核工程付款账单，签发付款证书。④在施工过程中进行投资跟踪控制，定期进行投资实际支出值与计划目标值的比较；发现偏差，分析产生偏差的原因，采取纠偏措施。⑤协商确定工程变更的价款；审核竣工结算。⑥对工程施工过程中的投资支出做好分析与预测，经常或定期向建设单位提交项目投资控制及其存在问题的报告。

35. A 【解析】不可预见准备金用于在估算达到了一定的完整性并符合技术标准的基础上，由于物质、社会和经济的变化，导致估算增加的情况。此种情况可能发生，也可能不发生。不可预见准备金只是一种储备，可能不动用。

36. A 【解析】规费包括：①社会保险费，包括养老保险费、失业保险费、医疗保险费、工伤保险费、生育保险费；②住房公积金；③工程排污费。

37. D 【解析】台班折旧费＝机械预算价格×（1－残值率）/耐用总台班数＝200×10 000×（1－4%）/（12×220）＝727.27（元）。

38. C 【解析】暂列金额是业主方的备用金，这是由业主的咨询工程师事先确定并填入招标文件中的金额。

39. D 【解析】增值税＝组成计税价格×增值税率。组成计税价格＝到岸价×人民币外汇牌价＋进口关税＋消费税＝400＋400×10%＋5＝445（万元），增值税额＝445×17%＝75.65（万元）。

40. D 【解析】工程建设其他费用是指从工程筹建到工程竣工验收交付使用止的整个建设期间，除建筑安装工程费用和设备、工器具购置费以外的，为保证工程建设顺利完成和交付使用后能够正常发挥效用而发生的一些费用。

41. D 【解析】生产准备费用包括：①生产职工培训费；②生产单位提前进厂参加施工、设备安装、调试等，以及熟悉工艺流程及设备性能等人员的工资、工资性补贴、职工福利费、差旅交通费、劳动保护费等。

42. D 【解析】建设期各年应计利息＝（年初借款本息累计＋本年借款额/2）×年利率。题中第 1 年应计利息＝1/2×600×5%＝15（万元），第 2 年应计利息＝（600＋15＋1/2×500）×5%＝43.25（万元），第 3 年应计利息＝（600＋15＋500＋43.25＋1/2×700）×5%＝75.41（万元），该项目的建设期利息＝15＋43.25＋75.41＝133.66（万元）。

43. B 【解析】取得的国有土地使用费包括土地使用权出让金、城市建设配套费、拆迁补偿与临时安置补助费等。

44. D 【解析】复利法是备期的利息分别按原始本金与累计利息之和计算的计息方式，即每期计算的利息计入下期的本金，下期将按本利和的总额计息。在按复利法计息的情况下，除本金计息外，利息也计利息。$F=200\times(1+4\%)^6=253.06$（万元）。

45. B 【解析】$F=300\times(1+3\%/2)^6=328.03$（万元）。

46. D 【解析】项目资本金净利润率＝项目运营期内平均净利润/项目资本金×100%＝6 000/15 000×100%＝40%。

47. A 【解析】方案的净现值 $NPV=\sum_{t=0}^{n}(CI-CO)_t(1+i_c)^{-t}$。式中，$(CI-CO)_t$——第 t 年的净现金流量，i_c——基准收益率。由此可知，基准收益率越大，净现值越小。

48. D 【解析】方案一的价值系数－0.61/0.55＝1.109，方案二的价值系数＝0.63/0.6＝1.05，方案三的价值系数＝0.62/0.57＝1.088，方案四的价值系数＝0.64/0.56＝1.143。四个方案中以方案四的价值系数最高，为最优方案。

49. A 【解析】设备安装工程概算编制的基本方法有：①预算单价法。当初步设计有详细设备清单时，可

密 封 线

直接按预算单价（预算定额单价）编制设备安装工程概算。根据计算的设备安装工程量，乘以安装工程预算单价，经汇总求得。用预算单价法编制概算，计算比较具体，精确性较高。②扩大单价法。当初步设计的设备清单不完备，或仅有成套设备的重量时，可采用主体设备、成套设备或工艺线的综合扩大安装单价编制概算。③概算指标法。当初步设计的设备清单不完备，或安装预算单价及扩大综合单价不全，无法采用预算单价法和扩大单价法时，可采用概算指标编制概算。选项 A 属于预算单价法。

50. C 【解析】施工图预算的编制依据包括：①国家、行业和地方政府发布的计价依据，有关法律、法规和规定；②建设项目有关文件、合同、协议等；③批准的概算；④批准的施工图设计图纸及相关标准图集和规范；⑤相应预算定额和地区单位估价表；⑥合理的施工组织设计和施工方案等文件；⑦项目有关的设备、材料供应合同、价格及相关说明书；⑧项目所在地区有关的气候、水文、地质地貌等的自然条件；⑨项目的技术复杂程度，以及新技术、专利使用情况等；⑩项目所在地区有关的经济、人文等社会条件；⑪建筑工程费用定额和各类成本与费用价差调整的有关规定；⑫造价工作手册及有关工具书。

51. D 【解析】施工图预算的编制方法包括定额单价法、工程量清单单价法和实物量法。

52. D 【解析】分部分项工程量清单为不可调整的闭口清单，故选项 A 错误；在投标阶段，投标人对招标文件提供的分部分项工程量清单必须逐一计价，对清单所列内容不允许进行任何更改变动，故选项 B、C 错误。

53. C 【解析】项目特征是确定清单项目综合单价的重要依据，在编制的工程量清单中必须对其项目特征进行准确和全面的描述。

54. B 【解析】招标控制价是招标人根据国家或省级、行业建设主管部门颁发的有关计价依据和办法，以及拟定的招标文件和招标工程量清单，结合工程具体情况编制的招标工程的最高投标限价。

55. C 【解析】分解计量法就是将一个项目根据工序或部位分解为若干子项，对完成的各子项进行计量支付。

56. D 【解析】发包人向承包人的索赔包括：①工期延误索赔；②质量不满足合同要求索赔；③承包人不履行的保险费用索赔；④对超额利润的索赔；⑤发包人合理终止合同或承包人不正当地放弃工程的索赔。工期延期的费用索赔是承包商向业主索赔的内容。

57. B 【解析】工程预付款起扣点 $T=P-M/N=240-30/60\%=190$（万元）。

58. C 【解析】铺底流动资金是指生产性建设工程为保证生产和经营正常进行，按规定应列入建设工程总投资的铺底流动资金。一般按流动资金的 30%计算。

59. C 【解析】赢得值法的三个基本参数：已完工作预算投资、计划工作预算投资、已完工作实际投资。已完工作预算投资（$BCWP$）=已完成工作量×预算单价=$160\times1.4=224$（万元）；计划工作预算投资（$BCWS$）=计划工作量×预算单价=$180\times1.4=252$（万元）；已完工作实际投资（$ACWP$）=已完成工作量×实际单价=$160\times1.6=256$（万元），因此 $ACWP>BCWS>BCWP$。

60. B 【解析】进度控制的组织措施包括：①建立进度控制目标体系，明确建设工程现场监理组织机构中进度控制人员及其职责分工；②建立工程进度报告制度及进度信息沟通网络；③建立进度计划审核制度和进度计划实施中的检查分析制度；④建立进度协调会议制度；⑤建立图纸审查、工程变更和设计变更管理制度。选项 A 属于合同措施；选项 C 属于技术措施；选项 D 属于经济措施。

61. C 【解析】进度控制的经济措施主要包括：①及时办理工程预付款及工程进度款支付手续；②对应急赶工给予优厚的赶工费用；③对工期提前给予奖励；④对工程延误收取误期损失赔偿金。

62. B 【解析】依次施工的施工现场的组织、管理比较简单；平行施工的施工现场的组织、管理比较复杂。

63. B 【解析】横道图表示法的优点包括：绘图简单，施工过程及其先后顺序表达清楚，时间和空间状况形象、直观，使用方便，因而被广泛用来表达施工进度计划。

64. A 【解析】空间参数是指在组织流水施工时，用以表达流水施工在空间布置上开展状态的参数，通常包括工作面和施工段。选项 C 属于工艺参数；选项 B、D 属于时间参数。

65. C 【解析】加快的成倍节拍流水施工的特点有：①同一施工过程在其各个施工段上的流水节拍均相等，不同施工过程的流水节拍不等，但其值为倍数关系；②相邻专业工作队的流水步距相等，且等于流水节

94. ABCD 【解析】根据工程质量事故造成的人员伤亡或者直接经济损失，工程质量事故可分为特别重大事故、重大事故、较大事故和一般事故。

95. ABCD 【解析】工程监理单位勘察质量管理的主要工作包括：①协助建设单位编制工程勘察任务书和选择工程勘察单位，并协助签订工程勘察合同；②审查勘察单位提交的勘察方案，提出审查意见，并报建设单位，变更勘察方案时，应按原程序重新审查；③检查勘察现场及室内试验主要岗位操作人员的资格，所使用设备、仪器计量的检定情况；④检查勘察单位执行勘察方案的情况，对重要点位的勘探与测试应进行现场检查；⑤审查勘察单位提交的勘察成果报告，必要时对于各阶段的勘察成果报告组织专家论证或专家审查，并向建设单位提交勘察成果评估报告，同时应参与勘察成果验收。

96. ABCD 【解析】勘察成果报告应包括下列内容：①勘察工作概况；②勘察报告编制深度；③勘察标准的符合情况；④勘察任务书的完成情况；⑤存在的问题及建议；⑥评估结论。

97. ABD 【解析】项目监理机构在工程施工阶段进行投资控制的组织措施有：①在项目监理机构中落实从投资控制角度进行施工跟踪的人员、任务分工和职能分工；②编制本阶段投资控制工作计划和详细的工作流程图。选项 C 属于技术措施。选项 E 属于经济措施。

98. BCDE 【解析】企业管理费包括：管理人员工资、办公费、差旅交通费、固定资产使用费、工具用具使用费、劳动保险和职工福利费、劳动保护费、检验试验费、工会经费、职工教育经费、财产保险费、财务费、税金、其他。

99. ADE 【解析】国际工程的间接费项目较多，经常遇到的费用项目有：现场管理费、临时设施工程费、保函手续费、保险费、贷款利息、税金和业务费。

100. BCDE 【解析】非标准设备原价的计算方法有成本计算估价法、系列设备插入估价法、分部组合估价法、定额估价法等。

101. ACDE 【解析】建设单位管理费由建设单位开办费和建设单位经费组成。建设单位经费包括工作人员的基本工资、工资性津贴、职工福利费、劳动保护费、劳动保险费、办公费、差旅交通费、工会经费、职工教育经费、固定资产使用费、工具用具使用费、技术图书资料费、生产人员招募费、工程招标费、合同契约公证费、工程质量监督检测费、工程咨询费、法律顾问费、审计费、业务招待费、排污费、竣工交付使用清理及竣工验收费、后评价等费用。

102. BCE 【解析】常用的设计方案综合评价定量方法有直接评分法、加权评分法、比较价值评分法、环比评分法、强制评分法、几何平均值评分法等。选项 A、D 属于定性评价法。

103. ABCE 【解析】价值工程对象选择的方法包括因素分析法、ABC 分析法、强制确定法、百分比分析法和价值指数法。

104. ABDE 【解析】综合单价是指完成一个规定计量单位的分部分项工程量清单项目或措施清单项目所需的人工费、材料费、机械使用费和企业管理费与利润，以及一定范围内的风险费用。

105. BDE 【解析】重点审查法审查的重点一般是工程量大或者造价较高的各种工程、补充定额、计取的各种费用（计费基础、取费标准）等。

106. ADE 【解析】对能计量的措施项目（单价措施项目），同分部分项工程量一样，编制措施项目清单时应列出项目编码、项目名称、项目特征、计量单位，并按现行计量规范规定，采用对应的工程量计算规则计算其工程量。

107. ABCE 【解析】计日工是指在施工过程中，承包人完成发包人提出的工程合同范围以外的零星工程或工作，按合同中约定的单价计价的一种方式，故选项 D 错误。

108. ABC 【解析】根据 FIDIC《施工合同条件》，承包人只可要求发包人补偿工期和成本的事项有：①发包人人员引起的延误、妨碍；②不可预见的物质条件；③发包人设备和免费供应的材料；④发现化石、硬币或有价值的文物；⑤暂停施工；⑥法规改变；⑦不可抗力。选项 D、E 可索赔工期、成本和利润。

109. ACDE 【解析】发包人在确定误期损害赔偿费的标准时，一般要考虑的因素有：①发包人的盈利损失；②由于工程拖期而引起的贷款利息增加；③工程拖期带来的附加监理费；④由于工程拖期不能使用，继续租用原建筑物或租用其他建筑物的租赁费。

密 封 线

110. DE 【解析】影响建设工程进度的组织管理因素，如向有关部门提出各种申请审批手续的延误；合同签订时遗漏条款、表达失当；计划安排不周密，组织协调不力，导致停工待料、相关作业脱节；领导不力，指挥失当，使参加工程建设的各个单位、各个专业、各个施工过程之间交接、配合上发生矛盾等。选项A属于自然环境因素；选项B属于社会环境因素；选项C属于施工技术因素。

111. BCE 【解析】进度控制的经济措施主要包括：①及时办理工程预付款及工程进度款支付手续；②对应急赶工给予优厚的赶工费用；③对工期提前给予奖励；④对工程延误收取延期损失赔偿金。

112. ABC 【解析】在工程建设过程中，常见的组织管理因素包括：①向有关部门提出各种申请审批手续的延误；②合同签订时遗漏条款、表达失当；③计划安排不周密，组织协调不力，导致停工待料、相关作业脱节；④领导不力，指挥失当，使参加工程建设的各个单位、各个专业、各个施工过程之间交接、配合上发生矛盾等。选项A属于资金因素；选项B属于社会环境因素；选项C属于施工技术因素。

113. ACE 【解析】工程项目建设总进度计划主要内容包括文字和表格两部分。其中的表格部分又包括工程项目一览表、工程项目总进度计划表、投资计划年度分配表和工程项目进度平衡表。

114. ABD 【解析】关键线路为A→B→D→F，关键线路上的工作为关键工作。

115. BCD 【解析】截至第8周周末实际进度检查时，工作A拖欠20%；工作B拖欠1/3的工作量，即拖后2周；工作C进度正常；工作D尚未开始；工作E拖后1周开始，但已完成。

116. ABC 【解析】S曲线比较法是以横坐标表示时间，纵坐标表示累计完成任务量，绘制一条按计划时间累计完成任务量的S曲线，故选项D错误；横道图比较法主要用于工程项目中某些工作实际进度与计划进度的局部比较，故选项E错误。

117. BC 【解析】第3周周末检查时，工作E超前1周；工作C拖后2周，工作C是关键工作，将影响工期2周；工作D进度正常，不影响工期。第9周周末检查时，工作J超前1周；工作K提前2周，将影响工期2周。

118. CE 【解析】对于大型建设工程，由于单位工程较多、施工工期长，且采用分期分批发包又没有一个负责全部工程的总承包单位时，就需要监理工程师编制施工总进度计划；或者当建设工程由若干个承包单位平行承包时，监理工程师也有必要编制施工总进度计划。当建设工程有总承包单位时，监理工程师只需对总承包单位提交的施工总进度计划进行审核即可。

119. ADE 【解析】监理工程师协助业主进行物资供应的决策包括：①根据设计图纸和进度计划确定物资供应要求；②提出物资供应分包方式及分包合同清单，并获得业主认可；③与业主协商提出对物资供应单位的要求以及在财务方面应负的责任。

120. BCDE 【解析】物资供应计划审核的主要内容包括：①供应计划是否能按建设工程施工进度计划的需要及时供应材料和设备；②物资的库存量安排是否经济、合理；③物资采购安排在时间上和数量上是否经济、合理；④由于物资供应紧张或不足而使施工进度拖延现象发生的可能性。

《建设工程质量、投资、进度控制》押题模拟卷（五）

一、单项选择题

1. D 【解析】领导作用的基本内容包括：①确定质量方针、质量目标；②建立组织的发展前景；③形成内部环境；④确立组织结构、职责权限和相互关系；⑤提供所需资源；⑥培训教育，人才资源；⑦管理评审。

2. A 【解析】巡视是项目监理机构对施工现场进行的定期或不定期的检查活动。

3. D 【解析】当总体很大时，很难一次抽样完成预定的目标，此时采用的多阶段抽样是将各种单阶段抽样方法结合使用，通过多次随机抽样来实现的抽样方法。

4. A 【解析】抽样检验的第一类风险为弃真错误。即合格批被判定为不合格批，其概率记为α。此类错误对生产方或供货方不利，故称为生产方风险或供货方风险。

5. B 【解析】分层法是将调查收集的原始数据，根据不同的目的和要求，按某一性质进行分组、整理的分

50. B 【解析】在招标投标过程中，招标人根据工程量清单编制招标工程的招标控制价；投标人按照工程量清单所表述的内容，依据企业定额计算投标价格，自主填报工程量清单所列项目的单价与合价。

51. D 【解析】《建设工程工程量清单计价规范》规定，国有资金投资的建设工程招标，招标人必须编制招标控制价。招标控制价应由具有编制能力的招标人或受其委托具有相应资质的工程造价咨询人编制和复核。

52. B 【解析】估算工程量单价合同是以工程量清单和工程单价表为基础和依据来计算合同价格的，也可称为计量估价合同。

53. D 【解析】在施工图不完整或当准备招标的工程项目内容、技术经济指标一时尚不能明确和具体予以规定时，往往要采用估算工程量单价合同计价方式。

54. B 【解析】合同约定不得违背招标、投标文件中关于工期、造价、质量等方面的实质性内容。招标文件与中标人投标文件不一致的地方应以投标文件为准。

55. A 【解析】大中型的工程项目通常是由若干单项工程构成的，而每个单项工程包括多个单位工程，每个单位工程又是由若干个分部分项工程构成的，因此，首先要把项目总投资分解到单项工程和单位工程中。

56. C 【解析】估价法是按合同文件的规定，根据监理人估算的已完的工程价值支付。当承包人对于清单项目中规定购买的仪器设备不能一次购进时，监理工程师应采用此方法进行计量支付。

57. C 【解析】一般来说，由于工程范围的变更、文件有缺陷或技术性错误、业主未能提供现场等引起的索赔，承包商可以列入利润。但对于工程暂停的索赔，由于利润通常是包括在每项实施工程内容的价格之内的，而延长工期并未影响削减某些项目的实施，也未导致利润减少，所以工程暂停导致的费用不可以索赔利润。

58. D 【解析】投资偏差原因中，业主原因包括：增加内容、投资规划不当、组织不落实、建设手续不全、协调不佳、未及时提供场地等。而图纸提供不及时属于设计原因。

59. A 【解析】建设项目总进度目标是在项目决策阶段项目定义时确定的，项目管理的主要任务是在项目的实施阶段对项目的目标进行控制。

60. A 【解析】建设单位工程项目年度计划的年度计划项目表将确定年度施工项目的投资额和年末形象进度，并阐明建设条件的落实情况。

61. A 【解析】施工过程Ⅰ与施工过程Ⅱ：

	3	7	10	
—		3	8	12
	3	4	2	−12

施工过程Ⅱ与施工过程Ⅲ：

	3	8	12	
—		4	7	11
	3	4	5	−11

施工过程Ⅲ与施工过程Ⅳ：

	4	7	11	
—		3	8	12
	4	4	3	−12

施工过程Ⅰ与施工过程Ⅱ的流水步距＝max｛3，4，2，−12｝＝4（天）；施工过程Ⅱ与施工过程Ⅲ的流水步距＝max｛3，4，5，−11｝＝5（天）；施工过程Ⅲ与施工过程Ⅳ的流水步距＝max｛4，4，3，−12｝＝4（天）；流水施工工期＝4＋5＋4＋3＋5＋4＝25（天）。

62. B 【解析】工艺参数主要是指在组织流水施工时，用以表达流水施工在施工工艺方面进展状态的参数，通常包括施工过程和流水强度两个参数。选项A、D属于空间参数；选项C属于时间参数。

63. C 【解析】组织加快成倍节拍流水施工的施工工期计算过程为：①流水步距 K 等于流水节拍的最大公约数，$K=[6,4,4]=2$（天）；②确定专业工作队数目 $n'=\sum b_i=\sum t_j/K$，t_j——第 i 个施工过程的流水节拍，$n'=3+2+2=7$；③确定流水施工工期 $T=(m+n'-1)K=(5+7-1)\times 2=22$（天），$m$——施工段数目。

64. C 【解析】题中存在①、⑥两个起点节点。

65. A 【解析】工作的总时差是指在不影响总工期的前提下，本工作可以利用的机动时间。工作的自由时差是指在不影响其紧后工作最早开始时间的前提下，本工作可以利用的机动时间。从总时差和自由时差的定义可知，对于同一项工作而言，自由时差不会超过总时差。当工作的总时差为零时，其自由时差必

然为零。

66. B 【解析】关键线路为 A→D→G→J→K 和 A→D→E→I 2 条。

67. C 【解析】工作 C 的最早开始时间＝max｛8，10｝＝10（天），最早完成时间＝10＋6＝16（天）。

68. C 【解析】对于有紧后工作的工作，其自由时差等于本工作之紧后工作最早开始时间减本工作最早完成时间所得之差的最小值。工作 M 的自由时差＝min｛21－（12＋5），24－（12＋5），28－（12＋5）｝＝4（天）。

69. D 【解析】从单代号搭接网络计划的终点节点开始，逆着箭线方向依次找出相邻两项工作之间时间间隔为零的线路是关键线路，关键线路上的工作即为关键工作，故选项 A 错误；单代号网络计划中的关键工作与其紧后工作之间的时间间隔不一定为零，故选项 B 错误；在网络计划中，总时差最小的工作为关键工作，故选项 C 错误。

70. A 【解析】以终点节点为完成节点的工作，其总时差应等于计划工期与本工作最早完成时间之差；其他工作的总时差等于其紧后工作的总时差加本工作与该紧后工作之间的时间间隔所得之和的最小值。据此计算，工作 H 的总时差为 1 周，工作 I 的总时差为 3 周，工作 J 的总时差为 0，则工作 E 的总时差为 0，所以工作 B 的总时差为 0＋2＝2（周）。B 工作的自由时差为该工作箭线中波形线的水平投影长度，为 2 周。

71. D 【解析】工期优化是指网络计划的计算工期不满足要求工期时，通过压缩关键工作的持续时间以满足要求工期目标的过程。

72. C 【解析】进度调整的系统过程是：①分析进度偏差产生的原因；②分析进度偏差对后续工作和总工期的影响；③确定后续工作和总工期的限制条件；④采取措施调整进度计划；⑤采取相应措施实施调整后的进度计划。

73. D 【解析】该工作实际开始时间比计划开始时间晚 1.5 天，故选项 A 错误；第 5 天末实际进度比计划进度超前 3%（58%－55%），故选项 B 错误；第 4 天内计划完成的任务量＝42%－30%＝12%，故选项 C 错误。

74. C 【解析】通过比较实际进度 S 曲线和计划进度 S 曲线，可以获得如下信息：①工程项目实际进展状况；②工程项目实际进度超前或拖后的时间在 S 曲线比较图中可直接读出实际进度比计划进度超前或拖后的时间；③工程项目实际进度超额或拖欠的任务量在 S 曲线比较图中可直接读出实际进度比计划进度超额或拖欠的任务量；④后期工程进度预测。

75. C 【解析】前锋线比较法是通过绘制某检查时刻工程项目实际进度前锋线，进行工程实际进度与计划进度比较的方法，它主要适用于时标网络计划。

76. D 【解析】在设计进度控制中，监理工程师要对设计单位填写的设计图纸进度表进行核查分析，并提出自己的见解。

77. B 【解析】对于设计进度的监控应实施动态控制。在设计工作开始之前，首先应由监理工程师对设计单位所编制的进度计划的合理性和可行性进行审查。

78. B 【解析】单位工程施工进度计划的编制程序为：收集编制依据→划分工作项目→确定施工顺序→计算工程量→计算劳动量和机械台班数→确定工作项目的持续时间→绘制施工进度计划图→施工进度计划的检查与调整→编制正式施工进度计划。

79. A 【解析】工作项目之间的组织关系是由于劳动力、施工机械、材料和构配件等资源的组织和安排需要而形成的。

80. C 【解析】编制施工进度控制工作细则的主要内容有：①施工进度控制目标分解图；②施工进度控制的主要工作内容和深度；③进度控制人员的职责分工；④与进度控制有关各项工作的时间安排及工作流程；⑤进度控制的方法；⑥进度控制的具体措施；⑦施工进度控制目标实现的风险分析；⑧尚待解决的有关问题。

二、多项选择题

81. ABCD 【解析】质量管理体系认证一般要经过递交申请、签订合同、体系审核、颁发证书、监督等程序。

A 错误；工作④—⑤的总时差＝11－4－5＝2，工作⑥—⑦的总时差＝18－11－5＝2，故选项 B 正确；工作③—⑦的总时差＝18－3－8＝7，工作③—⑦的自由时差＝18－3－8＝7，故选项 C 正确；工作①—②的自由时差＝5－5－0＝0，工作①—③的自由时差＝3－3－0＝0，工作①—③的总时差＝7－3－0＝4，故选项 D 正确、选项 E 错误。

117. BCD 【解析】选择压缩对象时宜在关键工作中考虑：①缩短持续时间对质量和安全影响不大的工作；②有充足备用资源的工作；③缩短持续时间所需增加的费用最少的工作。

118. ABCD 【解析】常用的进度比较方法有横道图、S 曲线、香蕉曲线、前锋线和列表比较法。

119. BCDE 【解析】施工进度控制工作细则的主要内容有：①施工进度控制目标分解图；②施工进度控制的主要工作内容和深度；③进度控制人员的职责分工；④与进度控制有关各项工作的时间安排及工作流程；⑤进度控制的方法；⑥进度控制的具体措施；⑦施工进度控制目标实现的风险分析；⑧尚待解决的有关问题。

120. BC 【解析】施工进度计划调整中，缩短某些工作持续时间的技术措施包括：①改进施工工艺和施工技术，缩短工艺技术间歇时间；②采用更先进的施工方法，以减少施工过程的数量；③采用更先进的施工机械。

密

封

线